権力分立
Separation of Powers Revisited

立憲国の条件

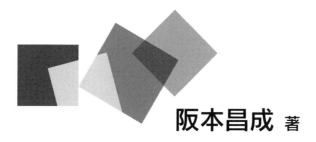

阪本昌成 著

有信堂

権力分立――立憲国の条件／目　次

第Ⅰ章　立憲国の原理と構成要素 …………………………………… 1

　はじめに　1

　第1節　立憲国の源流と構成要素　6
　　1　近代立憲主義の捉え方　6
　　2　立憲国の構成要素　8

　第2節　立憲国の思想　16
　　1　自由の捉え方　16
　　2　立憲国におけるリベラリズム　19

　第3節　法治国の原理　23
　　1　法治国の意義　23
　　2　法治国の構成要素　27
　　3　法治国における権力分立　30

　本章を終えるにあたって　33

第Ⅱ章　権力分立・再定義――アメリカ合衆国憲法の場合 …… 41

　はじめに　41

　第1節　Separation of Powers の意義――政治理念と法原理　45
　　1　Powers の意義　45
　　2　Separation の意義　47
　　3　権力分立における「隣接原理」および「補完原理」　51

　第2節　合衆国憲法における権力分立　58
　　1　Vesting Clauses　59
　　2　連邦最高裁判例のふたつの流れ　63
　　3　形式別学派と作用別学派の共通点と対立点　67
　　4　学派の分岐を決定づける視点――もうひとつの権力分立の位相　71

　第3節　権力分立における Vesting Clauses の法的性質　77
　　1　Vesting Clauses 再訪　77
　　2　Vesting Clauses とその周辺規定　79

3　Vesting Clause のふたつの理解——Vesting Clauses は Empowering Clause か　84
　　4　1条1節（Art. I, § I）Vesting Clause の意義　86
　　5　3条1節（Art. III, § I）Vesting Clause の意義　88
　　6　2条1節（Art. II, § I）Vesting Clause の意義　90

第4節　Executive Power と Administrative Power　94
　　1　アメリカにおける Executive Power「控除説」　94
　　2　19世紀アメリカ行政学における Executive Power と Administrative Power　96

第5節　日本国憲法における権力分立と関連規定　105
　　1　議院内閣制分析に向けて　105
　　2　アメリカにおける論争から学べるもの　108

本章を終えるにあたって　116

第III章　権力分立・再定義——日本国憲法の場合 …… 123

はじめに　123

第1節　日本国憲法の権力分立構造　125
　　1　日本版 Vesting Clauses　125
　　2　作用・権限の相互抑制か協働か　131

第2節　内閣権限　135
　　1　65条、73条 Vesting Clauses　135
　　2　73条の読み方　141

第3節　41条 Vesting Clause　146
　　1　41条の「立法」の意義——「実質的意味の立法／形式的意味の立法」　146
　　2　「立法／法律」——そして「実質的意味の法律／形式的意味の法律」　151
　　3　法律制定における「実体／手続」　154
　　4　一般的・抽象的法規範という「法規」概念　157

第4節　法律と「法の支配」　164
　　1　立法の形式と、「一般性／個別性」　164
　　2　法律の「形式」の意義・再訪　168
　　3　「立法」に関する手続権限および実体権限　171

本章を終えるにあたって　175

第Ⅳ章　議院内閣制・再定義 …………………………… 177

はじめに　177

第1節　「大統領制／議院内閣制」　179

第2節　ワシントン・モデル　184
　1　ワシントン・モデルの特徴　184
　2　大統領の地位・権限の変遷　189

第3節　Parliamentary Government　197
　1　Parliamentary Government の意義　197
　2　ウェストミンスター・モデルの特質　201
　3　ウェストミンスター・モデルの変容（？）　208
　4　もうひとつのウェストミンスター・モデル　214

第4節　日本国憲法における Parliamentary Government　219
　1　日本国憲法の範型としてのウェストミンスター・モデル（？）　219
　2　国会の信任に依存する「議院内閣制」（？）　226

本章を終えるにあたって　229

第Ⅴ章　違憲（司法）審査基準論を質す …………………… 233

はじめに　233

第1節　いくつかの教科書にみる違憲審査基準　239

第2節　「基準」（Standard）・再定義　242

第3節　「二重の基準」論のほころび　249

第4節　二重の基準論を振り返る　254

第5節　違憲（司法）審査基準の応用範囲　261

本章を終えるにあたって　264

あとがき　267

索引　273

第Ⅰ章　立憲国の原理と構成要素

> 自由主義者が売り歩いている有名な社会契約という観念は、多数者の意志つまり権力が、一人の個人、ないしは一つの個々人の集団に「付与」されることについて語っている。しかし、この「付与」とはいかなる行為であるのか。
> I. バーリン、河合秀和訳『ハリネズミと狐』（岩波書店、1997）47頁

> 歴史的に規定された言葉を引き続き用いるとき、知らぬ間にどれだけ多く異質な思考様式に自分が影響されているかについて、誤解することがあってはならないのだ。
> カール・シュミット、古賀敬太／佐野誠訳・編『カール・シュミット時事論文集』（風行社、2000）156頁

はじめに

（1）　統治とは、人びとによる利益追求活動を一元的に調整するための国家行為をいう。立憲国においては、この行為は強制の機構である国家の権力的作用であることに留意されて[1]、公式の国家機関を通し、ルールに従ってなすよう求められる。人びとの利害調整のために、国家の公式機関が一定のルールに従ってなす活動、これが本書の統治の定義である[2]。

---

1) 本文でふれたように、国家統治の特徴は人びとの対立する利害を、ときに強制力をもって調整する作用に求める見方は、国家を status として捉えていることを含意している。Status として国家観は、古典の時代から、 civitas としての国家観と対立してきた。前者が、国家を強制の機構だとみるのに対し、後者は国家を政治的共同体だ、と捉えるのである。

2) 「統治」（作用を意味する場合の government）とは、「高い立場からする支配作用である」とか「国家目的を一元的に実現するために、国家が国家機関を通してなすところの権力的支配をいう」といわれることが多い。本書は、この統治の見方に共鳴しない。という

立憲国における統治は、それが権力的に利害を調整する活動であるからこそ、一元的な統一性をもたせながら、一定のルールに従ってなされる点にその特徴がある[3]。

統治と政治との違いは、一定のルールに従った、一元的・統一的な利害調整活動か否かにある[4]。国家の政治活動を公式の国家機関による統治活動に転換させるためのルールが憲法上の手続規定である。この手続規定に従ってなされる統治機関の活動は、一応、正当であると推定される。

法学や哲学は、国家の統治活動が一定の手続ルールに従っていることだけではその正当性は満たされない、と考えてきた。ふるくより、思想家たちは《法が国家となる》、《統治が正義となる》ための実体的条件を論じてきたのである。条件としてさかんに言及されたのが、正義の法である。《正義の法のもとに国家統治を置けば、法が国家になる》と期待されたわけである。

（２）　その法として最も頻繁に訴えかけられてきたのが natural law（本来的法則または自然法）であった。もともと natural law は「自然法」というニュアンスよりも、超越的な法則または超人間的精神の産物を指す用語である。

Natural law にいう natural とは、古典の時代においては「宇宙の、または、自然界の」、中世においては「神意の」、近代においては「人間本性の」という語義変遷をみせている。また、law の語義も「法則」、「掟」、「法」等々と時代によって論者によって多様である。ということは、近代以降における natural law を「自然法」と漫然と訳出しないようわれわれは慎重でなければならない。

のも、「高い立場」、「支配」、「権力的支配」といった用語が何を意味するか、明確ではないからである。また、統治に一元的な目的が存在する、という思考は、国家を目的集団であるかのように扱っているばかりか、国家を実体化してしまっている。本書は、国家を一元的な目的を実現する集団であると捉えること――国家を実体化し、しかも目的集団だと捉えること――に反対である。また、本書は、理想主義者の語るような、《政治とは市民が公共的価値について討議を行う場である》との定義にも与しない。

3）　本文で述べた「統治」定義とは別に、国家機関の活動のうち、特に強い政治的意欲に基づく高次の決定作用を指すことがある。「統治行為」なる用法がそれである。参照、小嶋和司「『政治』と『統治』」『小嶋和司憲法論集（二）　憲法と政治機構』（木鐸社、1988）396頁。

4）　政治の定義は無数にある。本書の政治の定義は、「競合する人びとの利害を調整する行為」をいう。この行為は、非公式でも、情実に基づくものでも、臨機であってもかまわない。政治と統治の違いについては、参照、阪本昌成『憲法１　国制クラシック〔全訂第３版〕』（有信堂、2011）〔3〕。

神意よりも人間の理性を重視するルネサンス以降に絞っていえば、natural law とは、人間に本来的に備わっている法（法則）を指すものとして理解されてきた。このことに留意すれば、natural law とは「人間に本来的なもの」、「本来的法則」をいうと理解するのが妥当なところである。

（3）　本来的法則に訴えかけて、正しき統治を実現しようとする思考は、古典の時代よりみられた。そのひとつが、ギリシャの哲人たちによる「physis／nomos」という二項対立の思考だった。この対立図式は、「自然／人為」または「law／convention」のなかで、移ろいやすい人の意思の発現としての nomos を、本来的なるもの physis によって統制しようとしたのである。

以来、「自然法思想家」のいう natural law の理論は、physis による nomos の統制の潮流として展開された。この論者たちは、ときに神意またときに人の本性という「本来的な法則」によって、人為的な統治を統制しようとしてきたのである。ところが、この理論が統治を現実に先導し統制したことはなかった。Natural law には、その内包・外延についての客観的識別基準もなければ、これに反する行為の判定力にも欠けていたのである。

（4）　歴史上の政治哲学者・法学者は、《法が国家となる》、《統治が正義となる》という「正義の国家」命題が実際には実現されたことはないことを知ってきた。政治哲学・法哲学にできることは、何らかの媒介項を考案して国家統治と法（正義）とを架橋するか、または、両者の間の必然的な溝を何らかの装置で最小化することだった。

近代啓蒙思想家の多くが行き着いた媒介項は、人びとの明示的・黙示的合意だった。

16世紀以降の近代政治思想の関心は、統治権力への合意を説く社会契約の観念に集中していた。この時代の政治哲学の大問題は、神意や宗教上の教義に訴えずに、社会的秩序の人為的成立を考えることにあったのである。

これに解答を与えるにあたって合理主義的啓蒙思想は、まず、個人という主体（subject）の本来的性質（nature）を取り出してみせた。そして、人間の本性（human nature）として、自然的因果関係に支配されない意思の自由を強調した。この啓蒙思想は、「主体（主意）主義」（voluntarism）に訴えかけることによって、家父長的家族、教会（特にカトリック教会）、ギルド、地縁共同体等の

旧い制度と秩序を否定したのである。近代の始まりである。

（5）　この主体（主意）主義理論は、J. ロック（J. Locke）によって独自に味付けされ、ピークを迎えた。彼の、"理性または自由意志の主体である個々人が統治状態——natural state と対比される civil state——を作りあげることに合意したのだ"との主張は、多くの人びとを魅了した。後世、「社会契約」と呼ばれる思考である[5]。

「社会契約論」は、【個々人の自由な意思による新しい統治＝新しい秩序＝新しい社会＝新しい国家＝望ましい国家の樹立】というロマンティックな連想を喚ぶためだろうか、または、「社会」なる茫漠たる用語が人を煙に巻いたためだろうか、合意による統治状態の人為的樹立の話は、アカデミズムの世界にまで浸透していった。

16世紀以降の「社会契約」論にみられる統治権力への合意の理論は、physis によって nomos を統制しようとするギリシャ以来の思考を逆転させたものだった。人びとの合意という人為こそが政治的共同体に統治権力を付与するのだ、と考えたのだ。人びとの合意が、本来的な超越的ルールとは独立に、統治を内側から支える論拠となる、というわけだ。が、国家統治という、一方的で強制的な行為と、人びとの合意との間の深い溝は、理論的にも現実的にも、埋められることはなかったのである。

（6）　上にふれた「近代啓蒙思想」は、実のところ、一枚岩ではない。また、この啓蒙思想が近代立憲主義またはリベラリズムの源流となったわけでもない[6]。ここまでは、いわゆる近代啓蒙思想のうち、古典の時代の発想と対照

---

[5]　人びとの自由意思が同一目的に向けられている法律行為は、契約ではなく、合同行為であり、しかも、この行為によって生み出されるものは「社会」ではなく、「統治状態」であると理解すべきある。ロックにせよ、自然状態から抜け出る行為が契約ではないことは明確に意識していた。ロックも、original compact との表記によっている。参照、ジョン・ロック、加藤節訳『統治二論』（岩波書店、2007）201頁における訳者注（12）。また、「社会契約」によって作り出される civil state とは、「市民政府」ではあらずして、「政治状態」または「統治のある状態」を指す。つまり、ここでの civil とは political と同義である。

[6]　ロックの政治哲学は、リベラリズムの源流ではなく、立憲主義を根拠づけるものでもない、と私は考えている。彼のいう civil state は、これまで「市民政府」と訳されてきたため、「社会契約を通しての政府の樹立／自然権が保全される市民社会」の別を説いたものと理解されがちになるかもしれないが、本文でも指摘したように、civil state とは「統治のある状態」を指す。この状態は、近代立憲主義のいう「国家（公的領域）／市民社会（私的領域）」二分法の意味するところとはまったく無縁である。

するために、人びとの合意を強調する主意主義の流れにふれたにすぎない。人びとの合意を統治の正統性論拠とする思考は、集団的決定（多数者による決定）を統治方法とする民主主義論の基礎である（本書は、民主主義とは個人の尊厳を尊重する政治思想だ、というナイーヴな見方を拒否している）。近代啓蒙思想には、これとは別に、個々人の選択肢を最大化しようとするリベラリズムの流れがみられるのである。

　（7）　近代啓蒙の思想には、大きく、スコットランドの「批判的啓蒙派」に代表される立場と、イングランドの「合理主義啓蒙派」というふたつの系譜がみられてきた。この違いを、「伝統主義／近代主義」、「経験論的啓蒙思想／超越論的啓蒙思想」または「非意思（非主意）主義／意思（主意）主義」と表してもよい。

　上のふたつの系譜のうち、今日まで社会思想のみならず憲法学を席巻しているのは、合理主義的啓蒙思想である。この思想の特徴は、①人間の行為を主体の意思に帰属させて理解する「主体（主意）主義」、②人間は、本来的に一定の存在規定のもとに生まれ、その存在規定にふさわしい法則を発見し、この法則に自己を従わせて行為する能力をもっている、とする「自然（本性）主義」、③人間と社会は理性または自由意思による意識的な制御対象として捉えることができる、とする「合・理性主義」にある。

　（8）　上の流れのうちわが国の社会科学は合理主義啓蒙思想の影響下におかれてきた。なかんずく、わが国の憲法学は、合理主義啓蒙思想の産み落としたラディカルな思想の流れである、ヘーゲル左派、マルクス主義者、ヨーロッパ大陸左派の影響を色濃くしてきたように見受けられる。この合理主義的・改革主義的思想は、政治的権力の悪性（および、人間の利己心）を浄化すれば、人びとを何千年も苦しめてきた圧政と不平等から人間を解放できるだろう、と期待したようである。この思想を「改革的理想主義」(progressive idealism) と呼ぶことにしよう。

　わが国の憲法学界は近年の世代交代とともに、かような改革的理想主義の影響から脱してきているように私にはみえる。この勢力の後退とともに、前面に現れてきたのが共和主義的リベラリズムである。これは、人びとが能動的公民となって、積極的に政治参加するところに、望ましき統治の姿を見出そうとす

る思想である。このリベラリズムも、この合理主義的啓蒙思想を土台としている。

（9）　このような法的思考環境にあったわが国の法学界が、D. ヒューム（D. Hume）、A. スミス（A. Smith）、F. ハイエク（F. Hayek）に代表される「スコットランド啓蒙派＝批判的啓蒙派」の影響を受けることはなかったことは、いわば当然である（法哲学学界における H. ハート（H. L. A. Hart）の影響は除いて[7]）。

（10）　この第Ⅰ章は、わが国憲法学界の通説に抗して、近代立憲主義またはリベラリズムの源流を、合理主義啓蒙思想ではなく、スコットランド啓蒙思想、なかでも、スミス・モーメント（A. スミスの思想傾向）に求めようとしている。

近代立憲主義またはリベラリズムの意味するところは、本書が一貫して追究する課題である。

第1節　立憲国の源流と構成要素

1　近代立憲主義の捉え方

（1）　わが国の法学も憲法学も（あるいは政治学も）、近代立憲主義のモデルをフランス革命とその人権宣言（正確には、「人および市民の権利宣言」）に求め、同人権宣言16条の「権利の保障が確保されることなく、権力分立が定められていないすべての社会は、憲法をもつものではない」というフレーズをさかんに引証した。そこでいわれる権利とは、「人が生まれながらにもつ自由と平等」という自然権イメージで理解された。このイメージと合理主義的啓蒙思想とを重ね合わせたせいだろう、憲法教科書は、"これが近代立憲主義のモデルだ"と捉えた。

実のところ、フランス人権宣言は「徳の共和国」を作り上げようとする革命の所産であって、近代立憲主義の文書ではない、と受けとめることが適切である。そのことは、「すべての社会は」というタームに表れている。これは、革命によって私人から公民へと叩き直された人びとからなる社会（civil society）

---

[7]　ただし、わが国における H. L. A. ハート研究が、暗黙知を強調するスコットランド啓蒙哲学に照らしたうえで正確になされているかとなると、大いに疑問である。

と国家（state）との間に亀裂のない、国家と社会とが一体となる国制を求めようとしたのである。

　わが国の憲法の教科書は、このことよりも、この人権宣言が権利保障と権力分立を明文で言及したことのほうに目をとられてしまった。立憲主義の国制は、たしかに、統治機構の部においては権力分立構造を採用すると同時に、権利保障の諸規定をもつ。ところが、フランス人権宣言が重要視した権利と、立憲主義の重視する権利とは同じ内容・傾向をもってはいないのである。

　（２）　フランス人権宣言における権利保障は、生活必需品に対する平等保障——自然権思想の知らなかった権利——が中心だった。この特徴を無視して、"フランス人権宣言以来の各国の権利章典（Bill of Rights）は、近代啓蒙思想の説いてきた自然権を実定化した"と片づけてはならない。

　近代立憲国の憲法典が natural rights を実定化した、ということは誤りではない。問題は natural rights をいかなる法益だと捉えるかである。

　Natural rights とは、非人為の権利の意であり、この場合の権利とは法によって禁止されていないこと、すなわち、すべての liberties を指す、と考えてきた哲学者も多い。このときの natural liberties は、「天然の諸自由」、言い換えれば、私たちの日常生活領域でいつでもどこでも享受できる諸自由のことである。この自由を「一般的自由」と呼んでもよいだろう。個別化されない、実定化不要の、トータルとしての自由である（⇒第２節２）。

　そればかりではない。Natural rights または natural liberties にいう natural とは、"いつの間にか姿を現した"という意味でもある。上にふれたスコットランド啓蒙思想のいう natural rights とは、人為的な権利でもなければ、本来的な権利でもない、という性質を指して用いられる（ことが多い）。

　近代立憲国の憲法は、上でいう一般的な自由を保障するという、憲法典の言及しない原理も取り込もうとした[8]。教科書的記述が立憲主義にふれるさい、憲法典を超えた原理にも言及すべきところである。

　近代立憲主義のモデルとその要素をどう捉えるか、法学の徒は真剣に再考す

---

　　8)　ハイエクの立憲主義論が権力分立レベル（または成文憲法典レベル）と、原理的レベルの２層からなっていることを述べる論攷として、参照、土井崇弘「ハイエクにおける立憲主義についての一考察」ホセ・ヨンパルトほか編『法の理論　22』（成文堂、2003）30頁。本書の権力分立の分析レヴェルについては、第Ⅱ章の「はじめに」の参照を乞う。

べきである。

（3） 立憲主義は、政治思想であるにとどまらず、ひとつの法的な思想体系である。実定的な文書、それも政治的文書を引き合いに出してこれをモデルとして扱うことは避けるべきである。

　実定化された具体的サンプルによらずして、この思想を解明しようとすれば、《立憲主義とは、生の権力の発動である政治 (politics) を、統治 (government＝舵取りの効いた政府活動) に転換させるべく、憲法（厳密にいえば「国制＝constitution」）に従って国家機関を活動させ、手続的にも実体的にも Limited Government を実現して自由を最大化（厳密には、自由への干渉度を最小化）せんとする思想体系だ》と、特徴づけることが可能であろう（Limited Government は、これまで「制限的政府」と一般に訳出されてきたが、私は「統治を制限すること」または「制限された統治」と訳出することにしている）。

（4） ところが、こう定式化したとしても、いかなる法的な装置を国制に導入すれば、政治を統治へと転換して統治を制限できるものか、問い直す作業が待ちかまえている。この回答作業に着手したのが、ハイエクの THE CONSTITUTION OF LIBERTY（1960）であり、その解を周到に展開したのが、その完成編とでもいうべき LAW, LEGISLATION AND LIBERTY, Ⅰ, Ⅱ, Ⅲ である。これらの業績は、立憲主義のねらいだけでなく、その構成要素を個別的にあげている点で出色である。

2　立憲国の構成要素

（1）　LAW, LEGISLATION AND LIBERTY, Vol. Ⅲ（1979）において、ハイエクは立憲主義原理を次のように捉えたうえで、その構成要素に言及している。

> 「絶対君主制の終焉から無統制の民主制の勃興に至る2世紀間、立憲的統治の偉大な目標はすべての統治権限を制限することにあった。すべての恣意的な権力行使を防止するために次第しだいに確立されていった主要原理は、①権力分立、②法の支配または法の主権、③法律のもとでの統治、④私法と公法との区別、そして、⑤司法手続の原則であった。これらすべてが、個々人に強制を加えうる条件を確定し限定することに仕えたのであ

る」[9]（訳文の①〜⑤は阪本）。

　上の文章に列挙されている立憲的統治の①〜⑤は、単なる羅列ではなく、相互に関連する「自由の条件」(constitution of liberty＝自由をもたらす必須構成要素)を表すものとなっており、これを読み解くには、いくつかの留意と補足説明が必要である。

　第1に、立憲主義の構成要素は、すべて、国家が人びとに対して強制力を行使するにあたっての必要条件だ、とされている点である。ハイエクは、「強制の不存在」という伝統的な意味での自由と[10] 国家の独占する強制力との対立は、希少性問題に直面するわれわれの生活においては必定とみて[11]、この強制力を最小化するための条件を考えたのである。彼のいう「自由」は、徹底して消極的な意味でのそれ（negative freedom）であり、国家の統治権も強制力の発動に焦点を当てたものとなっている。ハイエクが「法律のもとでの統治」（上の③）とか、「司法手続による救済」（上の⑤）とかいうとき、それは、日本法の用語でいえば、「侵害留保」または「法規概念」が想定されている。

　第2に、立憲主義にとって警戒されるべきは、絶対君主制または全体主義体制だけではなく、民主政における議会の動き、議会の立法活動にもある、と捉えられている点である。ハイエクは、【国民主権（主権者意思）⇒主権者意思の代表としての議会⇒議会の法律制定⇒法律による行政】という民主政治の流れ、いや、民主政自体に信頼を置かなかった。いかなる種類のものであれ、政治過程に特定の「意思」が流れ込み、これが統治の方向を決定することこそ、

---

9) F. HAYEK, LAW, LEGISLATION AND LIBERTY, Vol. Ⅲ, at 99-100 (1979). また、後掲注62）も参照のこと。

10)　自由の意義については、本章の第2節1で論じていく。

11)　資源は限られ、人の利他心も限られている人間の生活のなかでは、利害の対立は不可避である。希少性問題に取り囲まれている生活のなかで、ある個人Aが自己利益を実現するために、Bに対して不当な強制を加えることは十分に予想できる。この不当な強制力は、国家が独占する強制力によって打ち消されなければならない。国家が意図的に発動する強制力は、たとえ合法的であっても、自由にとっては敵対的な本質——害悪性といってもよい性質——をもっている。国家権力の害悪性を市民社会でのA—B間の利害対立の調整・解決のために必要な場合にだけ、必要な範囲内で発動させるには、いかなる条件を満たすべきか？　立憲主義は、国家の強制力が正当な範囲内で、正当な形式・手続をもって行使される条件を考えてきたのである。

反立憲主義である、と彼は何度も論じた。だからこそ、ハイエクの法理論は、主意主義的な法実証主義——意思が法を作る、とする法理論——を排しただけでなく、「国民」の意思を語ろうとする方法論的集団主義——国民を実体化して、意思主体と考える思考——にも強く反論したのである。民主政は、組織化されやすい少数者が結託して議会に代表を送り込み自分たちの利益を最大化しようとする政治であり、議会（議員）によるレント・シーキングを許容する政治となる。上の引用文にあるように、「恣意的な権力行使」を統制するための装置としてはどのようなものが生き残ってきたか、と問うとき、「恣意となりがちな議会意思」を統制する工夫が追究されなければならないのである。議会意思は普遍化可能性原理を満たすべし[12]、これがハイエクのいいたいことである。

　第３に、「恣意となりがちな意思」を統制する工夫は、"人びとの自由な行為の結果であるが、意図・意思によって作り出されたものではないところにある"、と説かれている点である。その工夫は、次第しだいに確立されていった制度（institution）として姿を現すのである[13]。いつのまにか立ち現れた制度は「本来的なもの／人為的なもの」のいずれでもない、第３の範疇に属している。この第３の範疇に属する「普遍化可能なルール」——一般的・抽象的法規範（⇒第Ⅲ章第４節）——こそ、「実証主義法思想／自然法思想」の対立を乗り越えたところで、人びとの恣意を中性化してきたのである。

　（２）　先の引用文であげられている立憲主義の諸要素のうち、最も読者の意表を突くのが「私法と公法との区別」（引用文での④）である。多くの法学者にとって、これが立憲主義の要素としてあげられていることの意味、妥当性は理解しがたいところであろう。

　ハイエク理論における「私法／公法」の別は、国家（政府）の役割を知ろう

---

12)　普遍化可能性原理とは、ある状況下においてなされた道徳的な主張が "同様の他の状況" においても主張可能であるとき、その道徳的主張は道徳的に妥当である、という原理をいう。この原理は、法の正しさの査定にも用いられる。すなわち、個別具体的な結果はどうであれ、一定範疇の行為に一般的に適用可能である、という条件を満たすとき、この法は正しい、というわけである。

13)　ハイエク理論は、人びとの反復継続する無数の行為のなかで、次第しだいに確立されていった行為のパターンに着目した。このパターンをハイエクは「自生的秩序」と呼んだ。See F. HAYEK, LAW, LEGISLATION AND LIBERTY, Vol. Ⅰ, at 37 (1973). 以下、この著作を "L.L.L. Ⅰ" と引用する。「自生的秩序」という呼称が適切だったか、彼自身も問い直している。一般的には、このパターンを「制度」と呼ぶほうが通用力があるだろう。

えで、また、法の意味を知るうえで、さらには、「自由」の意味を知るうえで、決定的な意義をもっている。

この別は、「市民社会／階層的組織（政府組織）」、「公的領域／私的領域」の別に対応している。私法は、市民社会で水平的関係にある私人間の権利義務または法律関係を規律する法体系である。これに対して、公法は階層組織で垂直関係にある人びとの法的関係を規律する法体系である。後者の公法は、一定目的を達成するために、人為的に（意思によって）作り上げられた組織・階層における指揮命令のためのルールである。このルールは、組織目的実現のために立法者意思によって作られる[14]。もともと、このルールを定める行為が、歴史的には、"legislate" と呼ばれ、その成果が "legislation" と呼ばれてきた、とハイエクはいう[15]。今日、「立法」と一般に呼ばれている行為は、公務員組織を定める人為法の定立のこと、すなわち、政府組織に関する公法を議会が定立することだったのだ、というわけである。その後の民主勢力の伸張とともに、議会がその余の領域についても立法権限をもっている、とみられ、"議会の意思が法を作る" という法実証主義の立法概念が普及していった。その影響で、legislation とは人為法定立全般を指す言葉となったのだ。これが語義変遷に通じたハイエクの「法／立法」の分析である。

（3）ここでは、ハイエクの語義変遷の解明が正しいかどうかについては、質さないことにしよう。

ハイエクに限らず、「国家（state）／市民社会（civil society）」、「公（政治）的領域（public sphere）／私的領域（private sphere）」という二分法は、"リベラリスト" の自由の見方・捉え方の基礎だったのである[16]。

---

14)「組織」とは、もともと、公職の位階を表す言葉だった。ハイエクが、国家機構に関する法令を「組織のルール」と呼び、市民社会における私法を「行為のルール」と呼んでいるのは、原意に忠実であろうとするためであろう。See HAYEK, L.L.L. Ⅰ, at 48.
15) See HAYEK, L.L.L. Ⅰ, at 124.
16) たしかに、「社会契約」論者であるホッブズやロックにおいては、civil という言葉は natural との対照のなかで、political, civilized という意味をもつものとして使用されている。が、A. ファーガスン（A. Ferguson）やスミスのようなスコットランドの思想家のいう civil には、「私的な」、「脱政治的な」といった意味あいが込められている。モンテスキューの著作において civil が public または politique ではないもの、つまり「私的」というニュアンスを多分に含む言葉として多用されている、という指摘については、参照、堤林剣『コンスタンの思想世界』（創文社、2009）71頁。

Civil society にいう civil とは、「私的な」という意味をもつことのある単語である[16]。また、civil の名詞形である citizen とは身分制という経済的かつ政治的な桎梏から解放された、自由で対等な存在として、私法上の権利義務の帰属点となる法主体を指した[17]。さらに、civil society とは、無数の私的な法主体が織りなす無数の相互行為のなかに、いつの間にか立ち現れる自発的・水平的ネットワーク、もっといえば、脱政治化され、脱宗教化され、さらにまた、脱道徳化されたシステム[18]、という意味あいをもともともっている[19]。この意味での civil society は、階層組織との対比のなかで、目的的組織ではないこと、特定の目的実現とは無縁であることを浮かび上がらせるのである。さらにいえば、スコットランド啓蒙思想に影響された学派——たとえば、イギリスにおける制度派経済学派だけでなく、オーストリー学派——は civil society をもって、人為（意思）の所産でもなく、本来的にもたらされるものでもない、第3の範疇に属する代表例として位置づけてきた。

 この civil society の捉え方、すなわち、「市民社会／国家（政府）」の二分法が「水平的・自発的ネットワークを規律する私法／目的的な階層的組織を規律する公法」の別を基礎づけてきたのである[20]。

（4）　ところが、こうした civil society の捉え方は、G. ヘーゲル（G. Hegel）や K. マルクス（K. Marx）の弁証法哲学によって致命的な影響を受け、消滅危惧種となった。

---

17)　歴史的視点からいえば、「人間」が帰属集団から解放され、まるで質料をもたない基本単位（点）となって、同質の存在（自由で平等な存在）となると理解されたとき、「市民」と呼ばれたのである。

18)　本文でいう「システム」とは、ある人の行為が無数の人びととの行為と交錯し、予想もできない有機的な影響を相互に与えながら、それ自体が変動する統一体をいう。これに対して、ハーバーマスに代表される共和主義者のいう「システム」とは、「人間の発意では如何ともしがたい、埋め込まれてしまっているなにものか」であって、自由な営為を阻害する要因を指している。

19)　本章がしだいに明らかにしていくように、わが国社会科学や歴史学でいう civil society は、ブルジョア社会（bourgeois society）のイメージで理解されることのほうが多いようである。

20)　「市民社会」を経済の視点から言い直したとき、それは「経済市場」となる。ということは、「国家／市民社会」の別は、「階層的組織／市場」の別でもある。この点については、本章の「おわりに」で簡単にふれている。私は、別の本で、「市場／組織」の別の重大な意味あいについて論じたことがある。参照、阪本昌成『法の支配』（勁草書房、2006) 55頁。

彼らの弁証法哲学の影響を受けた社会科学者（法学者を含む）は、市民社会 (bourgeois society, bürgerliche Gesellschaft) に内在する階級対立のモメント・矛盾を軽視することができなかった。彼らの目から見れば、市民社会が自発的・水平的であろうはずがなく、そこでの人びとが自由で平等な法主体であるはずもない。自分のニーズや目標を実現するための有効な条件を持たない人びとは自由ではなく、国家が有効な条件を保障してはじめて自由となる、そのためには、近代法の3原則（私的所有権の不可侵原則、法律行為自由の原則、故意過失原則）からなる市民法原理に代えて、国家が自由を実質化すべく[21]、種々立法せよ、といわれてくる。この主張が普及するにつれ、「私法／公法」、「法／立法」の境界線はぼけていったと同時に、"リベラリズム"の意義も変化していったのである[22]。

　こうした変化は、国家の統治権限の限界をぼかしていくことになる。

（5）　先の引用文でハイエクが立憲主義の要素として、「私法と公法の区別」をあげたのは、国家の役割を明確にするとともに、そのもつ強制力を限定し、個々人の側に最大の自由を保全しておくためであった。国家の役割は、(i) 私人を法主体とする私法体系を整備維持すること、(ii) 私法体系を侵犯する者に法的強制力を用いること、に限定される（もちろん、国家の役割は、これ以外に、公共財を提供することにも及ぶ。国家はこの提供の財源徴収のために強制力を用いうる）。そうすれば、各人は国家から不当な強制を受けることなく、自分の選好に応じて行為できる項目が増え、そのぶん、自分の自由を最大化できる、というわけである。

　こうした思考からすれば、議会制定法（代表者意思）によって市民社会をより適正なものにしようとする動きは、人びとの自由に対する障碍を人為的に作り上げることに等しい。また、限られた知識しかもたない議会が市民社会をよりよい階層社会に作り替えうるわけはない。必要な知識は市民社会に分散されており、国家に集約されえない。議会が作り上げようとする社会は、限られた知識によって制定された立法目的実現のための階層組織（目的集団）となる。そこでの市民は、立法が張り巡らせる指揮監督系統のもとに置かれ、議会制定

---

21)　本文でいう「自由」が厳密な用法であるかどうかについては、後の本文でふれる。
22)　"リベラリズム"の意味の多様化についても、後の本文、第2節2でふれる。

法とその執行者によって配給される自由を享受することになるだろう。

　本書のいうリベラリストは議会制定法による市民社会の改造に期待してもいないし、すべきでもない。「議会の意思が法を作る」と考えるべきではないのである。「議会の意思を統制するルール」を熟考すること、これが立憲主義の意味を真剣に考える際の課題である。

　（6）　このあたりで、立憲主義について、まとめておこう。

　まず、立憲主義のねらいについて。立憲主義のねらいは、民主的であれ専制的であれ何であれ、統治権力を制限しようとする点にある。Limited Governmentを実現する、というねらいである。

　次に、立憲主義の底流にある哲学について。

　立憲主義の底流には、「国家／市民社会」または「公的領域／私的領域」という二分法が横たわっている。リベラリストは、この二分法が自由を支えている、と考えてきた（「国家／市民社会」という二分法よりも、「統治組織／市民社会」という表記のほうが「目的的階層組織／脱目的・自発的ネットワーク」という意味あいを伝えやすいだろう）。この二分法は、《国家は指揮命令系統をもつ組織であるのに対して、市民社会はそうではなく、自由に相互行為に出る無数の市民が織りなす自発的ネットワークである》、《国家は、市民社会（civil society）を位階構造をもつ組織へ変質させるべきではない》といいたいのである[23]。市民社会が階層化されたとき、統治における官僚制と市民社会における官僚制とがひとつになって、個々人の自由な選択肢が浸蝕されていく。

　この二分法を支える哲学は、国家の役割を「市民社会」での法の維持執行に限定することによって、個々人の自由な選択肢を最大化する一方で、国家の強制力、なかでも、議会の立法権を制限し、集団決定される項目を最小化しようとするのである。この議会立法権の制限という立憲主義の要素は、もうひとつの立憲主義の要素である「法の支配」原理と関連している。権力分立と「法の支配」原理との関連については、後の第Ⅲ章の第4節で立ち戻って論ずることとして、ここでは、ふたつの原理の概略だけを急いで述べておこう。

　「法の支配」（ハイエクの先の引用文でいう②の要素）は、個々人の自由に強制を加えるさいの立法形式——個々人の権利義務を規律する法規範を定立するには、議会は、一般的・抽象的な形式によるべし——を指示する条件である（「法

の支配」と立法形式との関連については、第Ⅲ章の第4節で解明する）。

（7）　権力分立（ハイエクの先の引用文でいう①の要素）はどうか。

権力分立は、「国家／市民社会」二分法のうち、「国家」の領域における統治権力を制限する原理である。これは、ある統治機関の権力を抑制するには、他の統治機関の権力によるしかない、という理論である。権力が権力を抑制するには、ひとつの統治権限を複数の統治機関に分割し機関間で相互抑制させるという思考を基礎としている（この点については第Ⅱ章の第1節でふれる）。統治権力の統制にあたっては、自然権、自然法、人格価値不可侵原則といった普遍的な価値に訴えかける憲法学説が一般的である。が、これらの価値は、手をかえ名辞をかえながら、古典の時代から採りあげられてきたものであって、立憲主義に固有ではない。先にふれたように、自然権等の理論が統治の体系的制限に成功したことはなく、政治哲学・思想家が自由保全のための統治機構のありようを論じたとき、立憲主義と Limited Government との関連性が浮かびあがったのである。

（8）　こうしてみると、立憲主義の構成要素を捉えるにあたってはいくつかの層に分けて考えてみることが有益なようだ。

第1の層は、その政治哲学である。立憲主義は「国家／市民社会」、「階層的組織／自発的ネットワーク」という政治哲学での二分法を基礎としている。この層は、自由をどう捉えるか、という政治哲学とも関連している。

第2の層は、法原理である。これは、市民の権利義務を規律する法規範の満たすべき条件を語る法原理、すなわち、「法の支配」である。

第3の層は、国制における統治機関の布置と権限の分配に関する統治構造論である。これが、統治機関権限を相互抑制させることによって権力の集中を阻止しようとする権力分立理論である。

第4の層は、司法権の独立、公正な裁判を受ける権利（司法的救済手続の整備）、行政の法律適合性原則等の実定法上の要素である[24]。が、司法権の独立

---

23)　本章は、「市民社会」論について詳論する場ではない。「市民社会」の意義を問い直すには、「市民」、「社会」という論争を喚ぶ概念の分析を要する。こうした論点について私は、前掲注20）『法の支配』47～60頁で論じたことがある。

24)　歴史的に振り返れば、近代国家は、統治権力が教権から脱し、脱神学の政治哲学によって正当性を与えられたときに成立したことを考えれば、立憲主義の要素として、政教分

は、「法の支配」に既に含まれている要素だ、と考えることができる[25]。

（9）　以上のいくつかの層とそこでの構成要素に留意すれば、「国家 対 個人の自由」という二項対立図式でもってしては、立憲主義の本質を捉えきれはしない、と私たちは予測できるだろう。立憲主義の構成要素を知るためには、(i)国家という統治の機構における機関配置、諸機関の権限、権限の相互関係、(ii)国家という強制の機構と、市民社会という自発的相互行為のネットワークとの違い（それぞれの特質）、(iii)市民社会というネットワーク（市場という制度）と諸個人間の相互行為との関連性、(iv)市民社会における自発的組織（結社）と諸個人との関係、そして、何よりも(v)「市民」または「人」の「自由」の法学的な意味等々にも目配りしなければならない。

以下では、これらの課題のうち、まずは(v)に焦点を絞り、立憲国における自由およびリベラリズムをどう捉えるべきかを、節を改めて、ささやかに考察し直していく。

第2節　立憲国の思想

1　自由の捉え方

（1）　立憲主義にいう「自由」の捉え方について、「○○ではない」という消去法を使って、本書の所見を簡単に述べる。

立憲主義にいう「自由」は、以下の捉え方によってはいない。

①　人が自分に課した法または法則のもとにあるときこそ自由だ、という捉え方。これは、意志すべきことをなす力をもって、これに従うとき、人は自由だ、という命題に言い換えることができる（本書は、意思と意志のふたつの表記を用いるが、意志の場合には規範的な意味合い、あるべき内心状態という

離、宗教に対する国家の中立性もあげるべきではないか、と私は考えている。参照、前掲注4）『憲法1』[20]。

25）　司法権の独立は、通常、権力分立の端緒であり、その一内容だと扱われている。が、司法権の独立は、権力の相互抑制というより、権力性を無とする工夫であることを考えれば、「法の支配」実現の装置だと考えるのが適切である。この点については、第Ⅱ章の第1節3で論じていく。

ニュアンスをもたせている）。

② 人が能動的市民、すなわち、civic virtue をもった「公民」になって政治参加すればするほど自由になる、という捉え方。

③ 人がその目標やニーズを実現するにあたって有効な手段や条件にアクセスできるときこそ自由だ、という捉え方。

　上の①が「積極的自由」論であり、②が「共和主義的自由」論であり、③が「改革的理想主義的自由」論である。本書は、一貫して、これらの自由観に懐疑的であり、否定的である。

（2）　自由という手垢にまみれた概念を軽量化するためには、自由と次の3つの要素との関係を整理しておく必要がある。

　3つの要素とは、(i)行為主体（actor）、(ii)主体の目標（goal）、そして、(iii)目標実現にとっての障碍（obstacle）、である。

　「自由」の捉え方は、この3つの要素の見方に依存している。

　上の（1）①にいう「積極的自由」論は、主体の「高次の目標」達成にとっての障碍を行為者の内部（intrapersonal な特性）に求める思考である。

　上の（1）②にいう「共和主義的自由」論は、共和主義のタイプごとにウエイトの置き方が多様であるものの[26]、概していえば、人が政治的に有責・有徳の主体となるにあたっての障碍を重視している。この障碍は、主体の内部にも、主体の外の社会構造（市民社会という「制度」や市民社会における経済格差）にも求められる。

　上の（1）③にいう「改革的理想主義的自由」論は、主体の外部にある障碍を問題視して、この障碍を国家の手によって（または政治過程を通して）除去せんとする思考である。この自由論のいう障碍とは、他者が意図的に作り出したものに限定されず、市場秩序、社会構造、習俗等も含まれる。この論者の最も

---

[26]　アラン・ルノー、三浦信孝訳「共和主義と政治的近代」三浦信孝編『自由論の討議空間　フランス・リベラリズムの系譜』（勁草書房、2010）237頁以下は、リベラリズムが不可逆だという前提に立って、それとの調和を説く共和主義を「道徳的／文化的／政治的」に類別し、「J. ルソーのような道徳的な共和主義的リベラリズム／Ch. テイラーのような文化的共和主義的リベラリズム／A. トクヴィルのような政治的共和主義的リベラリズム」をあげている。

重視する点が、富の偏在という障碍のために障碍を乗り越えがたいという条件である。

（3）　立憲主義における自由の意義を混乱させてきたのが、これらの自由論である。

　ある国制における個人の自由を論ずる視座は、他者、なかでも、国家という外的障碍、それも、国家が意図的に作り出した障碍と、行為主体が目標を実現する行為との関係に置かれなければならない。言い換えれば、行為主体が自分の目標を達成せんとしてある行為に出るとき、他者（国家）から意図的な強制・妨害を受けているかどうか、という視点である。これは他者関係的（interpersonal）な文脈における意思的な強制的行為に焦点を絞って、自由を論じ分析する視線である。この視点を軸に据えれば、自由とは他者（なかんずく国家）が意図的に作りだす障碍（強制的行為）に服さないことに限定されるべきであって、上の①～③は、本書の探求する自由概念から外れていることが判明するだろう。

（4）　人が私利私欲に縛られていることや、営利追求ばかりを動機として行動していることを、自由というかどうかという問（「積極的自由論」）は、道徳哲学からの問であって、立憲国における自由問題ではない。それどころか、国家がこの動機の善悪を評定することは立憲国の中立性原則に反している、という視点にこそ留意されなければならない。

　人が能動的市民になるか否か、公民として行動しているか否かという共和主義的見方も自由問題とは別個である。それどころか、市民社会における市民は、政治的であったり、有徳であったり、道徳的に高潔であったりする必要はない、という視点こそ重要である（このことは、B. コンスタン〔B. Constant〕が「古代人の自由／近代人の自由」の区別のもとで強調したことでもよく知られている）。

　人が自分の目標やニーズを実現するための有効な手段をもっているかどうかという「改革的理想主義の自由」も自由の問題ではなく、不自由な状態にある、というだけのことである。何が自分の目標であって、その達成のために何を要するかという知識自体、行為主体にとって確固としたものではない。自己の欲求・目標とそのための手段は、他人の成功例をみてはじめてわかることが多い。が、その手段は行為主体にとって有効ではないことが多い。さらにま

た、行為主体が確固とした目標を熟知しており、その実現にとって必要で有効な手段にアクセスできたとしても、本来の目標を達成できないのが通例である。"現状のパフォーマンスでは自分は実質的な自由に至っていない"との主張は常に成立する。満足できない現状から「原因」を探しだし、望ましい結末を待望しながら"自分は自由を剥奪されている"といった種類の後づけの主張は、立憲主義のものではない。人が不自由である原因は無数にある。

（5）　自由を捉えるにあたっては、I. バーリン（I. Barlin）の「消極的自由／積極的自由」という「ふたつの自由」論や[27]、改革的理想主義のいう自由概念に引きずられないよう留意すべきところである。前者は、あくまで、「やせたソクラテスでいたいか、太った豚でいたいか」という道徳的選択（心の持ち方）の問題である。後者の自由概念は、行為主体の目標実現にとっての障碍を次々とその射程に取り入れるものであって、焦点を失っている。焦点を失った自由概念を国家の手で保障しようとするとき、Limited Government の実現が困難になることは、容易に予想できたはずである。ところが、「国家による自由」とか「実質的自由の保障」とかいった表現が世に浸透するにつれ、国家の役割の見方も大きく変化していった。

2　立憲国におけるリベラリズム

（1）　次いで、リベラリズムの意義を簡単に分析してみよう。

リベラリズムも、自由概念ほどではないものの、手垢にまみれており、一筋縄ではいかない。その意義は、対抗軸として何を置くか（国家を置くか、市民社会を置くか）、国家を置くとしても、そのなかの政治体制として、専制、共和制、民主制、全体主義、社会主義、ファシズム等々のうち、いずれを念頭に置くかによって実に多様となる。

ながらく、リベラリズムは、社会主義または共産主義を対抗軸とする用語であった。が、「リベラリズム／社会主義」という対抗軸は、ある時期「リベラリズム／ファシズム」の対照のなかで影を薄くし、さらには社会主義自体が影響力をなくすにつれ、ますますその比較対照の中核的意味は失われ、それに応

---

[27]　参照、アイザィア・バーリン、小川晃一ほか訳『自由論［新装版］』（みすず書房、1997）303頁。

じてリベラリズムも多義的どころか、混沌としたものとなっていった。

（2）　リベラリズムの多義性は、何に起因しているのか。これに関する本書の所見は、こうである。

リベラリズムという語にいかなる内容を吹き込むかは、論者の「市民社会」および「（市民社会での）自由」の見方が決定なほどに影響を与えている。

まずは、「市民社会」について。

「市民社会」とはブルジョア社会であって、経済的には、自由放任体制のもとで経済的格差を増幅させる社会だ、と捉えた場合、リベラリズムとは、経済的自由擁護の偏重した思考のことだ、となる。

また、「市民社会」は政治的・倫理的に孤立した私人（private person）が個人プレイに従事する社会であって、公共善追求とは無縁だ、と捉えられることも多い。この場合、リベラリズムとは、個人主義（もっと否定的な表現を使えば利己主義）を擁護する思想のことだ、となる。

（3）　ついで、リベラリズムにいう「リベラル」（またはリバティ）の捉え方について。

既にふれたように、歴史を振り返れば、「自由」（liberties）は強制の不存在（もっと正確にいえば、他者が意図的に作り出した強制の不存在）を指し、この妨害排除としての自由利益を尊重する思想をもって「リベラリズム」というのが一般的な用法だった。ここでいう自由利益とは、自然的自由（一般的自由）全体がイメージされていた。また、立憲主義とは、強制の機構である国家が「人びとの自由に対して、なしてはならぬこと」を描き出そうとする思想だった。国家の「なしてはならぬこと」を主観的な法益とする論拠が「自由」だった。この自由を尊重する立憲主義国が自由主義国（自由経済体制の国）だった。

この自由主義国の伝統と思考を地球規模で大きく変えたのが、アメリカのケインジアン政策だった。

社会主義者ではなかったJ. M. ケインズ（J. M. Keynes）も、ある時期、経済自由市場を自由放任体制だと断じて、次のように述べた。

「個々人が各自の経済活動において、永年の慣行によって公認された『自然的自由』を所有しているというのは本当ではない。持てる者、あるいは

取得せる者に永続的な権利を授与する『契約』など存在しない。世界は、私的利益と社会的利益とがつねに一致するように、天上から統治されてはいない。世界は、実際問題として両者が一致するように、この地上で管理されているわけでもない。啓発された利己心が、つねに公益のために作用するというのは、経済学の諸原理から正しく演繹されたものではない。また、利己心が一般的に啓発されているというのも正しくない。」[28]。

　(4)　上の文章には、伝統的なリベラリズムへの不信が充ち満ちている。この文章を追ってみると、(i)人の経済活動においては「自然的自由」はありえない、(ii)経済市場が「みえざる手」によって調整されることはない、(iii)各人が自己利益を追求すれば公益が実現されることもない、という。これらすべてが、A. スミスの自由市場論[29]への反論となっている。国の外では、計画経済によるソヴィエトの急速な経済成長、国の内では資本主義の行く末とみられた大恐慌、これを経験した「自由主義」国家は、経済活動に関して、リベラリズムの意味あいを修正しはじめた。

　修正されはじめた"リベラリズム"を正確に定義することは不可能であるが、その思想傾向の特徴は、政府による景気調整、労働者保護、所得の再分配、社会保障の拡充政策に賛同するところにある。新しいリベラリズムは、その焦点を経済格差・富の偏在という経済的なものに置いて、経済的格差を人びとの自由にとっての障碍だ、と捉えているようである。

　このリベラリズムの主張は自由を最大化するかのごとき印象を人びとに与えたためだろうか、それとも、精神的自由を厚く保障することが民主政の本義であるということなのだろうか、「市民社会のもたらす弊害」を政府によって除

---

28)　宮崎義一訳『ケインズ全集第9巻 説得論集』(東洋経済社、新版、1981) 334頁。
29)　ケインズが念頭に置いたと思われるのは、A. スミスの次のパッセイジであろう。「(個人は)、公共の利益を促進しようと意図してもいないし、自分がそれをどれだけ促進しつつあるのかを知ってもいない。……かれは自分自身の安全だけを意図し、……かれは自分自身の利得だけを意図しているわけなのであるが、しかもかれは、このばあいでもその他の多くのばあいと同じように、見えない手 (an invisible hand) に導かれ、自分が全然意図してもみなかった目的を促進するようになるのである。……かれは、自分自身の利益を追求することによって、実際に社会の利益を促進しようと意図するばあいよりも、いっそう有効にそれを促進するばあいがしばしばある」。アダム・スミス、大内兵衛ほか訳『諸国民の富(三)』(岩波書店、1965) 56頁、ただし ( ) 内は阪本。

去すべきだという政治思想こそが"リベラリズム"だ、といわれるようになったのである。

（5）　これまで"リベラリズム"といえば、信仰や思想・表現の自由といった精神的自由とともに、経済的自由の擁護もその重要な要素だとする政治思想だった。リベラリズムが擁護する自由は、自然的自由、トータルとしての自由を指していた。

ところが、ケインズ政策の成功という洗礼を受けた"リベラリズム"は、市場活動への政府の介入、政府による所得再配分を推奨する思想となった。この思想は、「物質／精神」、「経済／政治」、「経済の市場／思想の市場」の区別のもとで自由を分節化し、経済活動にかかわる自由を価値序列のなかの劣位に置いた。

（6）　市場活動の健全・適正化、所得再分配等を国家の重要政策として掲げ、これを実行するには、専門官僚団の知識に依存しながら、議会が立法し、行政機関にこれを執行させなければならない。かくて、リベラルな統治は【専門官僚団による市民社会の設計⇒議会による立法（実定化）⇒行政機関による執行⇒官僚団によるフィードバック⇒新設計⇒議会による立法⇒行政機関による執行……】という回転を示すことになる。

この回転に期待する"リベラリズム"は、市民社会は人間の知性によって意図的に制御できるとする、先にふれた「合・理性主義」の産物でもある。市民社会の最適ルールは人間の知性によって設計考案できる、というわけである。この「合・理性主義」と法実証主義とが共鳴したとき、「国民代表機関である議会が立法する最適ルールこそ、手続的にも実体的にも正当な法である」となる。ここでは、Law と Legislation（Recht と Gesetz）との区別は忘れ去られるばかりでなく、「人間の意図せざる行動の産物」という第3の範疇も顧みられなくなるのである。

（7）　わが国の社会科学、そのなかでも法学が、自由について「あるべき自由」、「議会制定法によって積極的に実現されるべき自由」まで語りはじめたのは、ケインズ経済学・ケインジアン政策もさることながら、ドイツ公法学の影響のためだ、といえるだろう。戦後の憲法体系書・教科書がさかんに引証したのがドイツの「社会的法治国」という国家像である[30]。

節を変えて、法治国の原理と、その構成要素を探求してみよう。

第3節　法治国の原理

1　法治国の意義

（1）「法治国」（Rechtsstaat）とは、比較的新しい造語、しかも、Recht と Staat とを結びつけた合成語であって、他の国の言語に翻訳不能である[30]。Rechtsstaat を「法治国」と訳出しても、実のところ、意味不明である。私はこれを"法（Recht）が国家（Staat）となる"というニュアンスで眺めている[32]。

さらにまた、ドイツ基本法の標榜する「社会的法治国」（Sozialer Rechtsstaat）も、他の国の言語に翻訳不能であるばかりか、「国家／市民社会」の二分法に慣れ親しんだ論者にとっては、理解不能の言葉である。というのも、対立する構成要素である国家と社会とを結びあわすこと自体、ありえない用語法である。が、ドイツ語でいう Sozialer には、「社会的」という訳語では伝わらない、「共同体的」という意味あいが込められており、その意味で Sozialer Staat は、「国家／市民社会」の二分法を超え出ようとするタームであろう。

---

30) ドイツの法治国に関するわが国の研究は枚挙にいとまがないが、そのなかでも、高田敏『法治国家観の展開』（有斐閣、2013）が注目される。この著作の第2章において「市民的・自由主義的法治国から社会的法治国へ」について論じられている。私には「社会的」の正確な意味がわからないが、巨大資本を「私的」なものと放任しないこと、をいうようである。「社会的」が「私的」を否定しようとしていることは私に理解できても、巨大な私的所有を「社会化」する、というときの「社会化」が一体何をいうのか、私には理解できないのである。

31) E.-W. ベッケンフェルデ、初宿正典編訳『現代国家と憲法・自由・民主制』（風行社、1999）52頁での注4）によれば、法治国概念は、英米法にいう「法の支配」には対応しておらず、また、フランス法においても法治国概念に類比するような用語がない、という。また、クラウス・シュテルン、赤坂正浩ほか訳『ドイツ憲法Ⅰ　総論・統治編』（信山社、2009）163頁も、法治国という表現は特殊ドイツ的な用語法だ、という。

32) シュミットは「『法治国家（Rechtsstaat）』という〔法と国家の〕二つの語から成る言葉は、我々すべてに多くの問題を突きつけているが、それらの問題は、法と国家が一つの統一体を形成しながらやはり二重性も持っている、ということから生じているのである」という。カール・シュミット、古賀敬太／佐野誠訳・編『カール・シュミット時事論文集』（風行社、2000）157頁、引用文中の〔　〕はママ。また、彼は「正義の国家」という思想は、さまざま言葉を変えて繰り返されてきたのに対して、「法治国家」とは新奇な用語だ（同訳書162頁）とも、「適切な言葉の結びつきだとは思わない」（168頁）とも、明言している。

（２）　上でふれたように、「法治国」が"法が国家となっていること"を表そうとしたものであるとすれば、「社会的法治国」とは、「社会と法と国家とが一体となっていること」を言い表そうとしたもののようである。言い換えれば、"法のもとで社会が国家となる"または"法のもとで社会と国家の間の溝が最小化される"という願望をあらわす表現だろう、と私はこれを眺めている。この国家は、「市民社会」との対立を温存する国家ではない、と「市民社会」を消し去ったのだ、または、これを乗り越えたのだ、と「市民社会」を否定するところに最大の特徴をもっているのかもしれない。というのも、「市民社会」にいう「市民」とは、ブルジョアのことであって、市民社会、すなわち、ブルジョア社会は、社会のなかに、「ブルジョア／非ブルジョア（かつての流行語でいえばプロレタリアート）」という亀裂・対立をもっている、とか、貧富の格差を増大される社会だ、と警戒されてきた以上、新たな国制ヴィジョンは、「市民社会」ではない、別の「社会」の実現でなければならなくなるのである。

（３）　法治国という言葉は、19世紀になってはじめて登場した、比較的新しいものだ、と C. シュミット（C. Schmitt）はいう。

シュミットによれば、通常、法治国は18世紀の Polizeistaat との対照のなかで、市民的自由を法的に保護する国家として説明されるところ、実は、もっと複雑な歴史展開を示す、という。

すなわち、その第一段階においては、神学的な国家論における「反（脱）キリスト教国家」を表すものとして、第二段階では、国家学における「国家と市民とを融合する国家」を表すものとして、そして、第三段階では、「法律適合性原則を保持する国家」を表すものとして、使用されてきた[33]。もともとこの用語は曖昧で、ときには正反対の見解をも論拠づけうるほど濫用されてきた、にもかかわらず法学の専門用語のなかに定着した、ともシュミットはいう。

法治国なる概念は、さまざまな形容が付されることによって、さらに曖昧となる。たとえば、「キリスト教的」、「国民的」、「市民的」、「自由主義的」、「社会主義的」、「形式的」、「実質的」等々、読者の混迷を深めるばかりである。

（４）　この論争の端緒は、「法治」の対偶概念として「宗教」または「キリ

---

33)　参照、シュミット・同訳書163〜165頁。

スト教」をおいて、国家を脱宗教化し、宗教の実体的価値から解放された、形式的な法を原理とする国家とせん、とする動きにあった[34]。これが第一段階でみられた「法治国」の用法である。

国家が政教分離原則のもとで脱宗教化されて行くにつれ、法治国の捉え方は「市民社会」との対照のなかで展開されていく。第二段階の「法治国」の用法である。

このとき、法治国は形式的に捉えられた。すなわち、法治国とは法と正義を実現するための法技術的な国家の捉え方であって、国家の様式を示すものだ、といわれた。この捉え方は、国家概念を実体的価値から解放し、中性化しようとする伝統を引き継いだものであり、「形式的法治国」（formeller Rechtsstaat）といわれるところとなったのである。

（5） 形式的法治国家観は、統一的な統治目的を語らないで国家を一般的・包括的に捉えようとする試みである。この着想は、「国家／市民社会」二分法のもとで、国家を強制の機構（status）として捉え、その権力の制約原理を引き出して市民社会の自律的展開を最大化しようとしたのである。形式的法治国家論は、国家の存在理由を特定の統治目的から解放し、個々人任意の目的に役立つことに求める「一般的国家論」（包括的な国家理論）の構築を目指したのである。これは、階級や身分に言及することなく個々人の自由を最大化しようと試みるものであって、国家論といい、その基本権論といい、その基本発想は見事というほかない[35]。

（6） ところが、この法治国概念は実現されるべき国家理念・統治内容を指し示さないために、法実証主義の隆盛とともに、その形式は議会の法律制定手続のなかにある特徴を示すものと、技術的に捉えられるようになった。これが

---

34) 参照、同訳書162〜164頁。
35) 法治国家を追究せんとする思考は、歴史的には、第1に、「立法／執行」の区別によって、議会制定法が満たすべき形式を明らかにし、第2に、「法律／命令」の区別によって、君主の立法権を縮減していくことを通して、個人の自由保障を確実にしていこうとした。ところが、この国家は、「表面上の中立性は道具性にもかかわらず、再び自由主義的個人主義のための典型的な手段となる」、「思慮と熟考を欠いた個人主義、もしくは民族とは異質な資本主義だけに役に立つという帰結をもたらす」とシュミットは辛辣に批判している（同訳書187頁）。この論調はシュミットに特有の論法ではあるものの、資本主義をネガティヴにみている点では、ブルジョア社会としての市民社会を警戒する学派と共通するところがある。

第三段階の「法治国」の用法、すなわち、「法律国家」（Gezetzesstaat）という揶揄語で表現されることもある国家である。
　この国家は、ブルジョア社会（市民社会）をかかえる国家である。議会は、自由と財産をもったブルジョアの代表からなる[36]。この議会が一定の手続に従って制定した法律をもって正当とすることは、Rechtsstaat を Gezetzesstaat（法律国家）に変質させてしまう。この法治国は、"国家目的を語らない、技術的で形式的な国家だ" とか、"市民社会の亀裂を直視しないで、国家と社会とを融合するものを法律の形式に求めているにすぎない" と批判されていくのである[37]。この形式的な国家をもってしては、国民を政治的共同体へと統合することはできない、というのであろう。
　この批判を乗り越えようとしたのがドイツ基本法のもとでいわれる「実質的法治国」（materieller Rechtsstaat）理念である[38]。ところが、ここにいう「実質」の内容となると、ドイツ公法学者の間で、常に論争を喚ぶところとなっている。
　（7）　法治国を語るにあたっても、立憲国の場合と同様、哲学的な層、法原理的な層、そして、統治構造上の層がある。法治国概念をどの層で捉えるか、という視点設定を、まず、はっきりとさせておかねばならない。
　法治国を支える哲学論争は、私の理解の域を超えているので、E.-W. ベッケンフェルデ（E.-W. Böckenförde）の指摘を以下に引用するにとどめる。

---

36)　ヴァイマル憲法期の議会が、はたして、民主主義の装置であるのか、それとも自由主義的・個人主義的なそれであるのか、という見方については周知の論争がある。いずれであれ、実証主義は、国家目的や国家権力の限界等を語らず、「形式で満足した」と批判されたのである。が、手続的国家観と、形式的国家観とは同じではない、と私は思う。後掲注37) も参照を乞う。

37)　シュテルン・前掲注31) 訳書『ドイツ憲法Ⅰ』170頁は、法治国家は自由権保障という視点をもっておらず、「つまるところ法律国家」だった、という。が、この診断について私は深い疑問をもっている。もともと、形式的法治国は自由保障という視点をもっていたところ、法実証主義の影響を受けて、自由保障が法律という形式（厳密にいえば、手続）に依存する、といわれるようになったのではないか、と私は観察している。また、形式的法治国が自由保障に万全でなかった、というよくある批判は、市民社会の自律的動きを否定する人びとから出てきたように思われる。

38)　「形式的法治国／実質的法治国」のそれぞれの厳密な意味はさほど明確ではないように私には思われる。この別は、先の本文で述べた「形式的自由／実質的自由」の別に対応しているのではないか、と私は感じている。

《法治国とは、理性の諸原理を、人間の共同生活の中で、人間の共同生活のために実現する国家のことであり、理性の諸原理とはI. カント（I. Kant）の国家理論に示されたところである》[39]。

　上の引用文は、いかにもドイツの法学者らしくカントに言及しながら、一定の原理を基礎とする政治的共同体としての国家を追究している。ところが、カントのいう理性の諸原理が共同生活の実現を可能とするものかどうか、引用文からは、少なくとも私には到底読み取れない。それどころか、伝統的には、"カントの国家理論は個人主義的・自由主義的な法治国を正当化するもの""国家を個人の自由・幸福のために奉仕する機関に変えたもの"と理解してきた論者も多いはずである[40]。

　どうやら、この種の抽象度の高すぎる議論は避けたほうが賢明のようである。法治国における法原理の層に目を向け、その特徴を切り出す作業へと急ぐこととしよう。

2　法治国の構成要素

（1）　法治国における構成要素をどう捉えるかは論者によってさまざまである[41]。

　ここでは、まず、シュミットのあげる諸要素を概観してみよう。

　彼は、近代憲法における法治国の要素として、(i)基本権の承認、(ii)権力の分立、(iii)人民代表を通じての立法権への人民の最小限の関与をあげている[42]。(iii)にいう「人民の最小限の関与」という要素は、彼のいう「民主国部分」との非対称性を意識しているようである。

　ついで、彼は上の要素を「市民的法治国」の概念分析と関係づけて、「法原理／個別的特徴」に分けながら、やや細かく分析しはじめる。

39）　ベッケンフェルデ・前掲注31）訳書『現代国家と憲法・自由・民主制』28頁。
40）　参照、C・シュミット、尾吹善人訳『憲法理論』（創文社、1972）150～51頁、服部高宏「法治国家原理の展開」『2005年法哲学年報』（有斐閣、2006）74頁。
41）　シュテルン・前掲注31）訳書『ドイツ憲法I』181頁以下は、法治国原理の要素として、立憲国家性、人間の尊厳の尊重、自由と平等の保障、権力分立および権力統制、法拘束性、裁判の保障、補償制度、過剰侵害の禁止をあげている。
42）　参照、シュミット・前掲注40）訳書『憲法理論』49頁。

彼はまずは、「市民的法治国」とは、人身の自由、私的所有権、契約の自由、商業および営業の自由等の市民的自由保障を志向する国家である、という[43]。

この自由保障の根本理念を受けて法治国は、ふたつの構成原理をかたち作る。ひとつが配分原理であり、他のひとつが「配分原理の実施に役立つ組織原理」としての、いわゆる権力分立である[44]（シュミットは、「権力分立」という用語よりも、「権力の区分」（または「権力の分割」と表現することを好んでいる）。

さらに、これらの原理は、いくつかの組織上の標識へと具体化される。これらの標識はすべて「権力の区分」からくる。それらは、(a)行政の法律適合性、(b)国家権力発現の一般的予測可能性、(c)裁判官の独立、(d)一般的な裁判形式性等である[45]。

こうしたシュミットの議論は、あくまでヴァイマル憲法を背景にしたものだ、という点には留意されなければならない。

（2）　現行のドイツ基本法を背景とした法治国の議論に目を転じ、ベッケンフェルデのあげる要素をみてみよう。

彼は、ドイツ公法学の通説のあげる「法治国」原理の要素として、第1に市民の基本的権利の承認、第2に裁判官の独立、第3に責任原理に服する政府、第4に法律の支配、第5に国民代表制の存在および国民代表機関の立法権への参画、をあげている[46]。

ドイツ通説の上の5要素と、先に引用したハイエクのあげる立憲主義の要素、①～⑤とを比較してみよう。

---

43)　参照、同訳書157頁。法治国原理の諸要素に基本権保障を含ませたのはシュミットであったが、その保障も法律による介入を容認するものであった。

44)　参照、同訳書159頁。

45)　参照、同訳書164～69頁。なお、シュミット・前掲注32）訳書『カール・シュミット時事論文集』189頁は、成文憲法レヴェルの法治国の要素として、(ア)権力分立、(イ)一定の自由権の保障、(ウ)政府に対する立法機関の優位の実現をあげ、行政法上の側面としては、(a)行政の法律適合性原則、(b)公権の発展と拡大、(c)公権確保のための司法的な救済の発展と拡大、(d)国家賠償制度の持続的拡大をあげている。シュミットは、さらに続けて、法治国の刑法上の要請として罪刑法定主義にふれている（190～92頁）。

46)　参照、ベッケンフェルデ・前掲注31）訳書『現代国家と憲法・自由・民主制』29頁。合っている、ということもできなくはない。が、ドイツ理論でいう基本権と、ハイエキアンのいう自由（妨害排除としての自由）とは同質ではない、とみておくほうが妥当である。

(3) ベッケンフェルデの紹介する法律の支配（上の第4の要素）は、ハイエクのいう法律のもとでの統治（先に引用したハイエクの③の要素）と同質のようであり、裁判官の独立（上の第2の要素）は、ハイエクのいう司法手続による救済原則（先の⑤）と重なり合っている。

ドイツ通説にあってハイエク理論にはない要素は、市民の基本的権利の承認（上の第1の要素）[47]、政府の責任原理（上の第3の要素）、国民代表制の存在および国民代表機関の立法権への参画（上の第5の要素）である。

反対に、ハイエク理論にはあって、ドイツの通説にないものは、権力分立（ハイエクの先の①の要素）、法の支配（先の②の要素）および私法と公法の区別（先の④の要素）である。もっとも、裁判官の独立という要素に関するかぎり、ドイツ理論にも権力分立の一面が含まれている、という反論がありうるかもしれない。

(4) たしかに、司法権の独立は権力分立の展開の端緒だ、と一般的に説かれ、この独立は権力分立のひとつの必須要素だと捉えられてきている。が、しかし、司法権の独立は、権力分立とは別の、法の支配の要請である、と理解するほうが適切である[48]。というのも、権力分立は統治権限の統制の理論——権力に対抗するには権力以外にないとする思考——であるのに対し、法の支配は統治権限（法律制定権を含む）の発動形式と手続のための理論である（この点については、第Ⅲ章の第4節でふれている）。ふたつの理論の出自とねらいは別である。この違いを重視すればするほど、司法権の独立は後者の流れに属している、とみられてくるはずである。

ドイツにおける司法権の独立は、「法律の制定／その執行」という区別のもとでの、"裁判作用も法律の執行だ"として、司法作用の権力性を抜き去るための支柱だったようだ。ひとことで司法権の独立という場合であっても、かたや「法の支配」原理、かたや「法律の支配」原理、という出自の違い・思考の違いに留意されなければならない。

(5) なぜ、ドイツの「法治国原理」は、権力分立、法の支配、私法と公法の区別をといった要素をもたないのか。

---

47) もっとも、ドイツでいう基本的権利の保障は、ハイエク理論にいう自由の保障と重なる。
48) 参照、前掲注25）。

ドイツ理論と英米的な立憲主義とは、一見した以上に、非対称的である。この国制の違いは、大きくは国家観の違い（政府の役割をどう捉えるかという違い）と言い換えることができるところ、統治構造に絞っていえば、権力分立についての捉え方の違いを反映している。実際、ドイツにおける権力分立理論の理解と実定憲法での機構化は、英米的立憲国の理解と実践とは大いに違っている、といわざるをえない[49]。

3 法治国における権力分立

（1） 英米的立憲国原理とドイツ的法治国原理との違いは、権力分立の理解のしかた（その実定憲法での実現のしかた）において顕著となる。

立憲国における権力分立と、法治国におけるそれとの比較対照軸として、まずは、モンテスキュー理論を置いてみよう。

モンテスキュー（Ch. Montesquieu）の権力分立理論が英国の均衡政体論の焼き直しであったことはよく知られている。すなわち、君主政、貴族政、民主政という3政体の混合と均衡の体制である。モンテスキューは、この均衡の体制のなかに、穏やかな立憲君主制という統治のコツがある、とみたのだった。

アメリカ合衆国憲法は、モンテスキュー理論に比較的忠実に[50]、法律制定において、「制定する権限⇔阻止する権限」という抑制関係をもたせた。この抑制関係は、上院と下院との間、議会と大統領との間、さらには、議会と裁判所との間（法令に対する司法審査制、ただし、この裁判所権限が憲法制定者意思であったかどうか、論争されている。合衆国憲法には、この権限についての明文規定はないので

---

49) 前掲注31）におけるベッケンフェルデの指摘をみよ。特殊ドイツ的な歴史背景については、参照、後掲注55）およびその本文。また、藤田宙靖『行政法学の思考形式〔増補版〕』（木鐸社、2002）89頁以下、コンラート・ヘッセ、初宿正典＝赤坂幸一訳『ドイツ憲法の基本的特質』（成文堂、2006）11～12頁を参照せよ。

50) 本文で私は、「モンテスキュー理論に比較的忠実に」という表現を、作用の分有・分散の体制（分離・独立ではなく）を念頭に置いて用いている。通常、合衆国憲法のモンテスキュー理論に忠実な部分は、兼職の禁止、大統領と議会との分離に求められる。ところが、機関の分離と作用の分有・分散とは、厳格に区別して論じられなければならない、権力分立を理解するうえでの鍵である。合衆国憲法の権力分立をもって、安易に「厳格な分離」というのは、避けるべきである。このことを的確に指摘するものとして、See G. Sartori, Comparative Constitutonal Engineering: An Inquiry into Structure, Incentives and Outcomes 86 (2d. ed. 1966).

ある）に設定された。これは、議会の法律制定権こそ最も警戒されるべき作用だ、とみられたためである（⇒第Ⅱ章の第3節4）。

（2）　こうした英米の権力分立理解とは対照的に、ドイツでの権力分立の理解と実践は、モンテスキュー理論を大いにデフォルメした。

いうまでもなく後世の公法学者や憲法起草者もさまざまな方向にモンテスキュー理論を変形してきた。権力分立論を法学の視点から探求しようとする者にとっては、モンテスキュー理論は社会学的でありすぎるか、または、あからさまな混合政体容認論か、せいぜい立憲君主制待望論の政治理論であった。このことを考えたとき、国民主権の樹立を第一義とする憲法典がモンテスキュー理論に従うわけにはいかなかったのである。

なかでも、国家と民族（ドイツ人民）の民主的統合を渇望するドイツ公法理論にとっては、モンテスキューの権力分立論は自由主義的にすぎるばかりか、立憲君主制の臭いをもった受容しがたい体制であった[51]。それだけでなく、この理論は国家統合にとっては障碍となる。モンテスキュー理論は、大きく、国民主権と関連づけられた民主政の方向へとデフォルメされるべきものだった[52]。

（3）　モンテスキュー理論を受容しがたいものとするドイツ公法学は、権力分立という権限の分割の理論は[53]、国家主権の不可分一体性または国家統合とは容易に両立しない、と強調した。一元的国家理念のもとに、ひとつの国家機関が統一的に統治を前進させなければならない、というわけだ。そこで、ドイ

---

51)　本文で紹介してきたドイツ公法学の傾向は、H. ケルゼン（H. Kelsen）にもみられたところである。参照、ケルゼン、西島芳二訳『デモクラシーの本質と価値』（岩波書店、1948）110頁〔権力分立の教義は立憲君主政の核心的イデオロギーである〕。

52)　本文でいう「デフォルメ」とは、権力分立論を過剰に民主的に再構成したことをいうためである。栗城壽夫「西ドイツ　ドイツの権力分立」比較法研究52号（1990）36頁は、「ワイマール民主政の失敗及びナチス独裁に対する反省ということもあって、国家権力の制限が憲法の主たる目的とされ、国家権力の制限を内容とする法治国原理が憲法の最重要原理とされ、その法治国原理の構成要素としての権力分立原理に高い評価が与えられてきた。しかし、憲法の基本原理としての民主主義のほうが次第に重要視されるようになると、権力分立原理は民主主義の構成要素として把握されるようになった」という。

53)　権力分立とは、あるひとつの公式権限をひとつの国家機関に専属させて孤立化させることではない。Separation of Powers というより、Division（Disperse）of Powers、邦訳すれば、"権力分立" ではなく "権限の分割（分散）" というほうが適切である。参照、シュミット・前掲注40）訳書『憲法理論』230頁。また、阪本・前掲注4）『憲法1』[51] ～ [53] も参照願う。作用・権限の分有・分散としての権力分立については、第Ⅱ章で扱っている。

ツにおいては、国家の統治権限を複数の国家機関に分割・分散する本来の権力分立理解は避けられ、議会と議会制定法を基軸とする統治、言い換えれば、議会が統治の基本方針を決定してこれを法律の形式で公然と示し、この法律を行政機関と裁判所が執行する、という「法を定める機関と執行機関とが組織的に別個になっている」国家を実現することが中心課題となったのである。この課題がさらに別の課題を残していることも意識された。それは、議会の恣意をどう統制するか、という課題である。

（4）　この課題に対しては、つぎのような回答が準備された。「議会制定法はルソー的な一般意志またはカント的な普遍化可能性原理を組み込むべし」[54]。

この要請を組み込んだ国家は、ヴァイマル期での形式的法治国を超え出ている、とみられた（もっとも、ながく論争されてきた「形式的法治国／実質的法治国」の別論争は実りあるものではなかったように私には思われる）。これに加えて、憲法典上の基本権が議会の法律制定権に直接に妥当する法だ、とする工夫も施された。

この法治国の構想にとっては、人民を議会へと統合し、この議会が統治を、法律という形式に転轍することが重要だった。この構想からすれば、法律制定権限を議会と執政府との間に分配・分散することは、統治の一体性、国民の議会への融合を阻害する選択肢だった。アメリカ合衆国的権力分立理論が法治国の構成要素であるはずはない、というわけである。

（5）　ベッケンフェルデはこういっている。

> 「（法治国における）『権力分立』は、立法権を行使する独立機関への国民代表の参画が認められる限りでのみ、主張されまた受け入れられる。……（国家作用を多数の社会的勢力に分配するモンテスキューの構想は）国家権力の統一性を損なうことになるので、法治国家概念に受け入れられるものではない」[55]。

---

54)　基本法19条にいう、「この基本法が法律によって、または法律の根拠に基づいて基本権を制限することを認めている場合、その法律は、一般的に適用されるものでなければならず、個々の場合のみに適用されるものであってはならない」という規定が、本文にいう具体的な工夫である。この引用は、阿部照哉・畑博行編『世界の憲法集〔第4版〕』（有信堂、2009）〔永田秀樹訳〕による。

55)　ベッケンフェルデ・前掲注31）訳書『現代国家と憲法・自由・民主制』29頁、ただし、（　）内は阪本。

上の引用文は、専制政治にみられた「恣意的意思の支配」を乗り越え、国民代表機関がリーダーシップをもって一元的統一的に統治するための「権力分立」構造を実現せんとする思考——【議会による決定⇒他の国家機関によるその執行】という、「決定⇒執行モデル」——である（⇒第Ⅳ章の第3節3）。

かくして、法治国の諸原理として、（ア）法律の支配[56]、（イ）国民代表議会の存在、（ウ）同機関の立法権限、が強調されるのである。

ということは、法治国原理には、ハイエクが強調する立憲主義の要素のうちのいくつかが欠けていて不思議はない。

（6）　もともとドイツ公法学においては、立憲主義という言葉は「立憲君主制」を指してきた。「法律の支配」こそ、立憲君主制に取って代わる、新しい国家・国制像だった。

この歴史的背景を考慮すれば、立憲主義の源流をドイツ公法学に求めようとすること自体、筋違いとなろう。実際、権力分立構造においても、ドイツ憲法学の伝統は、議会の法律制定権を中心に据えて、【一般的抽象的法規範の制定⇒個別具体的な事例への執行】という重層・縦走構造こそが権力分立の眼目だ、と捉えたのだ。このドイツ特有の権力分立理解は、"危険は君主からやってくる"ことに対処しようとする工夫である。それだけ、議会権限——一般法律制定権限——こそ国民の自由と権利保障の砦だったのである。"危険は議会からもやってくる"ことを実感して、これに対処するには、時間の流れを待たなければならなかった。

本章を終えるにあたって

（1）　ドイツの「法治国」概念には、なにゆえ「法律の支配」はあるが「法の支配」がないのか、なにゆえ議会優位の権力分立構想はあるがモンテス

---

[56]　同訳書32頁には、次のような注目すべき記述がみられる。
「法治国家の法律概念とは、《実質的》法律とか《形式的》法律とか言う場合の法律概念ではなく、一つの統一的な概念である。つまり、この概念において、実体的内容的契機と、形式的手続的契機とが結びつけられ、一つの分かちがたい統一へともたらされる。すなわちこの意味での法律とは……討論と公開性を備えた手続を通じて、国民代表の同意の下に成立した一般的規則のことである」（傍点は訳書のまま）。

キュー的な権力分割がないのか、なにゆえ国家統治が一元的であるよう求められるのか？

こうした疑義を解明する鍵は、「国家／市民社会」二分法についてのドイツ的理解にある、これが私の診断である。

通説的なドイツ公法学理論は、なぜ「国家／市民社会」の二元論を受容しようとしないのか。ベッケンフェルデの所見は、こうである（ただし、彼自身は、この通説に批判的である）。

> 「国家と社会の分離を保持しようとする主張は、社会に超越して国家の権威を立てようとする反動的試みに外ならないことになる」[57]。

このドイツでの通説的理解のしかたは、ヘーゲルの『法の哲学』でいう「外形国家」に影響された、特殊ドイツ的な歴史背景をもっている[58]、と私は思う。

英米の公私二分論は、すぐ上の引用とは逆向きで、"この分離を維持して、社会に超越する国家の権威をうち立てないようにしよう"という思考である。

ドイツの通説的国家観は、どこで躓いたのか。

（2） 通説に批判的なベッケンフェルデは、通説の前提には次のふたつの点で誤りがあると診断して、いわく。

> 「第1の誤りは、国家と社会の区別と対峙を論ずる際、2つの別々の団体ないし共同社会の区別の問題として捉えることに存する。第2の誤りは、国家と社会を区別し対峙させる場合、その不可欠の内容として、両者の厳格な分離と無関係性を措定することにある」[59]。

---

57) 同訳書61〜62頁。また、コンラート・ヘッセ、阿部照哉ほか訳『西ドイツ憲法綱要』（日本評論社、1983）9頁もこう述べている。「この二元主義（国家と社会という二分法）の前提条件は、現代の民主的・社会的国家においては失われている。《社会的》生活は国家による組織的・計画的で責任ある形成なくしてはもはや不可能である。逆にまた民主的《国家》は《社会的》協働の中ではじめて設立される」。ただし、（ ）内は阪本。同趣旨のことは、ヘッセ・前掲注49）11頁でも述べられている。

58) 「国家／社会」二分論を詳細に論じた論攷として、参照、工藤達朗『憲法学研究』（尚学社、2009）263頁以下。その273頁にはドイツの実証主義的国法学が「『国家』と『社会』を区別し、『国家』を観念的に絶対化した」との指摘がある。本文で私が「特殊ドイツ的な歴史背景をもっている」と述べたのは、この歴史をも念頭に置いている。

この論者のいいたいところを、私なりに説明し直せば、こうなる。

　第1の誤りは、国家と社会を共同体と捉えただけでなく、国家を civitas に、市民社会（ブルジョア社会）を、civil society ではなく、civic society（公民からなる社会）に、すなわち、善き共同体へと、人為的に（議会制定法を通して、設計主義的に）作り替えようとしている点にある。「国家／市民社会」の区別は、「組織／秩序」、「階層的法関係／水平的法関係」の区別に相応していることをドイツ国法学は見落としたのだ。
　第2の誤りは、市民社会は人びとの放縦を許容したり、人間を私化したりする本来的性質をもつ「自由放任」の空間である、とみる点にある。市民社会は人間を私化するどころか、交換的正義に従って活動するルールを人びとに習得させた。「国家／市民社会」の二元論といえども、国家が最低限の正義のルールを提供・維持することを前提としているのである。

（3）　ベッケンフェルデの先の診断と私の上の所見は同一ではない。
とはいえ、彼も、「自由の制度的な保障は、国家と社会の区別によって条件づけられたもの」[60]だとか、「国家と社会の区別をなくしてしまうならば、必然的に、国家的任務と、単なる公共的任務ないし公的に重要な任務とを区別することまでも、不可能になってしまう」[61]という。こうしてみると、彼の見方は私見と共鳴しあっているようである。
（4）　立憲国の構成要素のひとつが私法と公法の区別だ、といわれることについては、先の第1節2でふれた。これは、言い方を変えれば、「国家／市民社会」という二元論である。
　イギリスのある政治学者は、こういっている。

「立憲国家論において権力制限のために採用されてきた工夫は、通常『国家と社会』といわれる、公的領域と私的領域とを分離することであった。

59）　ベッケンフェルデ・前掲注31）訳書『現代国家と憲法・自由・民主制』72頁。
60）　同訳書同頁。
61）　同訳書80頁。

……市民社会を擁護することが、自由や財産に対する個人の権利という個人主義の考え方を発展させた。(中略) 市民社会の思想の中心的テーゼは『個人の自立、その中心命題たる個人の尊重』であった。とうぜん、これは、個人の領域と公的法過程の領域とのかなり明解な分離を要求するものであった。法は市民社会の自由と権利の保護手段でなければならなかった」[62]。

この二元論の評価は人それぞれである。この評価いかんが、自由の捉え方、リベラリズムの意義、国家の役割（存在理由）、議会の法律制定権限の射程等々、すべてを左右している。

（5）「国家／市民社会」の原型を説いたのが A. スミスである。
スミスの基本的発想は、おおよそ次のようであった[63]。

① 希少性問題と、人間の知的・道徳的な不完全性を見据えながら、理性や徳から解放された政治哲学を探求する。もちろん、政治哲学は道徳哲学とは違った体系をもっていなければならない。政治哲学は体系のための体系論を論じたり、望ましき体系を頭のなかで作り上げたりするものであってはならない。
② 最小限の、具体的状況における「正義」のための政治哲学を論ずる。というのも、正義をトータルに語ることは人間の知性でもってしては不可能であるから。抽象的な個人を切り出して、その本性を論ずる哲学の体系は空論である。人間にできることは、具体状況において、明らかな不正義だけを排除するための正義（負の力としての正義）を経験的に明らかにすることだ（賞賛されるべき正義と否定されるべき不正義＝フェアプレーとファールの関係に似ている）。
③ その正義のパターンが、「商業社会」での人間の自由な交易（反復継続されている自発的相互行為）における交換における正義である。

---

62) アンドルー・ヴィンセント、森本哲夫監訳『国家の諸理論』（昭和堂、1991）145〜146頁、ただし、訳文は一部修正してある。
63) 参照、阪本昌成『新・近代立憲主義を読み直す』（成文堂、2008）第6章。

④　商業社会こそ希少性問題を前景化させ、その解決の秘策に行き着いている。これが交換の正義である。
⑤　交換的正義は、自由な市場における無数の人々のプラクティスのうちに、いつの間にか（naturally）できあがる。「見えざる手」（invisible hand）によって（「見えざる手」とは、「いつの間にか」をわかりやすくいうための比喩である。つまり、"人為によらずして"というほどの意である）。
⑥　政府が交換的正義を維持しておけば、個々人の効用・自由も、社会の効用・自由も増大する。
⑦　個人的・社会的効用・自由の増減は国制の選択にかかわっている。

（6）　自由な経済市場は、私的所有権を保障された「市民（citizen）」——権利義務の帰属点という意味での法主体——の自発的相互行為のシステムだ、とスミスはいいたかったのだ。市場は自律的に動くと彼がいうのは、誰からも指揮命令されない無数の自由な取引（n 人による自発的相互行為＝交易）が反復継続されるとき、(a、b) 間の局所的・個別的行為が（n、n−1）間の行為に影響し、この行為がまた (a、b) 間の行為に影響し、それが、また、(n、n−1) 間の行為に影響し、さらにまた、以下同じ……と、《n 人の行為を包摂するネットワークとなって、しかも、いつも変動しているのだ》と考えた。
（7）　この視点は社会科学にとって重要である。
　法学は、市民社会を個人の総和としての集合体をいう、と捉えたようだ。そして、この市民社会を批判する人びとは、ブルジョアが優位に立つ集合体だ、ここには共同体としての実はない、とみた。そのなかでも、マルクス主義者や社会主義者は、自由な経済市場が「賃労働という鋼鉄の檻」に人びとを閉じ込めている、と批判してきた。彼らにとって「市民社会」はブルジョア社会という集合体である。ということは、"市民とは自由平等な法主体のことをいう"という命題は、ブルジョアの戯言だ、と映る。だからこそ、彼らは「市場における人の身分と、その実質的自由」を意識する法制を整備しようとしたのである。
　これに対してスミスは、市民社会を経済交易の空間として観察した。そのときスミスは、経済市場（市民社会）とは、個人を包み込んでいる歴史、文化、

伝統、慣習といった「制度」(institution) のひとつだ、と捉えた。

では、制度とはなにをいうのか。

制度という用語も、学問領域の関心に応じて意味づけされており、実に多義的である。ここでは、制度派経済学のいう定義に習うこととしよう。

制度とは、個々人の選択集合を定義・制限する行動のパターンをいう[64]。

（8）　スミスが市民社会を経済市場として取り出し、経済市場は自律的に動くと強調したのは、自由が interpersonal な人間関係によって規定され尽くされるものではなく、この関係を取り巻く国制、経済市場、伝統・慣習、言語等、いわゆる「制度」によっても規定されている、といいたかったようである。

この意味の制度は人為による統制の彼方にある。議会の意思による統制の彼方にある。それでいて、制度は無政府状態ではなく、一定の秩序のなかにある。

行動パターンとしての制度は、個々人の限られた知識を補完し、これからの行動の選択肢を個々人に開いてみせる。制度は、人がある事柄を選択するにあたって、これを集団決定しないで、当該個人の決断にあたっての導きの糸となっている。制度のなかに自分の選好を発見し、自分の行動を自律的に決定するぶん、個人は自由である。《自由は制度とともにある》といってよい。

（9）　合理主義的啓蒙思想の主意主義、それを受けた改革的理想主義の限界は、制度を語らなかった点にある。

ブルジョア社会を法律の力でもって、万人の協働する社会にしようとすることは、制度を人為的に作り替えようとする試みであると同時に、自由領域を集団決定（議会の意思）に委ねることでもある。

各人の自由を、統治機関の意思（政治過程における集団決定）の彼方に置くこと、これが「法の支配」の理念であり、この理念を機構として合理化したものが権力分立である。【自由―法の支配―権力分立】これが立憲主義のトリアー

---

64)　参照、ダグラス・C・ノース、竹下公視訳『制度・制度変化・経済成果』（晃洋書房、1994）4頁、カレン・I・ヴォーン、渡部茂＝中島正人訳『オーストリア経済学―アメリカにおけるその発展―』（学文社、2000）212〜213頁〔制度とは反復される行動パターンをいう〕。なお、前掲注13）およびその本文も参照せよ。

65)　参照、阪本・前掲注4）『憲法1』[18] [22]。

デだ、と私はこれまであちこちで論じてきた[65]。

(10) 　経済自由市場は人間の局所的で暗黙的な知識を分散させている制度だ、と論じたのが、スコットランド啓蒙思想と、その流れを引くオーストリー学派だった。この点について私は、『法の支配』[66]においてふれたところである。

---

66) 　阪本・前掲書注20)。

第Ⅱ章　権力分立・再定義——アメリカ合衆国憲法の場合

> モンテスキューにとって、宗教法も自然法も、厳密な意味での「高次の法」を構成しないのである。それらは、現に存在するものの関係、存在するもののさまざまな領域を維持する関係にすぎない。そこで、モンテスキューにとっては、ローマ人と同じように、法（a law）とは単に二つのものを関連づける（リレイト）ものであり、したがってその定義上、相対的（レラティヴ）なものであるので、権威の絶対的源泉を必要とせず、法（laws）の絶対的妥当性という厄介な問題に関わることなく、「法の精神」を描くことができたのである。
>
> H. ARENDT, ON REVOLUTION 188-189.

はじめに

（1）　アメリカの法学者および連邦最高裁判所裁判官は、合衆国憲法が Ch. モンテスキュー（Ch. Montesquieu）の権力分立構想に影響され、この構想の重要部分を実定化していることを自明のごとくに受容してきた（アメリカ合衆国の場合には、連邦制を含めて権力分立といわれる。本章が扱う権力分立は連邦政府の統治構造、いわゆる水平的権力分立 horizontal separation of powers についてである）。

たとえば、合衆国憲法起草に関わった J. マディスン（J. Madison）は、THE FEDERALIST のなかで権力分立をもって"公理"だと表現している[1]。連邦最高裁判例も合衆国憲法が権力分立によっていることを自明のこととして扱ってい

---

1) *See* THE FEDERALIST No. 47, at 261 (J. Madison) (J. Pole, ed. 2005). 連邦最高裁裁判官を含めた法律家は、合衆国憲法の制定者意思を重視し、そのために常に参照してきたのが、この THE FEDERALIST である。THE FEDERALIST の邦訳としては、参照、斎藤眞・中野勝郎訳『ザ・フェデラリスト』（岩波書店、1999）、マディスンの叙述部分はその第47篇「権力分立制の意味」にあたる。B. Ackerman, *The New Separation of Powers*, 113 HARV. L. REV. 633, 638 n. 12 (2000) は、アメリカの法学者が「モンテスキューとマディスンの信者」となってきたと指摘し、もっと比較法的および比較政治学的視野をもつ必要がある、という。以後、このアカマンの論攷を"*New Separation*"と引用する。

る。ところが、The Federalist で論じられた「権力分立」は、統治機関と権限をどのように布置するかについて明確な構想を持ってはいなかったのである[2]。また、連邦最高裁の一連の裁判例も、権力分立構造について確固とした捉え方をみせてきてはいない。

（2）アメリカの研究者（政治学者、歴史学者そして法学者）の大多数は、合衆国憲法の統治構造を分析するにあたって、常に「モンテスキューとマディスン」に言及し、"合衆国憲法典は権力分立を採用している"、と語ってきた。この論拠としては、合衆国憲法の原理が「責任政治・権力分散（多元化）・権力抑制」(accountability, diversification and checking) という権力分立理念にたっていることがあげられた。

この「通説的理解」に抗して、権力分立の政治的理念や憲法原理を論拠とすることの不十分さを指摘する法学者も、少数ながら存在してきた。権力分立原則は政治的な理念にとどまり、法的・憲法的原則ではない、というのである[3]。いかにも、法学者ならではの視点である。この異論の当否は別として、この主張は、権力分立原則を語るにあたっては、多層の視点があることをわれわれに気づかせる。

（3）いくつかの層として、㋐政治思想、㋑法原理、㋒国制の基礎、さらに、㋓実定憲法上の統治の全体構造、㋔実定憲法が示す統治機関間の個別的関係、㋕憲法政治の実態[4]等をあげることができる。ある権力分立論争が

---

2) *See, e.g.*, G. Casper, *An Essay in Separation of Powers: Some Early Versions and Practices*, 30 Wm. & Mary L. Rev. 211 (1989); W. Gwyn, *The Indeterminacy of the Separation of Powers in the Age of the Framers*, 30 Wm. & Mary L. Rev. 263 (1989). 以後、上の G. キャスパーの論攷を "*An essay in Separtion of Powers*" と、また W. グワインの論攷を "*Indeterminacy*" と引用する。また、合衆国憲法の採用する権力分立に関しては政治学者からはいうに及ばず、法律家からもさまざまな批判や異論が古くからよせられてきたところである。比較的古いところでは M. Redish & E. Cisar, *"If Angeles Were to Govern": The Need for Pragmatic Formalism in Separation of Powers Theory*, 41Duke L. J. 449 (1991) が多角的な分析をみせている。

3) *See, e.g.*, J. Manning, *Separation of Powers as Ordinary Interpretation*, 124 Harv. L. Rev. 1939, 1944-45 (2011)〔権力分立構想にはベースラインはない。また、権力分立原理は法的・憲法的原理であるか疑わしい〕。以後、これを "*Ordinary Interpretation*" と引用する。また、E. Elliott, *Why Our Separation of Powers Jurisprudence Is So Abysmal*, 57 Geo. Wash. L. Rev. 506, 508 (1989)〔合衆国憲法が権力分立を採用しているわけではない〕。以後、これを "*Separation of Powers Jurisprudence*" と引用する。さらに参照、E. Posner & A. Vermeule, The Executive Unbound: After the Madisonian Republic 208 (2011)〔権力分立理論は孵化しない古い卵のごとし。われわれは権力分立後の時代にいる〕。

どの層を念頭に置いて展開されているのか、観察者は常に注意しておかねばならぬ。本章は、上のうち、(オ)にいう統治機関間の個別的関係を軸とする分析に挑戦していく。そのさい、本章は、(エ)の実定憲法における統治の全体構造だけでなく、(ウ)にいう国制の基礎としての権力分立、さらには(イ)にいう法原理としての権力分立へと行きつ戻りつする視点にでる。実定憲法上の統治機関の地位、機関の作用相互間の関係の捉え方、すなわち上の(オ)の捉え方は、(ア)ないし(エ)の理解のしかたを反映するものの、これらによって決定されることはないのである。

　実定憲法上の権力分立構造を解明しようとするときにも、内政権限に関する諸規定に着眼するか、それとも、軍事・外交権限にウエイトを置くかによって、その捉え方が多様となる。

　本章は、内政権限領域に視野を限定して合衆国憲法の権力分立構造に分け入っていく。

（4）　合衆国憲法が採用したといわれる権力分立構造について、ある論者は、こういっている。

「統治の全体構造を知ろうとして憲法をちょっとスキャンしてみれば、憲法の沈黙している部分の多さにすぐに驚かされる。合衆国憲法典は、統治の必須として名指ししている基本単位（necessary elements of government）——議会、大統領、最高裁判所——がどのように作用を遂行するのかにつき、法律制定過程を除けば、ほとんど何も語っていない。そればかりか、山のような統治の任務にあたっている非公選による高官たちについても憲法典はほぼ口をつむいでいる」[5]。

4）　連邦政府のいずれの機関が実際に権力を集中させているか、この権力集中は統治にとって警戒されるべきか、といった政治的評定が権力分立の捉え方に強い影響を与えている。この政治的実態分析は本書の関心ではないものの、いずれ本文でふれるように、どの機関を「最も危険な統治部門」とみるか、という論者の診断を軽視することはできない。学説の状況については後掲注115）を、議会権限を警戒していた憲法制定者意思については後掲注114）をみよ。

5）　P. Strauss, *The Place of Agencies in Government: Separation of Powers and the Fourth Branch*, 84 COLUM. L. REV. 573, 597 (1984). 以下、これを "*Place of Agencies*" と引用する。このP. シュトラウスの論攷は、権力分立構造における法律執行機関（agencies）の位置づけ、executive と administrative との違いを詳細に論じたものであり、学界に画期的な影響

この論者の指摘するとおり、合衆国憲法は3つの統治機関を名指ししてはいるものの、各機関が担う権限・作用についてはもちろんのこと、日々の統治（法令の執行を含む）にあたる機関の地位・権限、権限の発動形式等についてその明確な内包・外延を示してはいない。判例・学説の対立は、上でいう "憲法典における権力分立構造の沈黙部分" をめぐって展開されることが多いのである。

　（5）　判例・学説のこの対立は、憲法典の沈黙部分を議会権限で埋めようとするか、それとも大統領権限で埋めようとするか、という対立でもある。前者はこのための議会権限として1条8節18項の「必要かつ適切条項」（Necessary and Proper Clause）を論拠としてあげ、後者はこのための大統領権限として2条3節の「法制の誠実執行（管理）配慮条項」（Take Care Clause）を論拠としてあげる（後者の説にでる論者のなかには2条1節1項「執政権」（Executive Power）だけを論拠とするものがある。この立場は "憲法典は当該領域について沈黙してはいない" とみるのである）。

　「必要かつ適切条項」とは、「この憲法によって与えられた合衆国統治（in the government of the United States）またはその省庁もしくは公務員に与えられた……権限を実行に移すために（for carrying into execution the foregoing powers...）必要かつ適切な一切の法律を制定する」議会権限をいい、「法制の誠実執行（管理）配慮条項」とは、法制が誠実に執行されるよう監視監督する大統領の権限（または責務）をいう[6]。

　　　　を与えた重厚な作品である。もっとも、彼の関心事は、論攷の題名にみられるように、内政面における権力分立構造での、行政機関を含めた法律執行機関の地位である。シュトラウスの分析によれば、㋐憲法典の示す権力分立は「立法／執政／司法」の別を示すにとどまり、㋑行政機関（administrative agencies）を含めた法律執行機関の地位について何も語っておらず、㋒この地位は憲法1条8節18項の「必要かつ適切条項」を論拠に連邦議会が創設した領域であるものの、㋓憲法上の3機関すべての統制を受ける対象であって、㋔3機関の均衡を保つこと（行政機関の地位が3機関の均衡を損なってはならないこと）を要するのである。なお、このシュトラウス論文は、行政機関（administrative agency）とは「議会制定法のもとでの活動に限定され、司法審査の可能性に服する状況に置かれた統治機関」と定義している。「行政」および「行政機関」の意義については後掲注24）を、「必要かつ適切条項」については後掲注6）およびその本文を参照のこと。

　6）　合衆国憲法1条8節18項の「必要かつ適切条項」とは、"To make all Laws which shall be necessary and proper for carrying into Execution the foregoing Powers, and all other Powers vested by this Constitution in the Government of the United States, or in any Department or Officer thereof." という条項をいう。また、2条3にいう「法制の誠実執行（管理）配慮条項」とは "he shall take Care that the Laws be faithfully executed, and shall

第Ⅱ章　権力分立・再定義——アメリカ合衆国憲法の場合　45

なお、executive power は、古くは「行政権」と邦訳され、比較的最近では「執行権」と訳される傾向があるところ、本書は「執政」という用語によることとする。なぜなら、本書が次第に明らかにしていくように、Executive Power が行政権ではないことは、アメリカ公法では常識であるし、「執行権」と表記したのでは、他の機関が決定したことを日常的に遂行する権限、というニュアンスになってしまうからである。「執行」は administration の語感に近い。Administration の語源であるラテン語の minus は、「他の者に仕える下級の作用」を指していたのであり、歴史的には、君主の指示のもとで日常的な公務を遂行することを指していたのである。

第1節　Separation of Powers の意義——政治理念と法原理

権力分立理論が政治的理念に止まらぬ法原理だとしても、その政治理念と法原理とは同じではない。さらには、法原理としての権力分立と、実定憲法の取り入れている権力分立とは同じではない。このことを見抜くための鍵は、separation of powers というときの separation および power(s) の意味あいが、政治理論、法原理、実定憲法の統治構造等の層で、それぞれ違っていることに気づくことにある。

1　Powers の意義
（1）　まずは、Power(s) の意味を論じてみよう。

Power なる言葉は実に多義的であって、論者がこの言葉を、どの議論の層においていかなる意味で用いているのか、観察者は要注意である[7]。

Power なる言葉は、①一定の目的を達成するための力または能力、②一定の行為をなす法的能力、③立法、執政または法執行（裁判を含む）という「作用」

Commission all the Officers of the United States." との定めをいう。この条項の趣旨は「法律を誠実に執行する」大統領権限または責務を定めたものと解されやすいが、「executed」という受動形が用いられていることに留意されなければならない。「法制の誠実執行（管理）配慮条項」の意義については、後掲注77)を参照のこと。

[7]　Power なる言葉の多義性は、M. VILE, CONSTITUTIONALISM AND THE SEPARATION OF POWERS 13 (2nd ed. 1998) が既に指摘したところだった。以後、このM. ヴァイルの著作を "SEPARATION OF POWERS" と引用する。

（または権限）、④統治の部門または機関、⑤機関を構成する人またはその職等を指すために用いられる[8]。

政治的理念でいわれる separation of "powers" は、上のうちの①であり、法原理としていわれるそれは、②であることが多い。これに対して、実定憲法上の separation of powers にいう power は、精査のないまま、ときに、③の「作用」、すなわち、function を指すものとして用いられる場合もあれば、④や⑤にいう機関や人を指すものとして用いられる場合もある。厳密には power とは、権限または作用の意に限定して用いられるべきである。

（2）権力分立構造の議論を混乱させてきたもうひとつの原因が、separation of the three branches にいう branch の濫用である。

憲法典が統治作用を付与したのは、部門それ自体（branches as such）ではなく、憲法上の行為主体（constitutional actors）である[9]。つまり、ひとつの連邦議会（*a* Congress）、ひとりの大統領（*a* President）、そして、ひとつの連邦最高裁判所（*one* Supreme Court）（および議会が設立した下級裁判所）という統治機関（departments）[10]である。この統治機関概念に訴えることなく、部門（branches）

---

8) *See, e.g.*, E. Magill, *The Real Separation in Separation of Powers Law*, 86 VA. L. REV. 1127, 1155 (2000). 以後、このマジル論文を "*Real Separation*" と引用する。なお、野村敬造『権力分立に関する論攷』（法律文化社、1976）44〜45頁には、「権力」は①国家の作用を指すとき、②作用の活動形式を指すとき、③担当機関を指すときがある、との的確な指摘がみられる。

9) *See* P. Strauss, *Formal and Functional Approaches to Separation-Of-Powes Questions—A Foolish Inconsistency?*, 72 CORNELL L. REV. 488, 493 (1987). 以後、このシュトラウスの論文を "*Formal and Functional Approaches*" と引用する。

10) 国家について語ることの少ないアメリカ公法には、日本法にいう「（国家）機関（organ）」という概念は定着していないようである。私が接した論攷において organ という言葉を「機関」を表すものとして用いているのは、Strauss, *Place of Agencies, supra* note 5, at 640 だけである。アメリカ法での一般的な用語は、連邦「政府」（federal "government"）という統治機構における departments という用語である。*See, e.g.*, G. Lawson & Ch. Moore, *The Executive Power of Constitutional Interpretation*, 81 IOWA L. REV. 1267, 1270 n. 6 (1996). 以後、これを "*Executive Power*" と引用する。THE FEDERALIST No. 51 (J. Madison) が権力分立を語るにあたって departments という言葉を選択していることについては、後掲注17）の本文をみよ。本書は、この departments を「機関」と表記していく。ちなみに、Marbury v. Madison, 5 U.S. (1 Cranch) 137, 146 (1803) において organ は「器官＝手足」という意味で用いられている。なお、行政「機関」を表すためには agency という言葉が一般的に用いられる。この機関は、憲法1条8節18項の「必要かつ適切条項」のもとで議会の法律制定権限によって創設されたものと解する立場が一般的である。前掲注5）およびその本文、後掲注24）をみよ。

という組織をイメージさせる言葉を散漫に使用するとき、本来は作用を意味しているはずの power が統治の部門（branch）または機関と相互互換的に理解されてしまいがちとなる。この用法こそ、separation of powers とは separation of tripartite branches（三権分立）だ、という通俗的理解を生む原因のひとつである。Branch という言葉は、ある組織体を連想させ、作用概念を忘却させる。合衆国憲法は、ある作用を担当する機関をどう組織化するか（どんな branch を設置するか）については、ほとんど何も語ってはいないのである[11]。

2　Separation の意義

（1）　こうした power(s) の多様な用法が separation of powers にいう separation の正確な把握を妨げてきた。すなわち、powers の意味について、前項（1）で指摘したように、作用を指す場合と、機関を指す場合とを区別しないとき、separation of powers とは機関を分立（separate）させると同時に、作用をも分立（separate）させることだ、という、よくみられる権力分立理解となる。これが 1 作用 1 機関対応型（one-function-one-branch equation）の、いわゆる「三権分立」理解、すなわち、分離された 3 機関がそれぞれ独自の権力（正確には、権限）を行使する、という理解を呼ぶのである。

たしかに、機関についての separation とは、「切り離して区切り隔てること」または「分離・孤立化」を指す、と理解してよい。この場合の separation of powers とは、憲法上、3 機関がそれぞれ独立した地位に置かれていることをいう（なかでも、powers が先にいう⑤であるときの separation は、この意味あいを顕著とする）。権力分立論の必須要素のひとつは、この意味の separation of powers、つまり、機関を切り離して孤立化させること、である。これを「機関の分立・孤立化原理」と呼ぶことにしよう。

（2）　これに対して、separation of powers にいう powers が、上の③でいう「作用」であるときの separation は「分離・孤立化」という意味あいではな

---

11)　合衆国憲法がいう branch とは、1 条 2 節にみられるように、議会の 1 院を指す。この用法は制定者たちの念頭にあったもののように思われる。THE FEDERALIST No. 51, at 282 において J. マディスンは、二院制について、"to divide their legislature into different *branches*" と述べている（イタリック部分は阪本）。邦訳では第51篇「抑制均衡の理論」に当たる。

く、「区別すること」といったほどの意味あいに止まる、と押さえておくことが適切である。この意味での区別は、統治の作用についての理論上の類型化のことであり、「立法／執政／司法」という作用の別がこれである。この場合のseparation of powers にいう power には権力というニュアンスはない。このことは、司法を例にとりあげて、その性質を考えれば理解できてくる。司法とは権力ではなくして法的権限であること、これが司法の性質である。

（3）　権力分立の全体像を捉えるとき、われわれは「司法権の独立」に目を奪われて、裁判所をも含めた「三権分立」をイメージしがちである。ところが、モンテスキューの権力分立論のねらいは司法権を権力としないことにあった。そのために、司法作用に政治権力性をもたせず、実体的にも手続にも制限された作用とし、裁判所は権力の相互抑制関係の外に置かれたのである。

もっとも、合衆国連邦最高裁が判例上確立させた「司法（違憲）審査権」は裁判所の地位・権限を画期的に変え、司法権を「第3の権力」としたのではないか、という見方もありうるところである。しかしながら、司法審査権は権力分立から出る権限ではなく、統治権力の正当性原理を問う「法の支配」に淵源をもつ、と理解するほうが適切である。

モンテスキューと合衆国憲法制定者の権力分立理論が"毒には毒を以て制する"という、極めて実践的で政治的な思考であるのに対し、法の支配は、すべての統治権力を一定のルールのもとに置こうとする法学の思考である（⇒第Ⅳ章の第4節）。

（4）　権力分立理念のもとで理論上区別された3作用が、いずれの機関に分配されどのように行使されるのかは、「機関の分立・孤立化原理」とは別個の原理によって決定される（それだけ、「立法／執政／司法」という理論上の類型は、それらの作用の内包と外延を明確にしてはいないのである[12]）。別個の原理とは、たとえば、議会の立法作用が完成するには大統領の署名を要する、とされるごとく、ある統治機関の作用完遂のためには他の統治機関の合意を条件とすることをいう。この原理を「抑制原理」と呼ぶことにしよう（この原理は、一般的には

---

12)　*See, e.g.*, Manning, *Ordinary Interpretation, supra* note 3, at 2005; E. Magill, *Beyond Powers and Branches in Separation of Powers Law*, 150 U. PA. L. REV. 603, 613-14 (2001). 以下、このマジル論文を "*Beyond Powers*" と引用する。

「抑制と均衡」(checks and balances) と称されてきた側面である。本書が「抑制・均衡原理」といわないで、単に「抑制原理」と表記する理由は、いずれ述べる[13]。

(5) 権力分立の政治的理念にとって最も重視されたのが、専制政治をいかにして阻止するか、という視点だった。この阻止のためには、ある統治の作用が1機関の意思だけで完結しないとする権限分配原理が決定的に重要である。これが「抑制原理」である。

抑制原理のためには「権力分立」は、ある統治作用を分割してこれを複数の統治機関に分散・分有させておかねばならない。ひとつの作用をめぐって複数の機関を競争関係に置くからこそ、相互抑制可能となるのである。この側面を「作用の分散」(dispersal of function)――「作用の分立」(separation of function) ではなく――と表現することにしよう。

かように、「権力分立」は、「機関の分立・孤立化原理」だけではなく、これとは別の「抑制原理」によって決定されるという点、これが法原理としての権力分立の必須要素である。

今日のアメリカ公法学界の多数は separation of powers にいう権限・作用における separation とは dispersal of functions（作用の分散）または division of functions（作用の分割）を指すと解している[14]。

(6) THE FEDERALIST でマディスンが述べたことを引用し、制定者意思が「分散原理」および「抑制原理」を重視していたことを確認しよう。

> 「いくつかの作用の類型を、その性質別に立法、執政、司法のように、理論上区別した後の最大の難題は、それぞれが他に侵入しないよう実践的な安全策を作り上げることである」[15]

---

13) 参照、後掲注19)。

14) *See* H. Bruff, *On the Constitutional Status of the Administrative Agencies*, 36 AM. U. L. REV. 491, 505 (1987). 以後、このH. ブラフ論文を "*Administrative Agencies*" と引用する。また、Manning, *Ordinary Interpretation, supra* note 3, at 2004; A. Froomkin, *In Defense of Administrative Agency Autonomy*, 96 YALE L. J. 787, 793 n.31 (1987) 等々も参照のこと。以後、このA. フルームキン論文を、"*Administrative Agency Autonomy*" と引用する。

15) THE FEDERALIST No. 48, at 268 (J. Madison)〔共和制にあっては議会権限が必然的に優位に立つ。この不都合に対処するには統治機関の間に相互依存関係をもたせる工夫が必要である〕。邦訳は第48篇「立法部による権力侵害の危険性」226頁にあたる。なお、後掲注33)、114) も参照のこと。

「自由原理を基礎としているだけではなく、統治作用がいくつかの統治機関に分割（divided）され、均衡が図られ（balanced）、そのために、相互の間に有効な抑制を維持して法的限界を超えることがない政府（統治）、これこそ、我々が戦い取ろうとした政府（統治）である」[16]。

「いくつかの機関（several departments）について憲法上の境界線を単に紙面に描き出すだけでは……専制的な権力集中に対する有効な保障とはならない」[17]。

「いくつかの統治機関（several departments）に権力（power）を分割（partition）して、これを憲法に具体化し、そして実際にこれを維持するためには、われわれは最終的にはいかなる方策に訴えかけるべきか。統治の外から抑制する方策は不十分であると判明した以上、その唯一の回答は、こうである。いくつかの統治機関が、その相互関係（mutual relations）によって互いにそのしかるべき地位を占め続ける手段となるように、統治の内部構造を考え出すことである。そうすれば、外からの抑制の欠如という欠陥が補われるに違いない」[18]。

（7）　このマディスンの言葉は、本節1でふれた曖昧さを——powerを除いて——感じさせない明晰さがある。そればかりでなく、引用文にいう、機関（department）、分割（partition）、さらには「相互関係」（mutual relations）という

---

16)　*Ibid.* at 270. 邦訳は230頁。権力分立構想についての、T. ジェファスン（T. Jefferson）とマディスンの見解の相違はよく知られている。ジェファスンは、国家権力をいくつかに分離独立させれば、弱い権力となり濫用されなくなる、と理解していた。「分離された権力はそれだけ弱い権力である」という理解のしかたである。参照、T. ジェファスン、中屋健一訳『ヴァジニア覚え書』（岩波文庫、1972）215頁。これに対してマディスンは、相互依存関係をもたせて、正当な、強い権力を作りだそう（constitute）しようとしたのである。

17)　*Ibid.* at 272. 邦訳は234頁。

18)　The Federalist No. 51, at 282（J. Madison）. さらにマディスンは続けて、こうもいっている。「対立しライヴァル関係におかれた利害は、（自分にとって）よりよい動機を求めようとする人間の欠陥を埋め合す」（at 281）。邦訳は第51篇「抑制均衡の理論」239頁にあたる。マディスンは、権力分立に関する「1作用1機関対応型」を否定し、相互関係型を念頭に置いていたのである。合衆国憲法の権力分立は厳格である、という言い方は要注意である。

用語選択は権力分立構造を理解するうえで実に深い意味をもっている。この引用箇所に、法原理としての権力分立に関する憲法制定者意思がはっきりと表われているように思われる。引用文にいう統治機関間の相互抑制関係こそ、憲法制定者が重視したモンテスキュー理論の要諦でもあったのだ（モンテスキュー理論の理解のしかたには無数のものがあるものの、少なくとも、憲法制定者の理解はこうであった。たしかに、独立革命直後の state の憲法は機関と作用とを分離させる「厳格な分立」によっていた。が、憲法制定会議は、厳格な分離・分立構想を作用の分配においては採用しなかったのである）。これは作用（権限）の「分離・孤立・自律」ではなくして、「分割・分散・ブレンド」（division, dispersal and blending）の図式である。後世、この相互関係は「抑制と均衡」（checks and balances）と称せられてきた[19]。

3 権力分立における「隣接原理」および「補完原理」

（1）ここまで本章は、統治権限集中阻止という権力分立の政治理念が、法原理のレヴェルで統治の機関と作用とを別々に語るものとなり、「機関の分立・孤立化原理」および「作用の分散・抑制原理」という必須要素に到達したのだ、と論じてきた。

法原理としての権力分立をこのように捉えることは、何も新奇なものではなく、すぐ上でふれたように合衆国憲法制定者の意思でもあるばかりでなく、アメリカ公法学における「多数説」だといってよい[20]。ふたつの別個の原理に目

---

19) 「抑制と均衡」（Checks and Balances）という言い方は、あまりに有名となって、異論を差し挟めない雰囲気である。このねらいはよく理解できるものの、相互の抑制関係がいかなる意味での均衡を、なにゆえもたらすのかとなると、その論証はないように思われる。これが「抑制と均衡」論の最大の難点である。本書が「均衡」要素を強調していないのはこの難点との関係である。前掲注13）およびその本文もみよ。英米の政治学者の多数は、均衡の理論に信頼を寄せていないようである。*See, eg.,* CH. MCILWAIN, CONSTITUTIONALISM : ANCIENT AND MODERN 134 (Renewed ed. 1975) は、権力分立論が均衡どころか、政治的軋轢や議会への権限集中をもたらしている、と指摘している。以下、この著作を "CONSTITUTIONALISM" と引用する。

20) L. TRIBE, AMERICAN CONSTITUTIONAL LAW Vol. 1 § 2（3 d ed. 2000）も「権力分立を最もうまく要約するとすれば、それは、各作用を独立させることではなく、機関間に相互依存関係を構造上作り出すことだ」と述べている（at 142）。マディソンが機関の分立だけでは権力抑制に十分ではなく、各作用間に相互依存関係をもたせようとしたことについては、*See* VILE, SEPARATION OF POWERS 175-76. なお、後掲注74）も参照。

を向けないまま、separation of powers という言葉を曖昧に用い続けるかぎり、その真の姿を捉えることはできない、というわけである。この学界の雰囲気は、わが国の通説的な理解[21]とは対照的である。

もっとも、アメリカ研究者の多数が「機関の分立／作用の分散（機関間抑制）」の別を常に意識しているとはいえ、(a)法原理としての権力分立が上のふたつの原理のみをその構成要素としているのかどうか、(b)ふたつの原理の相互関係をどう捉えるべきか（ふたつの原理を並列させるだけでは有意ではない）、といった疑問点となると、その切り口から用語まで論者によって区々となる[22]。

（２） 実定憲法上の権力分立の解析にあたって、学界に決定的な影響を与えた P. シュトラウス（P. Strauss）の権力分立の捉え方をみてみよう。

彼も学界の多数派がいうように、権力分立が「機関の分立／作用の分散（機関間抑制）」というふたつの位相からなる、とみているようである。そのうえで、彼は「権力分立」を捉えきるには separation of powers よりも separation of functions に視点をおくべきだ、と強調しながら、概要、次のようにいう[23]。

(a) 憲法典はその１条ないし３条において、連邦議会、大統領および連邦最高裁判所という３つの統治機関を名指しし、「機関の分立」を定めている。
(b) ３機関が所管する統治作用についていえば、憲法典はそれぞれの「中核作用」（core function）については「分離・分立」させてはいるものの、それ以外の作用については機関間に抑制関係を持たそうとしている。

---

21) わが国の権力分立理解を決定づけたのが清宮四郎『権力分立制の研究』（有斐閣、1950）２頁；清宮四郎『憲法Ｉ〔第３版〕』（有斐閣、1979）89頁だった。清宮の権力分立の捉え方は１作用１権限対応型である。私は、この通説の「完全分離型」理解を批判し、「議院内閣制における執政・行政・業務」佐藤幸治ほか編『憲法五十年の展望Ｉ 統合と均衡』（有斐閣、1998）224頁において「『分離・独立』されたのは担当機関であって、各作用ではない」等を述べ、これを「相互作用型」と呼んだ。

22) 「権力分立」というだけでは Separation of Powers の全体像を捉えきれないことに自覚的であるアメリカの研究者は、「統治機関の分離／権限の抑制・均衡」の別を注視するものの、この区別の表記のしかたに統一性はなく不明確であり、ときに混乱がみられる。*Cf., e.g.,* Magill, *Real Separation, supra* note 8, at 1154 *with* J. Waldron, *Separation of Powers in Thought and Practice?*, 54 B. C. L. REV. 433, 438 (2013). 以後、このウォルドラン論文を *"Thought and Practice?"* と引用する。

23) Strauss, *Place of Agencies, supra* note 5.

(c)　これらすべての統治作用が憲法上の3機関のいずれかにぴたり収まることはない。収まり切らない領域が administrative power (or function) である。

(d)　Executive functions には二義がある。ひとつが政治的で裁量的なもの、すなわち、狭義の executive 作用であり、他のひとつが「法令の執行」(law-administration or law-execution) という広義の executive 作用である[24]。

(e)　憲法典は「executive power／administrative power」の区別については沈黙している[25]。

(f)　現実の統治における「権力分立」を知るためには、separation of functions という視点——機関の分立とは別の視点——に立って、「executive power／administrative power」というふたつの作用を区別する必要がある。

(g)　行政 (administration) とは、「日々、法令を執行する活動 (everyday law-administration)」であり、「厳密に法律上の活動であって、大統領の関与があるとしても、法律の定める範囲内にとどまるにすぎない」活動をいう。

(h)　Administrative power の領域（および行政機関の位置づけ）は、憲法1条8節18項にいう「必要かつ適切条項」のもとでの議会の法律制定権限に属する。

(i)　他方、一元的政治責任を負う大統領は行政機関の活動を監督する権限を有する。

(j)　議会の行政組織編成権、他方の大統領の行政組織監督権、さらには、裁判所による司法審査権との間に緊張関係が維持される限り、行政機関が立法したり裁定したりすることも違憲ではない。

---

24)　Executive power といわれる作用が「政治的なもの／法的なもの」の2層からなる、という思考は、後の本文（第4節）でもふれるように、19世紀末の行政管理学のオリジナリティだと一般的に考えられてきた。この点については、後掲注136) およびその本文をみよ。ところが、この2層の捉え方は、立憲主義の流れにおいて決定的に重要な「統治 (gubernaculum)／司法 (jurisdictio)」の別を再生したものではないか、とも理解できる。この区別と立憲主義の歴史展開とを描き出した労作として、McIlwain, Constitutionalism を参照のこと。また、20世紀アメリカ公法学における「executive power／administrative power」の区別については、参照、Strauss, *Place of Agencies, supra* note 5.

25)　同趣旨の論攷として、*See* Bruff, *Administrative Agencies, supra* note 14, at 492.

（3） このシュトラウスの論攷は、separation, powers, functions のいずれについても定義を示しておらず、アメリカ公法学にみられる用語選択とその用法の曖昧さを象徴するかのごとき作品である。この曖昧さを補うかのように、ある論者は、シュトラウスの思考について「憲法上の統治機関に関しては厳格な分離を、政府（行政機関）の統治活動に関しては作用のブレンドをねらったもの」と解説している[26]。このコメントが指摘するように、シュトラウスは「機関の分立／作用の分散」の別を前提に、administrative power に関しては、その作用のブレンディング——行政機関が「準立法権」とか「準司法権」とか称せられる作用をも果たすに至っている「行政国家」——の正当性を論拠づけたのである。この正当化論拠は、《いかなる作用の組み合わせであれば、対個人（市民）との関係で、「行政国家」における統治の公正さが実現できるか》、《個人の自由を具体的に保全するには、いかなる抑制図式によるべきか》という視点をもっている点で[27]、従来の枠組み——専制の防止という広大無辺なねらいに訴えかける論法——を超え出たのである。

（4） 多様な用語選択やアプローチがみられるなかで、J. ウォルドラン（J. Waldron）が展開する権力分立論は実に異彩を放っている[28]。

ウォルドランは、「権力分立」における作用の separation が Division of Powers と Checks & Balances という別々の要素からなっている、という。つまり、Division of Powers と Checks & Balances という両立しがたい要素を並列しても有意ではない、と彼はみるのである。ただし、この種の批判であれば、これまでさまざまな論者がみせてきたところであり[29]、新鮮味はない。

---

26) Magill, *Real Separation, supra* note 8, at 1150. シュトラウスの見解は、後に本文でふれる「形式別学派／作用別学派」の対立のなかでは、後者の立場だといわれるのが一般的であるが、本文でのコメントに倣っていえば、「憲法上の3機関については形式別で、行政機関については作用別の思考だ」ということができる。

27) *See* Strauss, *Place of Agencies, supra* note 5, at 623.

28) Waldron, *Thought and Practice?, supra* note 22〔「権力分立は、その定義から用法まで極めて混乱を示している代表的政治思想だ」という批判を繰り返すだけでは生産的でない〕。

29) *See e.g.*, Magill, *Real Separation, supra* note 8, at 1130〔「分立の原理」と「均衡の公式」という権力分立のふたつの要素が相互関連していると考えることこそ誤りの原因である〕；Magill, *Beyond Powers, supra* note 12〔権力分立を理解するには、3機関、3作用という発想を抜け出るべし〕。また、VILE, SEPARATION OF POWERS 14は、権力分立の必須要素、その相互関連性は明らかにされたことがない、という。

第Ⅱ章 権力分立・再定義——アメリカ合衆国憲法の場合　55

　彼の堅実さは、Division of Powers と Checks & Balances を定義していくところにある。
　まず、Division of Powers とは、「権力をひとり、ひとつの集団またはひとつの機関に過剰に集中させない、という要素をいう」[30]とする（これは、本書のいう「作用の分散」を指すようである）。そして、Checks & Balances とは、「ある権力主体の権限行使が他の主体の権力行使によって抑制され均衡がはかられること」[31]としている。
　（5）　ウォルドラン論文のみせる切れ味の良さは、これだけではない。
　それは、彼の論文が《権力分立原理は、これら2要素を超える原理によって》と説いてみせたことである。
　彼のこの試みの成否は別にしても、「権力分立原理」が次のような「隣接原理」(adjacent principles) をもっており、これらの諸原理を組み入れた視点に立ってはじめて統治機関の配置および作用の本質、手続、形式を語ることができる、というのである。この視野の広さ、鋭さ、精緻さに驚きを禁じえない。
　彼は「権力分立原理」と呼ばれているものが次の隣接原理をもっている、という[32]。

　　1．統治の諸作用（functions）を区別する原理＝作用区別原理（Separation of Powers Principle）（ウォルドランは、この原理をいうとき power という用語を選択しているが、その本文での説明においては function と表記している）。
　　2．特定の機関への権力集中を排除しようとして、作用を諸機関に分割する原理＝作用分散原理（Division of Power Principle）（ここでも彼は、この原理をいうときには power という用語を選択しているが、その意味は、先にふれたように、function だと思われる）。
　　3．ある国家機関活動が完遂されるためには、他の機関の活動を要するとすることによって、相互に抑制均衡を図る原理＝抑制・均衡原理（Checks and Balances Principle）。

---

30) Waldron, *Thought and Practice?, supra* note 22, at 433.
31) *Ibid.*
32) *Ibid.* at 438.

4．法律制定のためには、ふたつの対等の地位にある議院（二院）の議決を要するとする原理＝二院制原理（Bicameralism Principle）。
　5．連邦政府の権力と州政府に留保される権力とが区別される原理＝連邦制原理（Federalism Principle）。

（6）　上のリストには、連邦政府における権力分立構造とは別の、連邦制が含まれている点や、憲法制定者においては権力分立理論の本質的な要素である二院制[33]を「隣接原理」と位置づけている点で、納得しかねる内容を含んでいる（ただし、この論者自身、最初の3つがSeparation of Powersにとって重要だ、と述べていることを顧慮すれば、これら3原理と、残る2原理とは性質を異にしている、とみているものと思われる）。

　それでも、ウォルドランが「機関の布置／機関の担当する作用／作用の分配状況／作用の抑制メカニズム／作用の発動形式・手続」等の違いすべてに目を向けたうえで、これらすべてを解明するためには、上の諸原理（なかでも、最初の3原理）の射程は限られており、なお別の原理を要する、と展開している点はまさに出色である。この別の原理を以下では「補完原理」と呼ぶこととしよう。権力分立の補完原理とは「法の支配」である。この思考の道筋を、次の（7）において概観してみよう。

（7）　ウォルドランの論攷は、政治理念に止まらぬ「権力分立原理」を追い求め、法原理としての権力分立の必須構成要素を析出したうえで、その要素の射程の限界を、次のように展開してみせたのである。

　① 作用分散原理は、作用が分割される必要を語るまでであって、各作用の本質が何であるか、回答していない。
　② 均衡・抑制原理は、権力Aが行使されるためには他の権力Bの発動

33）　実際、憲法制定者は二院制を権力分立の枢要部分と考えていた。See The Federalist No. 62, at 333において、議会の権力を警戒するマディスンは「立法府では、第一院とは明確に区別される第二院である上院が分割された権力をもっているので、あらゆる場合に、統治は健全に抑制されるに違いない」と述べている。邦訳では第62篇「上院の構成」281頁にあたる。機関としての分立と、作用の分割とを区別して論じていることに注意。前掲注11）さらには後掲注114）も参照のこと。

第Ⅱ章　権力分立・再定義——アメリカ合衆国憲法の場合　57

を要求しているにとどまり、いかなる作用の組み合わせ、または、いかなる形式で、どのような手続で発動されれば、なぜ均衡をもたらすことになるのか、回答していない[34]。

このように、ウォルドラン論文は、「権力分立原理」をいくつかの構成要素に分解したうえで、これらの限界を説いた。そして、限界を越え出るためには、権力分立と密接な関係をもつ、別の法原理を視野に入れるようわれわれに求める[35]。別の原理とは「法の支配」であり、この原理が統治作用の形式・発動手続を決定するのだ、と彼はいうのである。言い換えれば、法の支配原理を加味したとき、はじめて、権力分立構造における統治作用が分節化され、かく分節化された諸作用の発動形式・手続のありようを語りうるようになる、というのである[36]。これは、権力分立原理とはまた別の、「正当なる権力」の原理を探求するようわれわれに求めるのである。

（8）　政治理念としての「権力分立」の論拠としてこれまであげられてきたのが、専制政治への歯止め、または、自由の保全であった。この権力分立理念のねらいをあげながら、実定憲法における権限の分配や権限行使のありかたまで引き出そうとする強引な論法は、今日においても消え去らない[37]。ウォルド

---

34)　同旨の見解として、See Manning, *Ordinary Interpretation, supra* note 3, at 1999.
35)　法の支配の理論は、アメリカ憲法における権力分立を論拠づけるものではないし、作用分割の正当化論拠とは別であることを明言するものとして、See Magill, *Real Separation, supra* note 8, at 1192.
36)　この点については、第Ⅲ章の第4節で論じている。ここでは、その結論と大筋にふれるにとどめる。その結論とは、統治活動は、権力分立理論だけではなく、「法の支配」理論によって補完されてはじめて、機関別作用についてその発動形式・手続を説くことができる、ということである。この結論に至るための大筋はこうである。
　①　権力分立理論は、ある機関の作用が完遂されるためには他の機関の一定の行為を要することを説く。たとえば、議会が法律を制定するには大統領による署名を要する、というように。
　②　「法の支配」は、議会が法律を制定するにあたって、特定可能な法主体を名宛人としない、一般的抽象的な法規範を制定するよう求める。これは、法形式の指定である。
　③　同じく「法の支配」は、裁判所に対し、法律の定めるところに従って個別的事案を裁定するよう求める。これは、「法の支配」が統治活動を分節化するよう求め、統治作用の発動手続を指定するのである。
37)　スウィーピングな訴えかけのなかで、3作用の協働テーゼ（coordination thesis）が注目され、法学界で多数の、政治学界でも一定割合の支持を受けてきた。これは、個人の自由を制約するには、3機関のそれぞれの合意を要件とする、という権力分立の捉え方であ

ラン論文は、こうした知的環境を抜け出ようとする者には、実に有益である。

（9）　ここまで私は separation of powers を語るにあたっては、(a) 政治理念としての権力分立論と法原理としてのそれとの違いをはっきりと意識すべきこと[38]、(b) branches, separation, power なる用語を散漫に使用することを避けること（それらの厳密な用法を再検討してみること）、(c) 法原理としての権力分立を語るにあたっては、その構成要素にまで分け入る必要のあること、(d) 自由の保全が究極目標であるとしても、そのための統治構造を語るにあたっては、概括的な権力分立論を振り回すべきではないこと、(e) 自由保全のための統治は、統治の作用をその形式および手続に分節化する、精緻な分析を要すること、(f) そのためには、権力分立論を超え出た視野に立たねばならないこと等を、示唆してきた。

次節においては、合衆国憲法典における権力分立構造に分け入っていこう。実定憲法典における権力分立構造の分析である。そのさいの最大の留意点は、いうまでもなく、関連条文が統治の作用をどう分節化しているか、に置かれなければならぬ。

第2節　合衆国憲法における権力分立

実定憲法が採用している権力分立構造を理解するにあたっては、政治理念としての権力分立や法原理としてのそれとの距離に常に留意しておかねばならない。そのためには、憲法正文の用語とその用法（そして、当該用語を選択した制定者意思および憲法構造）を基礎としながら、作用の分散や機関間抑制の構成を探し当てるよう努めることが必要である。この憲法正文が1、2、3条の

　　　　　　る。言い換えれば、作用を複数の機関に分散しておけば、望ましい協働統治がもたらされる、という楽観的なテーゼである。*See* Magill, *Real Separation, supra* note 8, at 1183-89. ところが、制定者意思は、協働ではなく、ライヴァル関係、特に立法行為におけるライヴァル関係を重視していたのである。前掲注18)、後掲注68)をみよ。モンテスキュー理論に従っていうとすれば、「制定する権限⇔阻止する権限」という競争関係である。参照、モンテスキュー、野田良之ほか訳『法の精神（上）』（岩波書店、1989）297〜300頁。

38)　本文で本書がいいたいのは、「自由の確立と維持のため」という権力分立の究極目的をスウィーピングにあげて一定の結論を出すべきではないこと、権力分立論の多様な位相に常に留意しておくべきこと、である。

第Ⅱ章　権力分立・再定義——アメリカ合衆国憲法の場合　59

vesting clauses である（厳密には、それぞれ、1条1節〔立法権〕、2条1節1項〔執政権〕および3条1節〔司法権〕である。以下、本書ではこれらの条項を単に「Vesting Clauses」と表記する）。

1　Vesting Clauses

（1）　日本における通常の権力分立理解と同様に、アメリカにおいても、連邦の統治機構における権力分立とは3部門（tripartite branches）の分立（separation）だ、と説く「高校教育までの教科書的知識」[39]が深く浸透してきている、といわれる。本書のいう「1作用1機関対応型」の「三権分立」理解である（⇒第1節2）。

たしかに、合衆国憲法の権力分立に関係する次の Vesting Clauses を一見したとき、"これらが1作用1機関対応型を表しているのだ"とか"これが厳格な分立の構造（完全分離型）を示している"と理解したくなってくる。

Art. Ⅰ, § Ⅰ = All legislative Powers herein granted shall be vested in a Congress of the United States, which shall consist of a Senate and House of Representatives.
Art. Ⅱ, § Ⅰ, cl. 1 = The executive Power shall be vested in a President of the United States of America. ……
Art. Ⅲ, § Ⅰ = The judicial Power of the United States, shall be vested in one supreme Court, and in such inferior Courts as the Congress may from time to time ordain and establish. ……

これらの条文は、1条が立法権を連邦議会に、2条が執政権を大統領に、3条が司法権を連邦最高裁判所（および法律の定める下級裁判所）に「付与すべし」と明言しているようにみえる。

（2）　しかしながら、合衆国憲法における権力分立構造は、先の第1節で指摘した構成原理——「機関の分立・孤立化原理」、「作用の分散・抑制原理」——を引証しながら、捉えられなければならない。すなわち、大統領、裁判所

---

39)　*See* Strauss, *Formal and Functional Approaches, supra* note 9, at 497.

という憲法上の統治機関の区別（separation）だけでなく、この機関の布置とは別に、立法権（legislative power）、執政権（executive power）、司法権（judicial power）という権限・作用（functions or powers）の意義と、その分散とブレンディング（dispersal and blending）にアプローチしていくべきだ、という視点が必要である。各作用が憲法上の3機関のいずれかにぴたり専属しているわけではないのである[40]。

すでに指摘したように、アメリカ公法学や政治学における多数は、1作用1機関対応型をナイーヴに受容することはない。彼らは、機関におけるseparationと、実体権限・作用におけるseparationとは同義ではないことに気づいている（⇒第1節2（3））。言い換えれば、機関の別を語るときには「厳格な分立」を、他方、作用・権限の別を語るときには「権限の分散・ブレンディング」または「抑制・均衡」を、口にするのである（⇒第1節3（2）および（5））。つまり、上に引用した3つのVesting Clausesが機関固有の権限を機関別に分配しているわけではないのである。

（3）まずは、機関の分立（separation of departments）について合衆国憲法の定めかたをみてみよう。

上に引用したVesting Clausesの最大のねらいは、憲法上、独立対等な3機関を置くことを明示する点にあった。Vesting Clausesがその述語として帰属先機関を選び、それらを並列列挙したのは、そのためである。これが「機関における厳格な分立」の側面である。このことは兼職禁止条項（1条6節2項のIncompatibility Clause）のなかでさらに浮かび上がる。Vesting Clausesは統治作用の主体を明示的に同定しておき（機関同定ルール）、その政治的責任所在を明示しておこうとしたのである（責任政治の貫徹ルール）。合衆国憲法前文にいう「われら合衆国人民」という憲法制定権力者意思が、なによりもまず、統治権限の委任先を明確にしておこうとした、ということかもしれない。

（4）これに対して、統治権限・作用の分配について合衆国憲法は、1作用を1機関に独占させないよう工夫している。たとえば、二院制がそのためであり、また、法律制定権の一部（すなわち「拒否権」＝阻止する権限）を大統領に与えて大統領をArt. II Legislator（「2条立法者」）とすること、条約締結や上級公

---

40) *See, e.g.,* Strauss, *Place of Agencies, supra* note 5, at 579.

務員の任命にあたって議会に executive power の一部を与えること、議会に弾劾裁判権を与えること等がこれである。これらの規定は、作用を発動するにあたっての手続を明確にすることに重点を置いている。この姿勢も、責任所在を明示するためである。既に指摘したように、こうした権限分配（distribution of powers[41]）は separation of powers ではなくして、dispersal of functions（作用の分散）または division of functions（作用の分割）と称するのが適切である[42]（⇒第1節2（6））。

このように、合衆国憲法は、ひとつの作用を分割したうえで、この作用の完遂のためには、複数の機関を関与させるよう工夫している。先にふれた抑制原理である（⇒第1節2（4））。言い換えれば、分割された作用を分有する関係機関がライヴァルの地位を占めて相互に抑制しあおうとする構造（相互作用型）である[43]。

今日のアメリカ研究者は、合衆国憲法がこの抑制関係を導入している、と理解しており、この点では対立はほぼない。

（5）論争となるのは、分散・ブレンドされる作用の範囲および程度の画定のしかたである。この論争が次節でふれる「形式別学派（formalism）／作用別学派（functionalism）」の対立の中心点である。

それぞれの学派の見方の違いは、次節で論ずるとして、ここでは、アメリカ公法学が統治作用にどのように接近しているか、その一般的傾向にふれておこう。

アメリカ公法学においては、立法権以下の3作用の意義を解明するにあたっ

---

41) 立法権、執政権、司法権という権限を配置することを、「権限配分」というか、それとも「権限分配」と表記するか、私は大いに迷った。「配分／分配」は日常の用法としては相互互換的であって、大きな違いはないとみてよいものの、厳密には配分が allocation を、分配は distribution を指していることに留意すれば、統治の機関については allocation という配置を示す「配分」の用語により、権限については distribution という分布割合を示す「分配」の用語によるのが適切ではないかと思われる。本文で既にふれたように、権力分立における「抑制原理」は、複数の機関に分散されている作用の「割合」に注視するのである。

42) 次のような C. シュミット、尾吹善人訳『憲法理論』（創文社、1972）231頁での指摘は、法原理としての権力分立の的確な描写であろう。「『分立』は、正確には、諸権力のひとつのものの内部での区分、たとえば、立法権を、元老院と代議院のようなふたつの議院に分割することを意味する」。

43) 参照、前掲注18）およびその本文。

て「実質的意味／形式的意味」別の接近法がない（少ない）ようである。この
ことを表すかのように、ある論者は、立法権（legislative power）として、法律
制定権のほかに、課税徴収権、弾劾裁判権、条約締結における助言と承認権
等々までもあげている[44]。こうした思考が同国における議論の混乱要因となっ
ているように思われる。とはいえ、合衆国憲法1条8節18項にいう「必要かつ
適切条項」のもとで連邦議会が法律制定にあたって広範な裁量権を与えられて
いることを考慮すれば[45]、「実質的意味／形式的意味」の別を語る必要性に乏
しい、ともいえる（「必要かつ適切条項」のもとでの連邦議会の法律制定権を、わが国
公法学の用語を使用して解明するとすれば、「任意的法律事項」にかかわる権限だ、と表
現するのが適切だろう）。

（6）しかしながらそれでもなお、アメリカにおける権力分立論争は、もと
もと、立法権、執政権、司法権とは何を指しているのか、という難題と関係し
ている（はずである）。アメリカの論者はこの難題を解決するにあたって、各作
用の定義（実質的意味）を探求しないで、まずは憲法制定者意思に言及するの
が常である（その意味で、双方の学派はoriginalismにでようとする）。

ところが、この制定者意思についても、ある論者は、その意図は曖昧である
といい[46]、別の論者は、制定者は一定の構想をもっていたもののその目論見は
失敗に終わったのだといい[47]、さらに別の論者は、制定者意思が何であれ18世
紀の権力分立理解よりも「生ける国制」（living constitution）を重視すべきだ[48]、

---

44) *See, e.g.*, Gwyn, *Indeterminacy, supra* note 2, at 267. この論攷は権力分立のモノグラフを
公刊している政治学者によるものである。アメリカの包括的な権力分立論は、非法律家
（たとえば、歴史学者、思想史学者、政治学者等）によるものが多い。大多数の法学者
も、大統領の拒否権は立法権だ、と考えているようである。

45) 参照、前掲注6）。

46) *See, e.g.*, Manning, *Ordinary Interpretation, supra* note 3, at 1944〔歴史的資料は権力分
立の意味するところについて基本合意を述べていない〕。

47) *See, e.g.*, B. ACKERMAN, THE DECLINE AND FALL OF THE AMERICAN REPUBLIC 15 (2010). 以後、
アカマンのこの著作を"AMERICAN REPUBLIC"と引用する。また、アカマンは、憲法が立法
権を議会と大統領とに分有させれば、競争関係のなかで好ましい成果をもたらすだろう、
とする構想を「マディソンの願望」と評している。*See* Ackerman, *New Separation, supra*
note 1, at 645. なお、アカマンと同旨の論調として、*See* S. Sherry, *Separation of Powers:
Asking a Different Question*, 30 WM. & MARY L. REV. 287 (1989)〔制定者意思が何であれ、今
日の統治を考えるにあたっては決定力を持たない〕。以後、このシェリィ論文を"*Asking a
Different Question*"と引用する。

48) 権力分立論争は、「最も危険な部門」についての論者の評定のみならず、法解釈の方法

といった事情にある。制定者意思も、論争解決に資するどころか、対立を深める要因となっている。最高裁も、これらの権限について定義らしきものを示したことがなく、定義することの困難さを強調している。学説もほぼ同様である[49]。

（7）　こうした論争をみれば、政治理念としての権力分立をスウィーピングに説くさいには論者の間に異論は少なく、法原理、そして、憲法上の権力分立構造の理解、さらには憲法上の関連条文の解釈へと論点が個別化されるにつれ、コンセンサスは次第に薄れていくことがわかる。なかでも最大の論争の対象は、合衆国憲法典が権限配分を明確にしていない「沈黙部分」に向けられている[50]。Vesting Clauses という明文規定は、統治の作用をすべて分節化しているわけではなさそうである。合衆国憲法は Vesting Clauses にどこまで統治の作用を可視化しているか、可視化していない部分をどの条項ですくい取ろうとしているのだろうか。この論争が「形式別アプローチ／作用別アプローチ」の対立である。本書はこの対立を「形式別学派／作用別学派」と表記していく。

2　連邦最高裁判例のふたつの流れ

（1）　合衆国憲法における権力分立の輪郭はわれわれが予想するよりも漠然としているようだ。たしかに、合衆国憲法が J. ロック（J. Locke）の構想、モンテスキューの理論等の所産であることに間違いはない。しかし、彼らの思想・理論も曖昧であり、せいぜい、政治的な理念にとどまる[51]。たとえ、彼らの理念が合衆国憲法の法原理として組み入れられたとしても、近代啓蒙の理論

　　論の選好をも反映して、さまざまな様相を示している。法解釈のマナーと学説の分岐との
　　関係については、本節の4（1）をみよ。
49)　*See* Magill, *Beyond Powers, supra* note 12, at 614〔各作用の本質は捕らえどころがない。
　　抽象的な定義は可能であるとしても、個別具体的な事案解決のさいには役立たない〕;
　　Manning, *Ordinary Interpretation, supra* note 3, at 1964〔各作用の本質がなにであるか、
　　解明されたことがない〕。また、後掲注156, 161）およびその本文も参照のこと。
50)　参照、前掲注6）。
51)　ある論者は"モンテスキューは最も混乱している思想家だ"と評している。*See* Casper,
　　An Essay in Separation of Powers, supra note 2, at 213. たしかにモンテスキュー理論は政治
　　理論としても曖昧であり、曖昧さのゆえに、後生、様々な理解が展開されてくる。たとえ
　　ば、VILE, SEPARATION OF POWERS, 96 は、モンテスキューは統治権限を3作用に分けたのではなく、legislative, executive, prerogative および judicial の4作用に分けたのだ、という。
　　分類のいかんはともかく、各作用の実体が曖昧である。なお、モンテスキュー『法の精

が今日の国家構造に通用するはずはない。マディスンの権力分立論も、政治的な色彩が濃い。彼の思考も曖昧である。曖昧部分の解明は、すべて、今日の世代の分析に待たねばならない。

　権力分立論は、憲法学における核心のトピックである。また、権力分立の捉え方は司法審査権の限界を決定づける重要論点である。このため、学説の知的関心も権力分立をめぐる司法審査権の対処と程度（最高裁判例）の分析に向けられることになる。そのせいか、ロースクールでの講義や憲法ケースブックにおける分析は極めて判例の流れを追う表面的なものなっている、といわれる[52]。しかも、伝統的に連邦最高裁は、いわゆる人権救済には積極的姿勢を示しながらも、統治構造、なかでも、権力分立についての法的紛争解決には消極的だった。統治構造に関する判例の数も限られてきたのである。"司法府は、基本権にかかわらない統治構造事案について司法審査権を発動すべきではない"とする学界の有力説が最高裁に影響を与えていたのかもしれない[53]。

（２）　ところが、連邦最高裁は、1980年以降、憲法上の権力分立構造を果敢に解明しはじめてきた。学説の大半も、判例法国らしく、この最高裁判例の流れを軸にして、権力分立の基本的な捉え方を解明しようとしてきている。その

　　　神」の英訳である THE SPIRIT OF LAWS 151（T. Nugent trans, 1949）は国家の3作用を「the legislative; the *executive* respect to things depend on the law of nations; and the *executive* in regard the matters on the civil law」としている（administrative でないことに注意。イタリック部分は阪本）。

52)　*See* TRIBE, AMERICAN CONSTITUTIONAL LAW §２. また、アメリカ公法学での権力分立分析が創造力に欠ける傾向にあることを指摘するものとして、*See* Sherry, *Asking a Different Question*, *supra* note 47, at 294 を、歴史的分析に欠ける傾向を指摘するものとして *See* C. Bradley & T. Morrison, *Historical Gloss and the Separation of Powers*, 126 HARV. L. REV. 411 (2012). 以後、これを "*Historical Gloss*" と引用する。

53)　司法審査権について本文でふれた伝統的な思考を展開したのが J. CHOPER, JUDICIAL REVIEW AND THE NATIONAL POLITICAL PROCESS: A FUNCTIONAL RECONSIDERATION OF THE ROLE OF THE SUPREME COURT (1980) である。この流れに抗して M. REDISH, THE CONSTITUTION AS POLITICAL STRUCTURE 99-134 (1995) が《権力分立が法的紛争として提訴されたとき、裁判所の司法審査権は、憲法上の○○の作用は△△機関に属する、と形式的に判断できる》と主張した。この M. レディッシュの思考は、学説だけでなく、最高裁判例にも大きな影響を与えたようである。彼の主張のポイントは、《裁判所が形式別説にたって権力分立事案を解決すれば、裁判所による他機関権限への横溢もないはずだ》、《この司法審査権行使であれば権力分立に反することはない》、《司法審査権は、統治領域においても基本権領域においても発動されるべきである》とする点にある。これが形式別学派の司法審査における理論モデルである。なお、1980年以降の権力分立に関する最高裁判例リストについては、*See* Magill, *Real Separation*, *supra* note 8, at 1135-36.

第Ⅱ章　権力分立・再定義——アメリカ合衆国憲法の場合　65

さい、学説は、最高裁判例のアプローチに「形式説（formalism）／作用説（functionalism）」のふたつの立場がみられる、と捉えている（アメリカ公法学界および連邦最高裁判例の見解の対立について、わが国では、これまで「formalism／functionalism」を「形式説／機能説」の別として紹介されてきた[54]。が、後者にいうfunctional とはある統治機関が示している機能（働き）のことではなく、「作用・権限別」のことを指すのであるから、本書ではこれを「作用別」と表記し、これとの対応関係で formalism を「形式別学派」と表記する）。そのうえで、学説は「最高裁判例はふたつの立場の間で揺れている」、「最高裁は権力分立について一貫性のない見方を示している」と批判的である（ただし、最高裁自身は、いずれの説にでているかを明言したことはない）。

（3）　形式別学派（formalism）の思考にでたといわれる代表的な最高裁判例の関連部分は、こうである。

　　「連邦憲法は憲法に委任された権限を3つに画定された範疇、すなわち、立法権、執政権および司法権に分けて連邦政府に付与し、それぞれに割り当てられた責務を各統治部門（each branch of government）が可能な限り超えることのないようしている」[55]（ただし、頭点は阪本）。

　上の頭点部分でいうように、形式別学派の特徴は、画然と区別された権限を3機関がそれぞれ最大限自律的に行使することこそ権力分立の本質だ、と捉えるところにある[56]。

---

54)　参照、松井茂記「アメリカ―アメリカに於ける権力分立原則」比較法研究52号（1990）11頁、駒村圭吾『権力分立の諸相』（南窓社、1999）170頁以下。もっとも、英国公法学にも、統治権限の配分について、便宜または効率という視点を軸とする functionalism という学派があることを考慮すれば、アメリカ公法学にいう functional も、"うまく働く"という意味の「機能」を含意しているのかもしれない。これは、プラグマティックな視点から権力分立構造を見渡そうとする思考である。が、私のみるところ、アメリカの fuctional 学派に属する論者は、圧倒的に規範的に権力・作用の実体を正面から論じており、英国の論調とは異なっているように思われる。英国公法学における学派の類型については、とりあえず、A. TOMKINS, OUR REPUBLICAN CONSTITUTION 34-39 (2005) を参照。

55)　INS v. Chadha, 462 U.S. 919, 951 (1983)〔一院が行使する議会拒否権は権力分立に違反する〕。

56)　学説のいう「形式」の意味は明確ではない。たとえば、Magill, *Real Separation, supra*

（4）　もうひとつの作用別学派（functionalism）の思考にでた、といわれる代表的な最高裁判例の関連部分は、こうである。

「連邦政府の各部門は絶対的に独立して活動するのではなく……連邦憲法は、対等な部門との間での適切な均衡を維持するよう求めている」（ただし、頭点は阪本）[57]。

上の頭点部分がいうように、作用別学派の特徴は、各機関の有する権限が相互の依存関係（reciprocity or interdependence）にありながら均衡状態を作り出す点こそ権力分立の本質だ、と捉えるところにある[58]。

（5）　研究者も、判例のふたつの流れのうち、いずれかに共鳴して、大きく「formalist／functionalist」に分かれている（もちろん、論者それぞれにニュアンスは異なるばかりか、いずれの立場にも分類できない論者も多数みられる[59]）。

権力分立を論ずる無数の論攷は、この学説上の対立に必ずといっていいほど言及するものの、それぞれの厳密なところの違い・特徴は明らかではない[60]。

---

　　　note 8, at 1139は、形式別学派の特徴として、(a) 3つの作用の範疇が明確に区別され同定可能であること、(b) そう区別された作用が機関別に正確に布置していることをあげ、この特徴を「布置同定ルール」（identify-and-place rule）と呼んでいる。"形式別学派は、スタンダードではなくルールによる解決を志向するのだ"というわけである。また、G. Lawson, *Territorial Governments and the Limits of Formalism*, 78 CALIF. L. REV. 853, 859-60 (1990) は、「formalism」とは問題の統治構造に憲法の文理および制定者意思を当てはめることだ、という。以後、このロウスン論文を "*Territorial Governments*" と引用する。さらに、後掲注73）も参照のこと。

57)　Morrison v. Olson, 487 U.S. 654, 695 (1988)〔大統領府に独立検察官制度を導入することは権力分立に違反しない〕。Elliott, *Separation of Powers Jurisprudence, supra* note 3, at 514によれば、作用別説の最も洞察力ある分析を示したのが Youngstown Sheet & Tube Co. v. Sawyer, 343 U.S. 579, 635 (1952) でのジャクソン裁判官の同意意見だ、という。その部分はこうである。「連邦憲法は自由を保全するために権力を分散させているものの、それと同時に、善き統治を実現するために分散された権限を統合することも予定している。権力分立は、各部門の分離・自律だけでなく、依存関係・相互関係を基礎としている」。

58)　前掲注20）もみよ。

59)　たとえば、L. Lessig & C. Sunstein, *The President and the Administration*, 94 COLUM. L. REV. 1 (1994) は、今日の「行政国家」においては、憲法上の3機関とその権限を分析して「形式別／作用別」を論争することの意義は薄れた、と独自の見解を示す。以後、これを "*President and the Administration*" と引用する。この論攷も、シュトラウスによる一連の論攷と同じように、内政面における権力分立構造、そのなかでも「執政／行政」の別に焦点を絞っている。シュトラウスの見解については、前掲注5）をみよ。

その原因は、本章「はじめに」の（3）でふれたような各層——㈠ 政治理論としてのレヴェル、㈡ 法原理としてのそれ、㈢ 国制の基礎としてのそれ、さらに、㈣ 実定憲法上の統治構造に表れるそれ、㈤ 実定憲法上の個別的な関連条規等——のいずれに焦点を当てた論争であるかによって、対立軸も多様とならざるをえないためである。

（6）　そのうえ、「権力分立」というとき、たとえ連邦統治機関のなす内政面の活動に焦点を限定するとしても——外交面まで含めて議論するとなると、議論は止まるところを知らなくなる——統治機関として何に焦点をあてて論点を拾いあげるかも、論者によって区々である。多くの論者は、憲法上のトップ 3 機関を念頭に置いて、【議会権限—大統領権限—司法審査権】のそれぞれの限界を画そうとしている。が、論者のなかには、《権力分立構造はトップ 3 機関だけでは捉えきれない》と考え、たとえば、「執政府／行政機関」をも権力分立の射程とするものもみられる。さらには、「大統領／組織体としての執政府／行政機関」という分立を議論の対象とする者もみられる[61]。このため、論争の軸は増加し、それだけ議論も複雑となってくるのである。

3　形式別学派と作用別学派の共通点と対立点

（1）　権力分立をめぐる連邦最高裁判例そして学説の対立に深く分け入ることは生産的でもなく、日本法にとってさほど有益でもないように思われる。それでも、アメリカ公法学にみられる権力分立理解の大綱——形式別学派と作用別学派の対立——を図式的に垣間見ることは日本における権力分立を理解するうえで有益だろう。

まずは、両説の共通点から。

第 1 の共通点。両説とも、憲法上の権力分立について、《その究極目的は自由の保全にある》、《権力の集中は専制政治をよぶことになる》[62]とする憲法制

---

60) Magill, *Real Separation, supra* note 8, at 1229 は「見解の対立としていつも口にされる『形式別主義／作用別主義』（formalism／functionalism）論争は、真の論点を覆い隠し、論議の方向を誤らせる」と明言する。同旨のものとして、*See* Manning, *Ordinary Interpretation, supra* note 3, at 1950; P. Strauss, *A Softer Formalism*, 124 Harv. L. Rev. F. 55 (2011).

61) 前掲注59) をみよ。

62) The Federalist No. 48, at 270 において、マディスンは「（立法・執政・司法の権限が）すべてひとつの掌中に帰することは、まさしく専制的統治の定義そのものであるといえよ

定者意思を引証して自説の妥当性を論拠づけようとする点である。要するに、制定者が理解していた権力分立の究極のねらいに関する限りは両説に深い対立はない、ということである[63]。

　第2の共通点。両説ともに、連邦憲法上、統治機関として、連邦議会、大統領、裁判所という top three の3機関が置かれている、と理解する点である（この点については、論者の間に異論はない）。

　第3の共通点。両説ともに、立法権、執政権、司法権という3作用がその・実・体・的・性・質に応じて3機関のいずれかに分配される、と理解している点である[64]。

（2）　これらを共通の出発点としながらも、それぞれの説は、機関と作用との対応関係および実体的権限の意義および根拠条文について理解を異にしてくる。

　形式別学派は、機関と権限の対応関係について1機関に1権限が分配されることを・原・則としていると捉える[65]のに対し、作用別学派は機関と権限との対応を否定するのである。

　また、形式別学派が、かく分配される実体的権限は Vesting Clauses[66] によっ

　　う」という、最も有名な命題を残している（だたし、括弧内は阪本）。邦訳では第48篇「立法部による権力侵害の危険性」230頁に当たる。この憲法制定者意思に訴えかけて、形式別学派も作用別学派も自分たちの見解の優位性を論証しようとする。が、前掲注18）の本文でふれたように、制定者意思を客観的に読み解いた場合、憲法上の権力分立は権限・作用の分立原理よりも、相互作用による抑制・均衡原理を重視している、と診断してよいように思われる。

63)　もっとも、慎重な論者は、この究極的なねらいが決して権力分立構造の細部まで決定することはない、と自覚的である。政治的理念と実定憲法上の構造との間には、論証されるべき多様な課題があるというわけである。*See, e.g.,* Magill, *Real Separation, supra* note 8, at 1130. 本書はこの慎重な立場に共鳴している。

64)　*See* Bruff, *Administrative Agencies, supra* note 14, at 496.〔権力分立問題の中心点は、実体的判断についていかなる機関が最終的な法的責任を負うのかというところにある〕。また、*See* S. Calabresi & K. Rhodes, *The Structural Constitution: Unitary Executive, Plural Judiciary*, 105 HARV. L. REV. 1153, 1167（1992）〔2条および3条の Vesting Clauses は実体権限分配規定である〕。以後、これを "*Structural Constitution*" と引用する。S. Calabresi, *The Vesting Clauses as Power Grants*, 88 NW. U. L. REV. 1377（1994）も同旨。以後、これを "*Vesting Clauses*" と引用する。

65)　VILE, SEPARATION OF POWERS 13 のいう「権力分立の純粋理論」がこれに該当する。ヴァイルのこの著作は、付随的な原理を捨象したときの権力分立をどう定義すべきか、深い悩みを示したうえで、その純粋型を次のように捉えた。「政府を3部門（three branches or departments）、つまり、立法府、執政府そして司法府に分けることが政治的自由の確立維

て3機関のいずれかに保障・付与されている、と捉える（ことが多い）のに対して、作用別学派は Vesting Clauses が実体権限についての独立・直截の根拠規定ではない、と捉える（ことが多い）[67]（この論争については、後の第3節3でふれる）。

（3）当然、形式別説も、ある統治権限が1機関の行為で完結しないよう、憲法典が工夫していることを承知している。たとえば、法律の制定については、それぞれの院を通過しなければならず（bicameral requirement）、法律となるに先立ち大統領に提示されることを要し（present requirement）、これを可とするかどうかの判断権（すなわち署名権）を大統領に残している（veto power）、といった条項[68]がこれである。すなわち、ある作用をある機関に排他的に付与しない憲法条項である。

これらの条項について、形式別説は"憲法の定める例外だ"と捉え、"憲法典はかような「原則−例外」の境界を明確にした「分立」（separation）の構造——もっと正確にいえば、各機関が相互独立した自律的作用（independent and autonomous function）をそれぞれに行使する「厳格な分立」の構造——にたっている"というのである。言い換えれば、この形式別説は、原則−例外の別はあるにせよ、合衆国憲法1条ないし3条の Vesting Clauses が"デフォルトとして国家統治の3作用を3機関に対応させている"とみるのである[69]。形式別学

持にとって必須である。これらそれぞれの部門には、それぞれに対応する作用がある。すなわち、立法、執政そして司法である。各部門はそれぞれの作用を行使するよう限定され、他の部門の作用を簒奪してはならない。そればかりでなく、3部門に属する人物は分離され別々でなければならず、他の部門を兼職することは許されない」（at 14. ただし、傍点は阪本）。もっとも、かく述べたヴァイル自身、権力分立を理解するにあたって、作用を分離する考え方では統治活動を描ききれない（at 6）、と指摘していることには留意を要する。

66) 権力分立における Vesting Clauses とは、連邦憲法の1条1節、2条1節1項、3条1節を指す。

67) Vesting Clauses における実体権限とその帰属先、さらに発動形式等は、権力分立原理によってのみ決定されるのではなく、「法の支配」原理によって補完されてはじめて決定されるという、根源的問いかけについては、See Waldron, *Thought and Practice?, supra* note 22, at 457。このことについては前掲注35)、36) をみよ。また Gwyn, *Indeterminacy, supra* note 2, at 267 も、機関に分配されるべき権限は権力分立だけで決まるわけではなく、法の支配、公務員の説明責任、統治の効率性等の別個の要素がある、と指摘している。

68) 合衆国憲法1条7節2項。この大統領の拒否権について、多くの論者はこれを立法権のひとつと位置づけたうえで、大統領を "Art. II Legislator" と呼んでいる。

69) これらの Vesting Clauses が「権限帰属先の同定規定」であるのか、それとも「権限の

派の特徴について、ある論者は次のようにまとめている。

　「形式別論者は、憲法典の定める３つの授権規定が連邦の統治権限を、憲法の定める立法府、執政府そして司法府の間に完全に分割するものだと位置づける。統治権の行使およびこれを行使する機関は、３つの公式の範疇の枠内に収まるか、さもなくば、これから逸脱することの明文の定めを見出すか、のいずれかでなければならない。公式権限のいずれかと、これを行使する機関とが符合しないとき、および、憲法典が権限と機関とのブレンディングを個別的に承認していないとき、そのとき権力分立原理は侵害されていることになる」[70]。

　形式別学派は"この解釈ルールは特定の源泉——憲法条文および制定者意思——から（形式的に）引き出せる"とか、"ルールに基づいた司法審査であれば、権力分立違反か否かを裁判所が判断することも許容される"といったりもする[71]。

　このように、形式別学派は、権力分立構造は一定の固定的なルール（準則）や明文規定を引証して形式的に解明されるべきであって、法条の目的を勘案する解釈（目的論的解釈）や、考慮要素の曖昧な「スタンダード」（標準的な型）によって解決してはならない、と強調するのである。

　（４）　これに対して、作用別学派は１作用１機関対応を否定し[72]、３つの統治機関は機関間の適切な均衡を崩さないかぎり、競合的に作用・権限を行使できる、と説く。

　この学派の内部にも多様なニュアンスの差がみられるところ、その最大公約数としては、第１に、国家の統治作用が各機関に分散され競合関係に置かれて

　　　　付与規定」であるのか、という論争については、本節の４（４）以下でふれる。この論争こそ、本書の最大の関心事である。
　70)　Lawson, *Territorial Governments, supra* note 56, at 857-58.
　71)　前掲注53)およびその本文をみよ。
　72)　前掲注39)およびその本文の前後をみよ。先にふれたように、作用別学派には「これだ」という定番はなく、論者の立場も多種多様である。最も強いヴァージョンの作用別説となると、権限分配について特定の型の存在を否定している、ともいわれる。*See, e.g.,* Th. Merrill, *The Constitutional Principle of Separation of Powers*, 1991 SP. CT. REV. 225, 232.

いること、第2に、分散されている作用のうちその「中核作用」(core function) を各統治機関が保持すべきこと、第3に、国家統治の作用が3作用のいずれかに収まることはないこと、第4に、1機関の権限が対等部門の犠牲のうえで横溢 (aggrandize) しているとき、権力分立違反ありとすること等を強調する点にある。この作用別学派説によれば、憲法典の関連条規は「原則－例外」の境界を示すものではなく、権力分立とは、本来、統治権限を複数機関へ分散 (defuse or divide) させたうえで、これをブレンドするものであって、権限の分離 (separation)・自律 (autonomy) ではない、というわけである (⇒本節1(4))。言い換えれば、作用別学派は、《権力分立とは、あるひとつの権限をめぐって複数の機関を競争関係（ライヴァル関係）に置くことを通して「抑制・均衡」を作り出す構造だ》とみるのである[73]。

この作用別学派が今日のアメリカにおける「多数説」である[74]。

4 学説の分岐を決定づける視点──もうひとつの権力分立の位相

（1）　一方では、統治作用の機関別の「分離・自律」を重視する形式別学派、他方では、「分散・ブレンド・均衡」を重視する作用別学派、この対立には、政治理論または法原理レヴェルでの権力分立の捉え方の違いが実定憲法解釈に反映されている。

たしかに、ふたつの学派は法解釈のマナーに違いをみせ、その違いが Vesting Clauses 解釈に映し出されてもいる。このマナーの違いとは、(a) 利益衡量をどれほど許容するかという「ルール／スタンダード」(rule / standard) の別、(b) 制定者意思をどれほど尊重するかという「オリジナリズム／ノン・オリジナリズム」(originalism / non-originalism) の別、(c) 法目的をどこまで勘案するかという「実証主義的解釈／目的論的解釈」の別等に表れる。

---

73)　「形式別学派／作用別学派」の対立を「分離・独立／競合・ブレンド」を軸にして説明する明晰な論攷として、*See* Bruff, *Administrative Agencies, supra* note 14, at 505. なお、作用別学派が強調する「競合」とは、ある統治機関の作用が完成するには他の機関の行為を要件とすることをいう。

74)　統治権限相互間の「抑制と均衡」を重視する作用別学派が今日の多数説であることを明言するものとして、*See* TRIBE, AMERICAN CONSTITUTIONAL LAW, §2-2. また、「抑制・均衡」構造が憲法制定者の意思でもあり、権力分立理論の神髄であると明言するものとして、Strauss, *Place of Agencies, supra* note 5, at 609. また、前掲注20）もみよ。

ところが、このマナーの違いも、ある具体的・個別的な権限分配が憲法上の権力分立に違反するかどうかを決定するほどの分岐ではない。もっと個別条文に目配りした権力分立論争に立ち入ることが必要である。

もちろん、形式別学派・作用別学派ともに憲法上の権力分立関連条規であるVesting Clauses（およびその意義を決めるといわれてきた制定者意思）を最重視する。そのさいの両者の決定的な違いは、形式別学派がVesting Clausesにおける実体権限の意義・射程を手続規定に制定者意思を見出そうとするのに対し[75]、作用別学派はあくまでVesting Clausesそれ自体のなかに制定者の実体権限に関する意思を発見しようとするところにあるように思われる。

（2）これまで判例・学説は、Vesting Clausesが実体権限付与規定であることを前提にして、(a) 3つの権限・作用の範疇を明確に区別しているのか、(b)それぞれの権限を3機関に対応させて分配しているのか、(c)何を鍵にしてそれぞれの権限の分配先を決定したのか等をめぐって絶え間なく論争してきた。

この論争の最大の焦点は、議会に関する1条1節のVesting Clauseと、大統領に関する2条1節1項のVesting Clauseにいうふたつの実体権限の性質とその分配方法にあてられてきた。

議会権限と大統領権限のせめぎ合いは、憲法の沈黙領域について、いずれが憲法上の黙示の権限を付与されるべきか、という論争でもあった。憲法典のいう実体権限が曖昧なだけに、論者の摘示するものこそ議会（または大統領）の実体権限だ、と主張しえたのである。このときに訴えかけられたのが、「権力分立」というスウィーピングな概念だったのである[76]。

（3）スウィーピングな概念に訴えても明確な結論を得られることがないためか、この論争は、Vesting Clauses以外の憲法規定、すなわち、議会権限の広い射程の論拠としては1条8節18項の「必要かつ適切条項」が、大統領権限の包括性の論拠としては2条3節の「法制の誠実執行（管理）配慮条項」（Take

---

75) 連邦最高裁判例のうち形式別説に出たものは憲法上の手続規定（手続的要件）違反を理由にしている、と論ずる Manning, *Ordinary Interpretation*, *supra* note 3, at 1943を参照。形式別学派は「憲法上の権力分立は、実体の統治権限を明確に3つに区分しており、このことは手続規定にも表れている」と理解しているようである。
76) *Ibid*, at 1993は、「権力分立にはベースラインはなさそうだ」とまでいう。なお、前掲注2）に掲げた論攷も参照のこと。

第Ⅱ章　権力分立・再定義——アメリカ合衆国憲法の場合　73

Care Clause[77]）を、それぞれ持ち出してくる。この２条項をめぐる解釈の対立も、一見すれば、個別の条項の文理解釈の違いでありそうにみえる。が、結局のところ、解釈者の「権力分立」理解、すなわち、統治を指導する機関として３機関のうち、どれに期待すべきか、という政治的選好の違いがその背景にある。この選好が Vesting Clauses 解釈に反映されている、とみてよい。

　かように、合衆国憲法における権力分立の法的な性質は今も憲法学上の謎のままとなっている[78]。このもつれた糸をほぐす契機は、合衆国憲法における Vesting Clauses の理解、すなわち、１条１節、２条１節１項および３条１節の意義分析に立ち返るところにありそうだ。

　(4)　すぐ上でふれたように、「形式別学派／作用別学派」はともに、それぞれのスウィーピングな権力分立イメージで合衆国憲法における権力分立構造を論じてきたようである[79]。これらの論争に深入りすることを避け、論争の根源にあるものを取り出す作業が必要である。

　この作業のために本章は、「形式別学派／作用別学派」とは別の論争に目を転じて、(1) 権力分立構造によっているといわれる合衆国憲法の関連条文に焦点を当て、(2) 関連条文のどの部分が３機関にいかなる統治権限・作用（governmental function）を付与しているか、と分析を進めていく（ここで「関連

---

77)　正確には "he shall take care that the laws be faithfully executed" と定める条項をいう。参照、前掲注６）。これは、通常「法律の（誠実）執行（配慮）」と訳出されている。が、その訳は、次の３つの理由で、その正確なニュアンスを伝えない。第１に、the laws とは議会制定法（法律）に限定されない、という点である。第２に、当該条項は、大統領以外の者によって executed される（受身形に注意！）さいの大統領の責務（または権限）を定めているのであって、「大統領の（法律）執行」というニュアンスではない、という点であり、第３に、Execute とは、諸法を所掌・管理（administration of laws）するという意味であって、日々の法律執行（law-administration）ではないという点である。本書は、このことを留保したうえで、「法制の誠実執行（管理）」と表記していく。この私の理解は、Lessig & Sunstein, *President and the Administration, supra* note 59, at 46にヒントを得たものである。なお、後掲注144）も参照のこと。

78)　Magill, *Real Separation, supra* note 8, at 1127 は、学界の現状につき権力分立の意義を解決できていないどころか、解決に近づいてもいない、という。また、VILE, SEPARATION OF POWERS 2 「権力分立は、その定義から用法まで極めて混乱を示している代表的政治思想だ」という。さらに、前掲注76）も参照のこと。今日の「多数説」である作用別学派も、各作用の中核部分の輪郭を描き出してはいないのである。

79)　*See* Manning, *Ordinary Interpretation, supra* note 3, at 1949. また、Magill, *Real Separation, supra* note 8, at 1129 は「これまでの論争は間違った問いを発してきたのではないか」までいう。前掲注29）も参照。

条文」というのは、Vesting Clauses 以外の条項を含む、という趣旨である)。

（5）　これ以降、本章が、アメリカ公法学および連邦最高裁判決を支配している「形式的アプローチ／作用別アプローチ」論争に深入りしないで、両者の分岐を決定づける要素を求めようとする理由は、次のとおりである。

第1は、両説に一定のパターンがあるわけではなく、それぞれの学説の論拠も不安定であり、しかも両説の違いも不鮮明な点が多い、という理由である[80]。なかでも、作用別学派といわれているものに、共通の特性をみてとることは極めて困難である。この論争には深入りしないことが賢明である。

第2に、両説の論争は連邦最高裁判決の読み解き方を軸に展開されることが多く、その詳細に分け入ったとして日本法にとって（さほど）有意ではない、という理由である。

第3に、憲法上の個別の権限がどの機関にどの程度分配されている（されるべき）か、という判定は、権力分立構造の内部だけでは下せないだろう、という予測である。本書のいう「補完原理」への目配りが必要となる。

第4に、合衆国憲法の権限分配のあり方を根本から捉え直すにあたっては、上の2説の内容を詮索するよりも、もっと生産的な視角がある、という理由である。特に、この視角は、日本国憲法における権力分立を捉え直すにあたって実に有益である（この点については、次節で論ずる）。

（6）　これまで学説の多数は、形式別学派であれ作用別学派であれ、権力分立構造を決定する条項が Vesting Clauses だ、という前提に立っていた。Vesting Clauses のなかに3機関に付与される実体的権限を見出そうとしてきたのである。

この論争は、意表を突く論点を産み出した。すなわち《Vesting Clauses とは実体権限の帰属先を指定するにとどまり、3作用の実体は Vesting Clauses の外に定められている》という、少数ながら有力な見解を登場させたのである。この異説とでもいうべき立場は、《権力分立構造をとらえるには、Vesting Clauses だけを採り上げるだけでは捕捉できず、関連条文すべてに目配りすべし》というのである[81]。

---

80)　前掲注60)およびその本文をみよ。
81)　Lessig & Sunstein, *President and the Administration, supra* note 59, at 1.

第Ⅱ章　権力分立・再定義——アメリカ合衆国憲法の場合　75

この異説は、1990年代に登場した「一元的執政府」(Unitary Executive) の理論に対抗せんとしその姿をみせたのである。

（7）　一元的執政府の理論とは、肥大するばかりの官僚団を統制して一貫した統治とその政治責任体制のためには、ひとりの大統領による一元的な統治に期待すべきだ（議会民主政には期待できない）、とする思考である[82]。そのために、法令の解釈・適用から予算の執行・管理まですべてを執政権と位置づけ、これをすべて大統領の統制下に置こうとした[83]。「議会統治」ではなく、「大統領指導型統治」のための権力分立論である（現実の憲法政治をみれば、R. レーガン（R. Reagan）政権時代、大統領がすべての省庁に対する監視監督権を強化していった時代である）。

この統治体制を論拠づけるためにこの論者は、憲法制定者意思および２条 Vesting Clause をあげた。一人の執政の長を置くべしとするのが憲法制定者の構想だったのであり、２条１節はその大統領に包括的な執政権を付与しているのだ、というわけである。この一元的執政府理論は《２条１節 Vesting Clause が大統領という機関に実体的な執政権を包括的に付与している》と主張したのである[84]。この立場は少なくとも２条１節の理解においては「１作用１機関対応型」であり、大統領権限に対しては他の国家機関からの容喙を可能な限り排除しようとする「形式別学派」のひとつである。

（8）　デモクラットたちがこの理論を歓迎するはずはない。一元的執政府理論は、大統領への権力集中を称揚するものであると警戒感をもってデモクラットたちに迎えられた。

デモクラットたちは、２条１節の Vesting Clause は包括的な実体権限付与規定ではなく、曖昧さを残す概括的規定だとの前提に立って、次の２点を指摘したのである。

---

[82]　See, e.g., Calabresi & Rhodes, *Structural Constitution*, supra note 64, at 1156.
[83]　厳密にいえば「一元的執政府理論」にも「強いヴァージョン／弱いヴァージョン」の別があるといわれる。この点については、See Lessig & Sunstein, *President and the Administration*, supra note 59, at 8-9. かような「基本的な論点」が、学説において解決をみていないこと、および、その学説の分岐については、See P. Strauss, *Overseer, or "The Decider"? The President in Administrative Law*, 75 GEO. WASH. L .REV. 696, 697 (2007). 以後、このシュトラウス論文を "*Overseer*" と引用する。
[84]　See Calabresi & Rhodes, *Structural Constitution*, supra note 64.

ひとつは、「executive power ／ administrative power」という、「新権力分立論」という位相である。この区別のもとでデモクラットは、《権力分立理論は administrative power や administrative agencies の地位を決定しない》、《大統領権限は administrative power には及ばない》、《行政国家における新権力分立理論は官僚団を射程に入れたものであるべきだ》との強調点である。

もうひとつは、《2条1節 Vesting Clause は実体権限を大統領に付与する包括的な根拠条文ではなく、権限帰属先を同定する規定にとどまる》、《2条は外交・軍事については個別的な定めをもっているが、内政の実体権限面となると何も特定していない》とする点である[85]。

この主張は意表を突くものだった。あるコメントは「憲法典が大統領に執政権という特定権限を付与しているという自明のことを、高名な研究者がなぜ否定しようとするのかよくわからない」とまでいう[86]。ところが、2条 vesting Clause は executive power を包括的に大統領に付与していない、という主張は意外なほどの力をもっているのである（この点については、第3節3でもふれる）。

（9）　2条は、executive departments に対する大統領の監督権限または責務を定める条項をいくつかもっている。これらは、(a)連邦の統治にあたって省庁が設置されること、(b)大統領ではない高官（または省庁の長＝ heads of departments）が一定範囲の executive power を行使すること、を暗黙の前提としている。それは実体的な executive power が大統領に一元的に付与されてはいない、ということを意味する[87]。となると、Vesting Clauses は、3作用の帰

---

85)　*See* Lessig & Sunstein, *President and the Administration, supra* note 59, at 1〔一元的執政府理論は憲法制定者の意思ではなく、20世紀の主張としてはじめて現れた〕; Strauss, *Overseer, supra* note 83, at 707 n. 57〔一元的執政府論者は「統轄者／決定者」の違いを見失っている〕。

86)　Lawson & Moore, *Executive Power, supra* note 10, at 1282.

87)　前掲注5) をみよ。Froomkin, *Administrative Agency Autonomy, supra* note 14, at 787は大統領権限と執政府権限とは同範囲ではないと指摘している。執政府なる用語がいかなる機関または組織を指すものか、明確に論じた文献に私は接したことはないが、これは、大統領、大統領府、内閣、大統領補佐官等々、大統領を囲んでいる組織または人びとを指すと考えていいだろう。また、Strauss, *Place of Agencies, supra* note 5, at 601によれば、憲法制定会議は、(a)政府の構造は時代の変化に応じて議会が「必要かつ適切条項」のもとで作り上げていけばよいとしたうえで、(b)省庁（departments）の長の任免権を大統領に与えることによって「抑制・均衡」関係を作りあげたのだ、という。権力分立構造における departments や agencies の地位に関するシュトラウスの見解については、前掲注5) をみよ。英国における執政府の意義については、第Ⅳ章の第1節（6）をみよ。

属先を同定する規定にとどまり、ましてや行政権の位置づけまで指定しているはずはない、という解釈も説得的となる。

かくて、学界での権力分立論争は「実体権限の分配規定／権限帰属先の同定規定」の別や、「executive power／administrative power」の別に向けられ、これが「形式別学派／作用別学派」と絡んで、実に複雑な様相を呈してくることになる。

節を改めて、Vesting Clauses およびその周辺関連条文の法的性質を検討してみよう。

第3節　権力分立における Vesting Clauses の法的性質

1　Vesting Clauses 再訪

（1）　アメリカ合衆国憲法の Vesting Clauses を再度、読んでみよう（ただし、イタリック部分は阪本）。

Art. I, § I = All legislative Powers herein granted shall be *vested in* a Congress of the United States, which shall consist of a Senate and House of Representatives.
Art. II, § I, cl. 1 = The executive Power shall be *vested in* a President of the United States of America. ……
Art. III, § I = The judicial Power of the United States, shall be *vested in* one supreme Court, and in such inferior Courts as the Congress may from time to time ordain and establish. ……

これらの条規の邦訳をみてみよう。ある訳では、こうなっている[88]（ただし、

---

88)　阿部照哉・畑博行編『世界の憲法集〔第4版〕』「アメリカ合衆国」（有信堂、2009）所収［高井裕之訳］。このほか、初宿正典・辻村みよ子編『新解説世界憲法集〔第3版〕』（三省堂、2014）所収の「アメリカ合衆国」［野坂泰司訳］や、前掲注1）の斎藤眞・中野勝郎訳『ザ・フェデラリスト』所収の合衆国憲法の訳も参照のこと。なお、『ザ・フェデラリスト』での訳は、2条の executive power を「行政権」としており、時代を感じさせる。ともあれ、これらの訳は、すべて vesting clauses を、いずれも「○○権は△△に属する」としている。これに対して、松井茂記『アメリカ憲法入門〔第7版〕』（有斐閣、

第1条　連邦議会
第1節　〔立法権の帰属、二院制〕
この憲法によって与えられる立法権は、すべて、上院および下院からなる合衆国連邦議会に属する。
第2条　大統領
第1節　〔大統領・副大統領〕
1　〔執行権の帰属〕　執行権はアメリカ合衆国大統領に属する。……
第3条　司法権
第1節　〔司法権の帰属〕
合衆国の司法権は、一つの最高裁判所、および連邦議会が随時設置することができる下級裁判所に属する。……

　（2）　これら Vesting Clauses をみたとき、われわれは"これらの条規こそ、合衆国憲法典が権力分立構造を採用し、議会に立法権を、大統領に執政権を、そして、裁判所に司法権を付与している論拠だ"と理解したくなってくる。なかでも、「三権分立」という言い方が一般化している日本では、合衆国憲法も日本国憲法同様に、――もちろん、大統領制と議院内閣制との違いはあるにせよ――1作用1機関対応型の権力分立構造を採用している、と理解されがちとなろう（このことは、先の第2節1（1）でもふれた）。
　ところが、この理解は、次のような例を考えただけでナイーヴすぎるとすぐに気づかれる（はずである）。
　第1。法律案に対する拒否権を有する大統領は、ときに「2条立法者」（Art. II Legislator）と呼ばれることがあるように、「議会に立法権が付与されている」とは断定はできない[89]。合衆国憲法の最大の特徴は、法律制定（立法）にあたっ

　　　　2012）に収録されている合衆国憲法の訳は、立法権に関する条規については「属する」、執行権および司法権に関する条規については「付与される」となっている。松井は、同書・36頁で合衆国憲法の権力分立を説明するにあたっても Vesting Clauses について「（権限を）付与している」と表現している。
　89)　1条7節2項。たとえば、S. Calabresi, M. Berghausen & S. Albertson, *The Rise and Fall*

て「議会の制定する権限／大統領の阻止する権限」という競争関係を作り出した点にあるのであって、法律制定機能は議会の独占領域ではない。

第2。執政権は、大統領だけでなく、省庁（Departments[90]）にも付与されている。また、大統領権限として2条2節2項に列挙されている領域には、上院の助言と承認を要するとされているものがいくつもある。「執政権はひとりの大統領に」というわけではなく、大統領権限と executive power とは同義同範囲ではない、と考えるべきである[91]。

第3。司法権は、3条裁判所だけでなく、1条権限をもつ議会が設置した裁判所（1条裁判所＝ Art. I Courts）によっても行使されている。

こうしたサンプルは、"Vesting Clauses をみただけでは合衆国憲法が権力分立構造をとっていると結論できない" "たとえ Vesting Clauses が権力分立構造を示しているとしても、合衆国憲法の依拠する権力分立の根本構造は他の条文を精査しないかぎり捕捉できない" という警告となっている。

2　Vesting Clauses とその周辺規定

（1）　合衆国憲法の条文は連邦制をとっているぶんだけ複雑である。本章の関心事である連邦政府の内政面での権力分立・権限分配に限定したとしても、関連条文は複雑である。

合衆国憲法の1条ないし3条の条文全体をみると、その配列にすべて一定のパターンがあることがわかる。すなわち、それぞれの Vesting Clause とは別に、「連邦議会は以下の権限を有する」（1条8節1項）、「大統領は、……条約

---

　　 of the Separation of Powers, 106 Nw. U. L. Rev. 527, 535 (2012) は、大統領には拒否権という「立法権」が与えられている、と指摘している。以後、この論攷を "*Separation of Powers*" と引用する。前掲注68）もみよ。また、Ackerman, *New Separation*, *supra* note 1, at 637 n. 10 は、権力分立のねらいは「立法権を大統領と議会とに分けようとするところにある」と問題設定している。なお、立法の意義につき、「将来の個別事案に適用される一般的な人為法の定立」をいう、と的確に指摘するものとして、 See Strauss, *Place of Agencies*, *supra* note 5, at 576.

90）　前掲注10）、17）の本文で論じたように、憲法制定者は連邦議会、大統領そして裁判所を department と呼んでいた。ところが、合衆国憲法の3か所が department という言葉を「省庁」という意味で使用しているため、われわれを混乱させる。

91）　*See, e.g.*, Froomkin, *Administrative Agency Autonomy*, *supra* note 14, at 787; Strauss, *Place of Agencies*, *supra* note 5, at 628. また、前掲注87）もみよ。

を締結する権限を有する」（2条2節2項）、「司法権は次の諸事件に及ぶ……」（3条2節1項）というように、3機関に付与される権限が個別的に例示（列挙）されているのである。ということは、《Vesting Clauses は実体的権限分配の規定ではない》という理解も十分成立しうることになる。関連条文の構造は予想以上の複層を示しているようだ。

（2）　さらに事態を複雑にしているのが、憲法制定者意思が明確ではないばかりか、憲法典での用語選択も用法も厳格ではない、という事情である[92]。

アメリカの法学者は、憲法解釈にあたって憲法制定者意思を深く尊重する。が、こと権力分立になると、起草者たちが明晰な理解をもっていたかどうか疑わしく[93]、制定者意思を忖度したとしても得るものは少ない。たしかに THE FEDERALIST にみられる見解は常に参照される。が、そこでの叙述自体が権力分立をどう捉えているのか、複数の理解を成立させている[94]。これが、先にふれた「形式別学派／作用別学派」の論争の背景にある。この論争は、「権限の分離・独立／権限の分散・ブレンディング」の違いにほぼ対応している[95]。両説ともに、自説の優位を論拠づけるにあたって、憲法制定者意思を重視する originalism と、憲法規定の文理を重視する texualism の双方に目配りしていることをあげる。

（3）　こうした対立のなかである論者は、合衆国憲法の統治構造は「政治的妥協の束」であって、そこに統一的な権力分立理念を発見することは断念されるべきだ、という[96]。特に、権限分配にかかる条規の用語選択となると、「政治的妥協の束」としての憲法規定となったことを反映して、両義的であった

92）　前掲注22）をみよ。また、同旨の論攷として See Manning, *Ordinary Interpretation*, supra note 3, at 1944; Strauss, *Formal and Functional Approaches*, supra note 9, at 493. また、Gwyn, *Indeterminacy*, supra note 2, at 265は、制定者の権力分立理解が表面的だったのだ、とまで述べている。

93）　THE FEDERALIST はたびたびモンテスキュー理論に言及しているが、政治家としての著者たちの政治宣伝文書である THE FEDERALIST が実定憲法上の権力分立を明確に設計しているはずはなかろう。前掲注51）でふれたように、モンテスキュー理論自体、明晰さを欠いていたのである。

94）　前掲注92）をみよ。また、Manning, *Ordinary Interpretation*, supra note 3, at 1973は、憲法制定会議の記録には権力分立全体像についてのコンセンサスはなく、個別的で文脈依存的な論議があるだけだ、という。

95）　前掲注73）およびその本文参照。

96）　Manning, *Ordinary Interpretation*, supra note 3, at 1971.

第Ⅱ章　権力分立・再定義——アメリカ合衆国憲法の場合　81

り、大綱的であったりすることが多い、というわけである。

　制定者意思が曖昧であるのか、用語選択が曖昧なのか、それとも、そもそも権力分立といわれている法原理に統一性がないのか[97]、法原理としての権力分立は統一的であるはずのところ論者の理解があやふやなのか、はたまた、これらの複数の要素が重なり合ったものなのか……この点に関する論争に決着はつきそうにもない[98]。

　この環境のなかでは、憲法の個別の関連条文をできるだけ丁寧に相互に関係づける作業を繰り返すこと、これ以外に有効かつ生産的な道筋はなさそうである[99]。

　(4)　個別の関連条文として、合衆国憲法でのVesting Clausesに再び目を向けてみよう。

　Vesting Clausesの法的意味をどう理解するか、という論争はアメリカ公法における最重要論点である。というのも、この理解のいかんによって、(ア) 合衆国憲法がいかなるタイプの権力分立構造によっているか[100]——1作用1機関対応型か、それとも、作用の分散・ブレンドの抑制型か——、(イ) 裁判所の司法審査権が他の2機関（連邦議会および執政府）の統治作用に対して及ぶのか、及びうるとすれば、その限界をどう画定すべきか、(ウ) 連邦議会権限は他の2機関の所管をどこまで法的に（法律を通して）統制できるのか[101]、(エ) 行政

---

97) Waldron, *Thought and Practice?, supra* note 22, at 440 ff. は、前掲注30)～32) でふれたように、権力分立原理がいくつかの別個の要素からなっている、と指摘する。また、Magill, *Real Separation, supra* note 8, at 1130も、機関の分立原理と、機関間の均衡・抑制原理とは、歴史的にも理論的にも別個であるという。同旨、 VILE, SEPARATION OF POWERS 168-75. さらに、前掲注29) もみよ。

98) 前掲注78) をみよ。

99) Manning, *Ordinary Interpretation, supra* note 3, at 1939. このマニングのいう視点と同じことを、日本国憲法解釈について指摘したのが小嶋和司「権力分立」『日本国憲法体系〈第3巻〉統治の原理』（有斐閣、1963) 223頁以下であった（後に、『小嶋和司憲法論集（二）　憲法と政治機構』（木鐸社、1988) 147～255頁に収録）。

100) 本書は、連邦最高裁判決にみられる「形式別説／作用別説」論争に深入りすることができない。ここでは、先の本文でふれた「形式別学派／作用別学派」という学説の対立同様、形式別説にたつ最高裁判例が権力分立の眼目を作用・権限の形式的な分立（formal separation of powers）に求めるのに対して、作用別説にたつ判例は統治作用の抑制・均衡（functional checks and balances）こそ権力分立の特質だ、と捉えていることだけふれてきた。この判例の「非一貫性」は、連邦最高裁の裁判官たちの間にも法原理としての権力分立の理解についてさえコンセンサスがないことを示唆している。

101) 連邦議会の1条1節権限に基づく立法（法律制定）の所管と、8節18項にいう「必要かつ適切条項」に基づくそれとの違いは、常に留意されておかねばならない。日本法の用語

機関や規制委員会を設置する権限はどの機関の所管であるのか等々、無数といっていいほどの疑問の行方を左右するからである。

（5） すぐ上の㈡の論点の典型が「独立規制機関」（independent regulatory agencies）の合憲性である。この論点を理解するにあたって留意すべきは、アメリカでの論争は「独立行政委員会」に焦点を当てたものではない点である。そこでの論点は、⑴ 大統領から独立した法律執行機関（agencies）または職（office）を議会が法律によって創設すること、⑵ 法律によって創設した機関に executive power を付与すること、の合憲性である。ということは、この論点は、「独立機関」や行政機関だけでなく、議会制定法によって設置されるすべての機関についての、執政府権限と議会権限とのせめぎ合い、executive power と administrative power とのせめぎ合い、である。ある論者によれば、多くの研究者がこのせめぎ合いを論ずるにあたり「独立行政委員会」に焦点を当ててきたが、最も鮮烈な論争点は「独立（特別）検察官」にある、という[102]。

（6） 先の第2節3（2）でふれたように、Vesting Clauses について最高裁判例・多数の研究者は、形式別学派であれ作用別学派であれ、これらの規定それ自体が権力分立構造における「立法権／執政権／司法権」という実体権限を付与するものだ、と理解してきた[103]。この「通説的」見解に立ったとき、Vesting Clauses の外にある権限付与規定の意味あいは、ときに権限の例示、ときに権限の限定、ときに権限の他機関との分有[104] の指示等、多様になる。

これに対して、作用別学派でありながら、少数の学説は、上の「通説的理解」に根本的な異論をたたきつける。《Vesting Clauses は実体権限付与の規定

に従っていうとすれば、1条1節権限の立法が「実質的意味の法律」、8節18項権限の立法が「形式的意味の法律」となろうか。なお、アメリカにおける「立法」理解については、前掲注89）およびその本文も参照のこと。

102） See Ch. Yoo, S. Calabresi & A. Colangelo, *The Unitary Executive in Modern Era, 1945-2004*, 90 IOWA. L. REV. 601, 603（2005）. 以下、これを "*Unitary Executive*" と引用する。論点の全体像については See Strauss, *Place of Agencies, supra* note 5：Strauss, *Formal and Functional Approaches, supra* note 9. なお、独立機関の合憲性については、駒村・『権力分立の諸相』前掲注54）、22頁以下が詳細である。

103） Vesting Clauses が実体権限付与規定だと解する傾向は形式別学派、そのなかでも、一元的執政府論者に顕著である。前掲注83）およびその本文をみよ。

104） 形式別学派と作用別学派の対立は、権限分割（分有）規定が例外的なものか、それとも、本来的なものか、という違いに表れる。この点については、前掲注69）およびその本文でふれた。

第Ⅱ章　権力分立・再定義——アメリカ合衆国憲法の場合　83

ではない》というのである。

（7）　この「通説／異説」の学説上の対立は、Vesting Clauses にいう vested in の理解のしかたの違いを一部[105]反映している（Vesting Clauses の正文は、本節の1（1）で示したところである）。

英語で vest といわれるとき、それは「～を帰属させる」という意味合いと、「～を付与する」という意味合い（その他）とがある[106]。

前者であるとすれば、Vesting Clauses は権力分立構造における「権限の帰属先」を定めたもの（そして、実体権限の分配は別の条項に定められているはずだ）と理解される。この理解のしかたをわかりやすくいえば、"○○権という統治作用は△△という統治機関に帰属させる。○○権の実体については別にこれを定める" となろう。

これに対して、後者は、帰属先だけでなく実体的権限の分配をも定めたのが Vesting Clauses だ（そして、権限分配を定めている個別規定・条項は、権限の例示、限定列挙、例外等々を定めたものだ）と解している。

（8）　Vesting Clauses は、このふたつの意味のいずれであるか、また、「権限帰属先の同定規定」というべきか、それとも「権限付与の規定」というべきなのか[107]。

この対立のポイントをここで再確認しておくと、「権限帰属先の同定規定」だとみる立場は "これら条項は実体権限を分配したものではなく、権限の帰属先（担当統治機関）を同定するものだ" と捉える見解である（実体権限分配規定は Vesting Clauses の外にある）。これに対し、「権限付与の規定」だとみる立場は "これらの条項は機関の同定だけではなく、実体権限を付与する規定だ" と捉えるのである。この対立は、解釈者（または／および憲法制定者）がどの統治機

---

105)　本文において「一部」という限定をつけたのは、単語のニュアンスの捉え方以外にも見解を分岐させる要因があることをいうためである。単語のニュアンス以外とは、各統治機関の権限列挙条項の捕捉のしかたである。

106)　合衆国憲法は vest という動詞を、いわゆる「権限帰属条項」以外に、2か所に用いている。ひとつは、1条8節18項にいう「必要かつ適切条項」での "all other Powers *vested* by this Constitution in the Government of the United States..." という部分、他のひとつは2条2節2項での "the Congress may by law *vest* the Appointment of such inferior Officers..." である。これらにいう vest の用法でわかるように、それは「付与する」という意味をもっている。

107)　前掲注88)、後掲注119)をみよ。

関を「最も危険な部門」(the most dangerous branch) とみるか、という政治的選好と関連している[108]。

3 Vesting Clause のふたつの理解――Vesting Clauses は Empowering Clause か

(1) アメリカ公法学における Vesting Clauses 解釈の対立については、第1節で既にふれた。そのさい、Vesting Clauses をもって権限帰属先の統治機関を同定したものだと解する論者[109]は少数に止まること、これに対して多数の論者は権限分配をも定めたものと理解していること、についても既に紹介した。

数のうえでは劣勢な見解であるが、この「有力な異論」は予想以上に強い論拠を示している。その論拠の一例を示してみよう。

大統領権限についての Vesting Clauses である2条1節1項が制憲会議における論争、すなわち、複数の執政担当者とするか、それとも、強力な執政府のために「ひとりの大統領 (a President)」を置くか、という論争に決着をつけた規定だ、ということは後世にもよく知られている[110]。この決着からわかるように、2条1節1項にいう "shall be vested in..." は、執政権の実体的性質を述べるものではなく、権限帰属先を明示しているのだと、この「有力な異論」は読み取るのである（この説が2条1節以外の Vesting Clauses をどう理解しているかについては、後にふれる）。

(2) この着眼が妥当かどうかはともかく、「権限帰属先の同定条項／実体

---

[108] アメリカ憲法の場合、何にとって「最も危険な統治部門」をみるかは、自由の保全の観点だけではなく、州の interests 保持も考慮対象となっているぶんだけ、権力分立構造は複雑である。「形式別学派／作用別学派」の対立は、連邦制という権力分立についてもみられる、という。See, e.g., Strauss, *Formal and Functional Approaches, supra* note 9, at 514.

[109] See, e.g., Froomkin, *Administrative Agency Autonomy, supra* note 14, at 793 n.31; Bradley & Morrison, *Historical Gloss, supra* note 52, at 418; Lessig & Sunstein, *President and the Administration, supra* note 59, at 47-48.

[110] A. ハミルトンによる THE FEDERALIST No.70, at 374 での「強力な執政府―その単一性」(the UNITY of the Executive) がこの立場である。邦訳では70篇「強力な行政部――その単一性」314頁以下にあたる。この部分に訴えかけるのが、一体的執政府論であるが、実のところ、制定者たちは executive power の実体について明確な理解を示さなったのである。See, e.g., Lessig & Sunstein, *President and the Administration, supra* note 59, at 49 〔Executive は、制定時には正確なところを知られていない概念だった〕。

権限付与規定」の対立を知れば、ある分析の筋道にわれわれは気づく。"まずは帰属先である機関を軸にして権力分立を理解し、しかる後に実体的権限の分配を探るべし"という2段階アプローチである。

　このアプローチは、権力分立構造における3作用を「実質的意味の○○／形式的意味の○○」別に捉えようとするわが国の学説には欠けているところである（私は、次節において3作用について、"「実体／実質／手続／形式」、「権限帰属先／実体的権限分配／手続的権限分配」の別を論ずべきではないか"という趣旨の疑問を展開する予定である）。さらに付け加えれば、合衆国憲法のVesting Clausesを邦訳するとき、「〜に属する」と表現して良いかどうか、一度立ち止まる必要にわれわれも気づくはずである[111]（このことは、のちの第5節2でみるように、日本国憲法の権限分配規定の解釈についてもいえる）。

　（3）　上の異説のもつ知的貢献はこれだけではない。この説を真剣に受け止めれば受け止めるほど、権力分立とは1機関には1権限が分配されることだという「三権分立」イメージから解放される。凡庸な思考を解毒するための最も有効な処方箋である。そしてまた、「形式別学派／作用別学派」の違いの決定因を最も鮮明に浮かび上がらせる視角である。

　先の第2節1でもふれたように、連邦憲法での1条1節、2条1節1項、そして3条1節のVesting Clausesは、一見したところ、「立法権＝連邦議会」「執政権＝大統領」「司法権＝ひとつの最高裁判所」というone-function-one-branch equationを指し示しているようである。が、この捉え方に真っ向から異論を唱えるのがVesting Clausesを権限帰属先だけの同定規定だと捉える、上の見解（有力な異論）なのである。

　（4）　この有力な異論によれば、Vesting Clausesは連邦統治に「対等な3機関」（co-equal departments）を置くことを定めたに止まり[112]、各機関が所管すべき権力分立上の実体権限をこれらの条規の外に用意している。Vesting Clauses（帰属条項）は作用と機関とを対応させてはいない、というわけである。その具体例として、この説は「presidential power／executive power」の別をあげる。ひとりの大統領が独任機関としてもつ権限と、大統領のもとに置

111）　前掲注88）をみよ。
112）　第2節1（3）をみよ。

かれた省庁（executive departments＝執政機関）としてもつ権限は同一ではない、というわけである。

他にも多くの例がある。1条の連邦議会権限とされているものには「弾劾裁判権」という judicial power が含まれ、2条の大統領権限とされているものには「法律署名権」（拒否権＝veto power）という legislative power が含まれている、というように[113]。1作用が1権限に対応してはいない、というわけである。

4　1条1節（Art. I , § I ）Vesting Clause の意義

（1）　連邦議会についての Vesting Clause である1条1節（Art. I , § I Vesting Clause）を、再度みていこう。

同条同節はこう定めている（イタリック体部分は阪本）。

> Art. I , § I ＝ All legislative Powers *herein granted* shall be *vested in* a Congress of the United States, ……．［この憲法典において付与されているすべての立法権は合衆国におけるひとつの議会に属する］。

この1条1節は実体的立法権限を議会に付与する規定であろうか。

最初のイタリック部分、"*herein granted*" は「この憲法典において承認・付与された」という意味である。「この憲法が以下の条項で個別的に付与する立法権すべて」といった意味あいである。「この憲法が以下の条項で個別的に付与する」部分が、1条8節の1項ないし18項である。

この第1のイタリック部分が「承認・付与」（grant）すると述べた以上、それに続くイタリック部分、"*vested*" が「（すべての立法権は……）付与される（べし）」とする趣旨のはずはなく、「属す（べし）」といっているものと理解すべきことになる（そう理解しないかぎり、同節は「付与された権限が付与されるべし」という同義反復になる）。これこそ「権限帰属先を同定する規定」である。

（2）　この定めに続いて同節は "a Congress of the United States, which shall consist of a Senate and House of Representatives." と連邦議会が二院制と

---

[113]　*See* Calabresi, Berghausen & Albertson, *Separation of Powers, supra* note 89, at 106.

なっていることを明示する。1条1節は立法機関としてひとつの連邦議会を指定（同定）したうえで、この議会を二院制とする[114]、という組織規範となっている。このことを確認するかのように、合衆国憲法1条は1節に続けて、その2節ないし4節において各院の組織のあり方を、5節において院の自律権を、6節において議員の特権を、さらに、第7節において法律案等の議事手続を、定めている。

連邦議会権限の定め（実体的権限条項）は同条第8節に現れ、その1項ないし18項に個別的権限が例示または列挙されている。さらに、連邦議会のなしえない事項（Exception Clauses）が第9項に列挙される。

こうした1条の全体構造をみれば、「連邦における立法機関としての議会の指定→二院制という組織→その組織の方法と運営方法→法律案等の議事手続→実体的議会権限の個別的明示→議会権限の禁止事項」という条文配列の周到さが理解できてくる。

（3）　1条のかようなスタイル、特に、議会権限の多数の列挙（8節の1項ないし18項）は、議会権限の拡張を抑止するために選び取られた[115]。「列挙するは限定するにあり！」というわけである。「最も危険な部門」である連邦議会に包括的な権限を与えてはならぬという配慮が1条の全体構造に息づいている。実際、THE FEDERALIST における権力分立論は、議会権限に対する警戒で満ちあふれていたのである[116]。

---

114)　議会を二院に分割することがモンテスキューの権力分立構想——議会権限を強力にしないねらい——の眼目であった。このことを制定者たちは知っていた。参照、THE FEDERALIST No. 48, at 269 (J. Madison)。邦訳では第48篇「立法部による権力侵害の危険性」に当たる。マディスンは二院制導入のねらいについて「共和制にあっては、立法部の権能は必然的に優位に立つことになる。そこで、この不都合を修正するためには、立法議会を二つの議院に分割することが必要である」と明確に指摘した（No. 51, at 282）。そればかりか、THE FEDERALIST No. 73, at 392でマディスンは、議会の権力拡張の危険性とそれへの対抗策としての拒否権導入について論じている。なお、前掲注15)、33) も参照のこと。

115)　この点を明確に論じたものとして、*See* Bradley & Morrison, *Historical Gloss, supra* note 52, at 441; Manning, *Ordinary Interpretation, supra* note 3, at 1998. 制定者たちが連邦議会を「最も危険な統治部門」とみていたことについては、リベラル派に属するアメリカ公法学者、政治学者ですら、その多数が指摘するところである。*See, e.g.,* Bruff, *Administrative Agencies, supra* note 14, at 497 ; ACKERMAN, AMERICAN REPUBLIC, *supra* note 47, at 15.

116)　参照、前掲注11)、33)、114)。

5　3条1節（Art. Ⅲ, §Ⅰ）Vesting Clause の意義

（1）　司法権についての憲法3条の規定のしかた（3条全体の構造）も要注意である。

まず、司法権の Vesting Clause である3条1節（Art. Ⅲ, §1 の Vesting Clause）をみてみよう。こうなっている（イタリック部分および傍点部分は阪本）。

Art. Ⅲ, §Ⅰ = The judicial Power of the United States, shall be *vested in* one supreme Court, and in such inferior Courts as the Congress *may* from time to time ordain and establish. ［合衆国の司法権は、ひとつの連邦最高裁判所、および連邦議会が随時制定し設置できる下級裁判所に属する］。

（2）　アメリカにおける有力な異論に従ってこの3条1節を読めば、こうなる。

3条1節は司法権の mandatory な帰属先として連邦最高裁を指定し（*shall be vested in* …）、下級裁判所設置については議会権限としうる（*may* ordain and establish）、と定めるに止まる（つまり、実体権限については empty としたままである）。司法権の実体権限はこれの外にある。

はたして3条は1節に続く同条2節1項で、こう定めている（イタリック部分および傍点部分は阪本）。

Art. Ⅲ, §Ⅱ, cl. 1 =The judicial Power shall *extend to all* Cases, in Law and Equity, arising under this Constitution, the Laws of the United States, and Treaties made, or which shall be made, under their Authority: ……. ［司法権は、この憲法、合衆国の法律およびこれらの権限のもとで締結された条約または締結されるであろう条約のもとで発生するコモンロー上および衡平法上のすべての事件に及ぶ。……］

（3）　上に引用した条文の省略部分には8つの領域が列挙されている。つまり、3条2節は総計9つの領域のすべての事件（all cases）に司法権が及ぶ（extend）、と定めているのである。そこにいう「及ぶ」（extend）とは権能の外

延(限界)を示す言葉である。しかも、2節2項においては、1項に掲げられている9つの列挙領域[117]のうち、「大使その他の外交使節および領事に関する事件」ならびに「ある州が一方の当事者であるすべての事件」については、最高裁判所が第一審としての管轄権を有する、と詳細に定められている[118]。

(4) 3条のこうしたスタイルをみれば、その1節は権限の帰属先を明確にするに止まり、2節が司法の実体権限の及ぶ事項を列挙して、同権限を限定しようとする条項だ、と読みとることもできる[119]。しかも、憲法制定会議は3条1節に"all"という用語を意図的に避けた[120]という歴史的経緯から考えても、合衆国憲法は連邦裁判所の司法権の拡張を警戒しているようである。なるほど、3条2節1項が"*all* cases"(「すべての事件」)と表現してはいるものの、これは、1条1節にいう"*All* legislative powers *herein granted*"(「この憲法において承認された立法権すべて」)の場合と同様、「以下に列挙する司法権すべて」という趣旨だと読みうる。3条のこうした慎重な規定のしかたは、連邦政府の裁判管轄権または法域と関連する連邦制ならではの技術的な部分を明確にしておきたい、という配慮からかもしれない。連邦制との関係はさておくとしても、3条1節は「包括的な」実体的司法権限付与規定ではない、という解釈は成立

---

117) 本文でふれた9つの領域は "Nine Heads of Jurisdiction" といわれることがある。ここにいう "Jurisdiction" を「管轄権」を指すと理解するか、それとも「裁判所審判権」と理解するか、アメリカの論者の間でも論争がある。この点については、*See* Calabresi, *Vesting Clauses, supra* note 64.

118) 合衆国憲法3条2節2項は、本文に述べた2つの事件を除けば、法律および事実に関する上訴裁判管轄権(appellate jurisdiction)を連邦最高裁判所に与えている。が、この場合でも憲法は「連邦議会の定める例外または制限」に言及しており、連邦最高裁判所の管轄権を限定しやすくしており、管轄権に関する議会権限はどこで止まるか、論争の種となっている。

119) Calabresi, *Vesting Clauses, supra* note 64 at 1382は、3条2節1項にいう "The judicial power shall *extend* to…" にいう extend とは「既に与えられた権限の及ぶ範囲」をいう、との解釈を示している。この解釈によれば、3条1節が司法権に関する実体権限付与規定、同条2節1項が裁判管轄規定だ、ということになる。この論者の指摘のとおり、*extend* to とは reach or include の意味である。だからこそ、3条2節は、上の引用した文章に続けて、9つのカテゴリーを示し、司法権の射程を示したのであろう。厳格な意味での「権限」(権能の限界)規定である。3条の関連規定をこう読んだとき、1節の *vested in* は権限帰属機関の指定であって、実体権限付与規定ではない、と理解することが妥当ではなくなってくる。3条の関連規定が、帰属先と権能の及ぶ範囲(reach)だけを定めていることは考えがたいからである。

120) *See, e.g.*, Calabresi & Rhodes, *Structural Constitution, supra* note 64, at, 1156.

しやすい。

6 2条1節（Art. II, §I）Vesting Clause の意義

（1）　次に、大統領についての Vesting Clauses である2条1節1項（Art. II, §1, cl. 1の Vesting Clause）を読んでみよう（イタリック部分および傍点部分は阪本）。

> Art. II, §I, cl. 1 = The executive Power shall be *vested in* a President of the United States of America. ……．［執政権は、ひとりの合衆国大統領に属する。……］。

本章がこれまでも既に何度かふれてきたように、憲法起草者は、①最も危険な統治機関は執政府ではなく、議会だとみていたこと、②議会を強力にしないためには、強力な執政府の樹立を要するとみていたこと、③そのためには、「多頭的な執政府」(the plural executive) ではなく、「ひとりの大統領」(a president) によって執政府の一元性を確立すべきこと、④議会の立法権に対抗するために大統領に独立の立法権（すなわち拒否権）を付与することを構想していた[121]。起草者は、独任制機関こそが決断、活力、秘密、迅速という特性を満足させる統治となること、人民の監視のもとに置くにふさわしい統治形態であることを説いたのである。

（2）　この制定者意思を重視する論者は、2条1節1項のスタイルが、他の Vesting Clause——特に1条1節の Vesting Clause——とは大きく違っている点に注目する。つまり、こういうことである。

連邦議会権限および司法権限に関する Vesting Clauses は、「〇〇権は△△機関に帰属させ、〇〇権の実体については別の条項でこれを定める」と示唆している（この点については、先にふれた）。これに対して2条1項 Vesting Clause は実体権限について「別の条項でこれを定める」というスタイルとはなっていない。このことは、2条 Vesting Clause が包括的な実体権限を大統領に付与する

---

[121]　前掲注110）をみよ。また、*Cf.*, Calabresi & Rhodes, *Structural Constitution, supra* note 64, at 1156 *with* Lessig & Sunstein, *President and the Administration*, *supra* note 59, at 8．

規定であることを示している[122]。

　上のように解釈する論者は、"2条1節が一元的執政府構造を予定している"と強調する傾向にある。すなわち、【大統領→執政府（executive agencies）→行政機関（administrative agencies）】という、大統領を頂点とする垂直的構造である。これは、「大統領職一元性理論」（theory of the unitariness of the presidency）と呼ばれたり、「一元的執政府理論」（theory of the unitary executive）と呼ばれたりする。このヒエラルヒー構造をもたらす要が大統領の実体的執政権限だ、とこの理論は主張する。この理論は、執政府および行政機関に対する憲法上の監視監督権が大統領ひとりにある、ともいう[123]。大統領を頂点とする執政府となってはじめて、党派性は回避され、政治責任は全うされ、一元的な連邦統治が可能になる、というわけである。

　（3）「一元的執政府理論」にでる論者のなかにも、条文上の論拠としては、2条1節1項の Vesting Clause だけで十分だという立場と、同条項に2条3節の「法制の誠実執行（管理）配慮条項」[124]をつけ加える立場とがある。いずれにせよ、こうした一元性理論に従うかぎり、連邦議会がいわゆる「独立規制機関」（independent regulatory agencies）を法律で設置しこれを監督することは違憲だ、ということになる[125]。この違憲論は、2条1項 Vesting Clause が大統

---

122) *See, e.g.*, Calabresi & Rhodes, *Structural Constitution, supra* note 64, at 1195. この論者は、連邦議会の実体的立法権限は1条8節によってはじめて与えられるのに対して、大統領権限にかかる2条の場合にはその1節が実体権限付与の直截の根拠規定だ、との解釈を示している。2条は、1条とは違って、包括的実体権限を定めたものだ、というわけである。

123) 最も強い一元性理論の代表作が Calabresi & Rhodes, *Structural Constitution, supra* note 64 ; Calabresi, *Vesting Clauses, supra* note 64である。また、一元性理論の強弱については前掲注83）をみよ。

124)「法制の誠実執行（管理）配慮条項」とは、前掲注77）でふれたように、合衆国憲法2条3節の "he shall take Care that the Laws be faithfully executed" という条項をいう。これは、《諸法令が誠実に執行（管理）されるよう配慮すべし》と大統領に求める規定である。この条項が、大統領の責務規定であるのか、責務に止まらず権限規定であるのか、論争の的となっている。大統領権限の肥大化を警戒する論者は、責務規定だと解する傾向にある。大統領の指導に期待する論者は、連邦憲法は、大統領に包括的な実体的執政権限を与えており、その根拠条文のひとつが2条1節1項および3節の「法制の誠実執行（管理）配慮権限」だ、というのである。詳細については、参照、駒村・前掲注54）『権力分立の諸相』237頁以下。

125) Lessig & Sunstein, *President and the Administration, supra* note 59, at 2 は、学界の多数派が「一元性理論」にでて、すべての行政機関（administrative agencies）に対する統制権は大統領にあり、と解しているという。が、今日、この立場が多数派を占めているかど

領権限を制約する議会権限にまったくふれていない[126]、という文理上の理由もあげ、自己の主張を補強する。

　一元性論者のなかには、法律（法制）の管理と執行（administration and execution of the laws）は大統領の専権（plenary power）だと説くものもみられる。行政組織編成権だけでなく、一定範疇の公務員の罷免権も大統領がもっている、といいたいのである。この大統領の専権を提唱する論者は、「行政国家」（官僚国家）における統治の指導は、議会にではなく大統領に期待すべきだ、と考えている[127]。大統領の一元的統治は、効率的な統治のためにも、肥大するばかりの官僚団の統制のためにも、責任政治の貫徹のためにも、望ましいというわけである[128]。

（4）　これに対して、大統領権限が肥大することに警戒的な論者は、2条1節 Vesting Clause は一元性理論をもともと予定してはいない、とか、2条3節の「法制の誠実執行（管理）配慮条項」は権限付与規定ではない（あくまで責務規定だ）とかいって反論する。反論のなかでも最も有効な道筋が同条同節の Vesting Clause は実体的権限付与規定ではない[129]、という読み方だったのだ。

　2条における大統領の実体的執政権限は、2条1節1項の外に用意されているではないか、と彼らは指摘する。2条2節1項（最高司令官、省庁長官からの

　　　　うかは疑わしいように思われる。
126)　司法権については3条が一定の議会権限を明文でふれているのに対し、2条にはこの種のフレーズはみられない。3条権限（司法権付与）に関する議会の裁量権条項については、前掲注118）をみよ。
127)　議会よりも大統領のほうが信頼に足る機関だ、とみている論者のなかには、その理由として、議会の議員はフリーライドすることが多く政治責任を果たしているとは言い難く、大統領のほうが政治的説明責任の透明性が高いことをあげるものがある。*See e.g.*, E. Posner & A. Vermeule, *The Credible Executive*, 74 U. Chi. L. Rev. 865（2007）. その他、「行政国家」における統治においては、大統領の一元的なリーダーシップが必要不可欠であることを強調するもの、異例の事態において大統領が決断することこそ統治の本質であることを指摘するもの等、多様である。
128)　法学者による「一元性理論」のほかに、行政学者・政治学者による「大統領指導の統治」渇望論が一時隆盛を極めたことがある。彼らは、民主的かつ効率的な統治にとっては、権力分立ではなく、大統領のリーダーシップによることこそが望ましく、議会活動は執政府の監督機能に限定されるべきだ、と説いたのである。彼らは、「政治」（正確には、議会の政党政治）が少なく、「行政」（正確には執政）が多ければ多いほど望ましい、と説いた。彼らの提唱の根底には、国家有機体説的理解があった。国家がひとつの意思をもつ実在物である以上、ひとつの頭（一人の長）によって指導されるべきもの、というわけである。
129)　*See, e.g.*, Lessig & Sunstein, *President and the Administration*, *supra* note 59.

書面による意見聴取権、恩赦権)、同節2項（条約締結権〔上院の同意を要する〕、大使領事等の指名権、最高裁判所裁判官の指名権、上級公務員の任命権〔上院の助言と承認を要する〕)、3項（上院閉会中の公務員補充権)、2条3節（議会への国務報告権、議会への審議勧告権、緊急時の議会招集権、外交使節接受権、そして、法制の誠実執行配慮）といった、個別規定がこれである[130]。

こう2条全体を読めば、㋐2条1節1項は、1条や3条と同質であって、包括的な権限付与規定ではなく、㋑大統領権限は2節や3節によって大きく限定されたものとなっており、㋒列挙された権限以外における大統領権限は「必要かつ適切条項」のもとでの議会の委任を要する、と解されることになる[131]（この理解のしかたは、後にふれる「executive／administrative」の区別論と関連している)。

（5）こう解釈する論者は、憲法制定者が構想した大統領イメージは元首としてのそれだった、とも主張する。すなわち、大統領は、政治的、象徴的、儀礼的な存在として、上院の助言と承認に基づいて、上級公務員を任命したり、対外的に代表機能を果たしたりする人物であった、という（⇒第4節2（4))。言い換えれば、制定者はexecutive powerについて明確な輪郭をもってはいなかった、少なくとも、一元的執政権論者のいうような概念ではなかった、というのである。となると、大統領は行政組織編成権者でもなければ、個々の行政決定の最終決定権者でもなく、さらにまた一定範疇の公務員の罷免権を常にもっているわけでもない、という帰結を呼ぶことになる。

以上のような2条のexecutive powerをめぐる解釈論争は、憲法制定者意思

---

130) これらの個別権限は、W. ウィロビィ（W. Willoughby）がいう「国民の名目上の長の政治的義務のみをカヴァする」ための権限である。*See* W. WILLOUGHBY, AN INTRODUCTION TO THE STUDY OF THE GOVERNMENT OF MODERN STATES 242 (1919). 以下、この著作を"GOVERNMENT OF MODERN STATES"と引用する。ウィロビィは、大統領を元首イメージで捉えていたのであり、この著作の別の箇所でもこう述べている。「一般に広まった通俗的な理解によれば、起草者たちは、行政権として知られているものを内包する概念として、執政という語を用いた、とか、大統領が行政の長であるべきであると考えていた、などといわれる。ところが、これは誤りである。彼らは、執政という語を、国民の名目上の長の政治的義務のみをカヴァするという、技術的な意味で用いたということには、何らの疑問もありえない」(*Ibid.*, at 252). また、後掲注147）もみよ。

131) *See, e.g.*, Bradley & Morrison, *Historical Gloss, supra* note 52, at 418; Lessig & Sunstein, *President and the Administration, supra* note 59, at 52.

の不確実さ[132]、合衆国憲法関連諸規定の不明確さ、さらには、矛盾するとも思われる憲法条規――一方の連邦議会の「必要かつ適切条項」、他方の大統領の「法制の誠実執行（管理）配慮条項」――の存在、肥大するばかりの「行政機関の権限」（官僚団）の統制のあり方[133]等々、多様な要素がその背景に流れている。

第4節　Executive Power と Administrative Power

1　アメリカにおける Executive Power「控除説」

（1）　こうした論争のなかで、論者の間にコンセンサスが形成されてきた領域がある。それは、憲法2条の全体構造が大統領に付与しているのは executive power であって administrative power ではないこと、administrative power の内容、淵源およびその行使主体について憲法は明言してはいないこと、という共通の理解である。このコンセンサスは、19世紀の終盤から次第しだいに形成され、今日では確固なものとなっている。

　日本の論者と同じように、英米の論者も、権力分立の展開を歴史的に捉えたとき、「控除説」的な権限分配を語ることが多い[134]。そのさい、アメリカでのこの解明法のもとで控除された領域は、administrative power ではなく executive power であって両者は同じではない、とされるのが通例である[135]。executive power の意味するところについて「控除説」的接近法が試みられる

---

132)　Lessig & Sunstein, *President and the Administration, supra* note 59, at 47は「憲法制定者は executive に関する明確な考え方を持っていたわけではなく、実践のなかで明らかにされるだろう、と期待していた」という。前掲注110) もみよ。

133)　本文に指摘した「行政機関」の設置権限が連邦議会にあるとしても、いわゆる「独立機関」の設置権限まで含まれるか、という論点が残されている。前掲注102) およびその本文をみよ。

134)　*See, e.g.*, Gwyn, *Indeterminacy, supra* note 2, at 266; Lessig & Sunstein, *President and the Administration, supra* note 59, at 12. 連邦最高裁判決にみられる控除説的見解については Springer v. Philippine Islands, 277 U.S. 189（1928）参照。

135)　アメリカの論者が控除説的な解明をみせる場合、わが国でいう「行政控除説」ではなく「執政控除説」である。*See* Lessig & Sunstein, *President and the Administration, supra* note 59, at 65. そして、控除説的解明法をとる論者も、"立法権概念および司法権概念が明確ではない以上、控除した領域が明確になることはない" と自覚的である点には留意を要する。*See, e.g.*, Gwyn, *Indeterminacy, supra* note 2, at 266.

のは、その実体的性質をポジティブに描き出すことが困難なためであろう（以後、この接近法を「執政控除説」と呼ぶこととしよう）。

（2）実際、executive power と administrative power との実体的性質の違いを明確化することは困難を極め、常に論争の対象となってきている。この違いを説くにあたって、ある論者は「政治的（political）／非政治的（apolitical）」または「政治的／法的」の別を、他の論者は「裁量的（discretionary）／非裁量的または科学的（nondiscretionary or scientific）」の別を口にしてきた。さらにまた別の論者は、難題である実体的性質の解明を避けるかのように、実定法上の扱いの紹介に止めている。

アメリカの研究者のこうした多様なアプローチは、executive power の実体的な性質を捉えきることの困難さを表している。この状況のもとでは、executive power と administrative power との境界線論争に決着がつくはずはなく[136]、公法学者の関心は、実体的性質の違いについての分析を避け（⇒本章第5節1（5））、司法審査権の対象・程度の違いに向けられてきたようである。

（3）司法審査の対象・程度における「executive power／administrative power」の別は、ふるく、*Marbury v. Madison*（1803）において言及されていた。以来、これは合衆国憲法上の伝統的な枠組みとなっている。

Marbury においてマーシャル長官は、政治的な権威と法的権限とを区別して、いわく、

「大統領は、合衆国憲法によってある重要な政治的な力を与えられており、それは彼ひとりの裁量（discretion）によって行使され、その責任は、ひとえに、政治的性質の国家に対するもの、および、彼自身の良心に対するものである」[137]。

---

136) 憲法制定者が executive power の意味するところについて確固とした見解をもっていなかったことについては、前掲注110）、132）でふれた。また、Lessig & Sunstein, *President and the Administration, supra* note 59によれば、制定当時には、「executive power／administrative power」の別は知られていなかった、という。この点のコンセンサスがないことを象徴するかのように、大統領の veto power を executive power に算入しない論攷さえみられる。*See* Strauss, *Place of Agencies, supra* note 5, at 598. なお、前掲注130）も参照せよ。

137) Marbury v. Madison, 5 U.S.（1 Cranch）137, 165-66（1803）.

Marbury がいう「裁量」(discretion) とは、行政裁量を意味するのではなく、司法審査にも服さない政治問題（political question ＝ わが国でいう「統治行為」類似の考え）をいう[138]。ということは、*Marbury* が指摘した「executive power／administrative power」の別は司法（違憲）審査権との文脈のなかでいわれてきた「政治／法」の別であって、administrative power に対する指揮監督権限が議会にあるのか、それとも大統領にあるのか、という論争を直接扱ったものではなかったようである。

　（４）「Executive Power／Administrative Power」の別は、司法審査の可否という視点からだけでなく、実体権限の違いや権限所在の違いと関連している。この視点を軸に、次の項では、両者の違いを明らかにしていこう。これらの権限の内包を分析し、それぞれの権限の行使主体の違いを理解することは権力分立構造を捉えるうえで決定的に重要である。

2　19世紀アメリカ行政学における Executive Power と Administrative Power

　（１）　19世紀末から20世紀にかけて、憲法と行政法との関連性に留意しつつ、しかも、行政管理学の成果を取り入れながら「executive power／administrative power」の法的性質を分析し、本格的・体系的にその別を論じたのが[139]、行政学の指導的地位にあった F. グッドナウ（F. Goodnow）と W. ウィロビィ（W. Willoughby）だった。

　アメリカの政治学者や行政学研究者の多くは、もともと、権力分立論に共鳴していなかった。彼らは、特に、議会と司法府の能力にみるべきものはない、とみていた。彼らにとっての範型は、英国の首相主導型統治とアメリカのビジネス組織のマネジメントにあった。それは、《一人または少数のリーダーが決定し、その統轄下にある専門集団が執行する》という効率的な意思決定と実行

---

138)　Strauss, *Overseer, supra* note 83, at 708–09 は、*Marbury* がいう「裁量」とは大文字の DISCRETION であって、行政手続法にいう「裁量の濫用」を示す小文字の discretion のことではない、という。

139)　行政管理学・行政法学における「executive／administrative」をめぐる学説の展開を見事に描いた論攷としては、なによりも N. Grundstein, *Presidential Power, Administration and Administrative Law*, 18 Geo. Wash. L. Rev. 285 (1950) が参照されるべきである。

の図式であった。政治学者・行政学研究者であり、後に28代大統領に就任したW. ウィルスン（W. Wilson）が《現実の連邦の統治は連邦議会統治（Congressional Government）となっている（統治にあたっても一元的な舵取りができていない）》と嘆いた、という事実は政治学者のなかではよく知られている（⇒第Ⅳ章第2節2）。

（2） グッドナウは、古典的な権力分立論に代わる「新権力分立論」[140] をこう展開した。

> 「これら〔立法権と執政権〕の各作用を別々の機関に分配することは不可能である。なぜなら、統治権限の行使を明瞭に振り分けることが困難であるばかりか、政治のシステムが発展するにつれ、これらふたつの第一次的な作用はマイナーで二次的な作用へと分解されていく傾向にあるからである」[141]（〔　〕内は阪本）。

> 「すべての国家には、主要で究極的な作用がふたつある。国家の意思を表明することと、その意思を執行することである。そしてまた、すべての国家には、このふたつの作用を主に遂行するための別個の機関が置かれる。これらの作用とは、それぞれ、政治（Politics）、行政（Administration）である」[142]。

かようにグッドナウは、国家統治作用を「政治」と「行政」とに分けたうえで、「政治が決定し、専門集団としての官僚団が執行していく」という流れを考えた。「政治」とは、統治の基本方針を決定しこれを表明する作用をいい、「行政」とは決定された方針を専門的・科学的に実行に移すことを指した。これが【決定⇒執行】の流れであり、本書のいう「決定⇒執行モデル」である

---

140) 本書がいう「新権力分立論」とは、3機関・3作用の分立論に代わる権力分立論をいう。新権力分立論の画期的展開が「executive／administrative」という分立、すなわち【大統領による決定⇒行政機関による行政】という流れを説いたアメリカ行政管理学の流れである。この点については、D. WALDO, THE ADMINISTRATIVE STATE: A STUDY OF THE POLITICAL THEORY OF AMERICAN PUBLIC ADMINISTRATION (1948) が詳細である。

141) F. GOODNOW, POLITICS AND ADMINISTRATION : A STUDY IN GOVERNMENT 16 (1900).

142) *Ibid.* at 22.

（3） もうひとりのウィロビィは、こう述べた。

「統治権力（governmental powers）の三元的分類においては、統治のひとつの独立の作用または部門として、行政（Administration）なるものは承認を受けなかった。たとえ権力分立論のなかでこの作用が考慮されている場合であっても、それは執政作用（executive function）と混同されたうえで、その一部分として扱われている。たしかに、『執政』と『行政』という二つの用語は、ほぼ相互互換的にひろく使用されている。が、しかし、それは実に不幸なことである。というのも、このふたつの言葉は、その性質を異にする作用を表すものとして用いられるべきだからである」[143]。

「執政作用とは、全体としての政府（government）を代表したり、政府による法令の執行を監督したりする作用をいう。これに対して行政作用とは、立法府によって明示された法令や、司法府によって解釈された法令を現実に執行する作用をいう。こうした違いは、執政作用が本質的に政治的であるのに対して、行政作用は他の機関によって決定された基本方針を実行に移す作用である、と説明されるのが一般的である」[144]。

「統治権限がどのように分配されているかを考えるにあたって、執政作用（executive function）と行政作用（administrative function）という、基本的な区別があることは、既に指摘したとおりである。前者は、紛れもなく政治的な特性をもっている。それは、国家全体の諸基本方針に関する広範な決定にかかわる作用である。現実の統治活動との関連でいうとすれば、それは、政策やプログラムの実施任務それ自体に従事するのではなく、採用さ

---

143) WILLOUGHBY, GOVERNMENT OF MODERN STATES 232. ウィロビィは、【基本方針の決定⇒その執行】モデルを「executive power／administrative power」の別に反映させて、《執政権とは政治的な決断をする権限》だ、と捉えている。「行政」について彼の定義はこうである。「厳密な意味での行政作用（administrative function）は、政治的な性質の決定をなすことはなく、その決定に参画するとしても、基本方針決定機関……が考慮すべき事実を提供するだけである」（Id. at 385-86）。法学者の行政の定義は、また、これとは別個である。前掲注5）をみよ。

144) Ibid. at 19.

れた政策や決定された活動方針が適切に実行に移されているかどうかを監督することに関係している。わが憲法典上の用語でこれを説明するとすれば、法令を執行する任務に携わるのではなく、誠実に執行させるよう監督する作用をいうのである」[145]。

（4）グッドナウ＝ウィロビィの見解──両者の見解の細かな違いは捨象して──をまとめれば、おおよそ次のようになる。

(ア) Executive function と administrative function とは異なる作用・権限である。

(イ) Executive function とは、政治過程を統治の過程へと移行させるために、すべての統治機関を代表して全体としての行政機関を統轄すること、および、行政機関が法律を誠実に執行しているかどうか監督する作用をいう。

(ウ) Administrative function とは、法学界においては議会が制定し裁判所が解釈した法令を執行する連邦政府権限をいう[146]（administration を「行政」と表現すること、そしてまた、これを法令執行活動と捉えることは、法学の思考である。実のところ、administration は学問領域によって多様である。このことについては第Ⅳ章第2節2でふれる）。

(エ) 憲法典は executive power について明言しているものの、administrative power については沈黙しており、この明確な位置づけをしてはいない。

(オ) 憲法制定者は executive power に administrative power が含まれるとは考えていなかった[147]。

---

145) *Ibid.* at 385. また、前掲注77）も参照のこと。

146) *Ibid.* at 232. なお、Lessig & Sunstein, *President and the Administration, supra* note 59, at 41 n. 177は、行政という概念が法令上または判例上認知されたのは1874年以降のことだ、と指摘している。

147) WILLOUGHBY, GOVERNMENT OF MODERN STATES 251 は、「現在にあっては大統領が実際に広汎な行政権限（administrative powers）を行使し、行政機関の長（the head of the administrative departments）の地位にあるという事実のためか、憲法制定者は administrative といわれる権限を executive なる用語に含めていた、と一般に理解されてい

㈹　大統領が行政組織の長であるかどうか、という administrative headship についての直截の憲法規定はない。憲法制定者は、大統領を行政組織の長にしようとは考えていなかった。

（5）　グッドナウ＝ウィロビィは、ふたつの作用を区別するにあたって、執政作用が本質的に政治的であるのに対して、行政の作用は他の機関によって決定された基本方針を科学的に実行に移す作用であることを強調した（行政作用の特徴を脱政治性・中立性、科学的な計画性に求めることは、当時の行政管理学の特徴だった）。この「executive power ／ administrative power」の別は、ときに、「political ／ apolitical」とか「politics ／ law」の二分法として一時期のアメリカ行政学のみならず公法学にも強い影響を与えたのである[148]。

（6）　これまで述べてきた「executive power ／ administrative power」という作用の区別は、「presidency ／ office of administration」という職の違いに相応している。大統領職が憲法に定められた執政権の地位であるのに対して、後者の職はそうではない（今のアメリカ公法学者の多数は、これを議会制定法によって創設された地位だと解している）。

さらに、上の作用の区別は、行政組織編成権の源泉論争とも当然に絡んでいる。言い換えれば、「executive agencies ／ administrative agencies」の違いをめぐる論争である。この論争とその解決の筋を論ずるためには、別の長文の論攷を要するだろう。この論点についてここで最小限ふれれば、executive agencies とは執政府機関または組織をいい、administrative agency とは「議会制定法のもとでの活動に限定され、司法審査の可能性に服する状況に置かれた統治機関」をいう[149]とする見解が一般的である。

　　　　る。が、これは誤りである。制定者は、executive という言葉を、名ばかりの国家の長という政治的責務を指すものという技術的な意味として用いていたことに疑問の余地はないのである。……大統領は政治的な長以外の何ものでもなく、その主たる任務は司法的統制に服さない政治的責務を遂行することだった」という。なお、前掲注130）もみよ。

148)　19世紀行政管理学が示した「政治／行政」分離論は機能的な分析に重心を置いたものであって、ある統治作用がどの機関に割り当てられるべきか、さらには、これらの機関の望ましい相互関係がどうあるべきかを語らなかった。もともと権力分立論に共鳴していなかった行政管理学は統治機関の布置に関しては興味を示さなかったためである。この空隙を権力分立論によって補うことが法学の任務だと考え、そこに挑戦した代表格が、Strauss, *Place of Agencies, supra* note 5 であった。

この理解のもとで、ある法学者は administration とは「厳密に法律上のものであって、大統領の関与があるとしても、法律の定める範囲内に止まる」と説明している[150]（この administration 理解は、あくまで伝統的な法学のものである点には留意を要する）。

（7）　上にふれた「executive power／administrative power」の区別は[151]、あくまで法理論上の理念型であって、実際の境界設定となるとまたまた論争の的となる[152]。また、行政学または政治学においては administration は、"政治部門の決定を実行に移すこと"といった意味をもつことを考えれば、これを「行政」イメージで語ることにわれわれは慎重でなければならない（⇒第Ⅳ章第2節2（9））。

「執政／行政」の境界が簡単には画定できないとはいえ、憲法が明文で定めているのは、立法権、執政権、そして司法権の3作用であって、(a)行政権・行政組織について憲法は何も指示していない領域であり、(b) administrative power または administrative agency の領域は、憲法1条8節18項の「必要かつ適切条項」を根拠とする議会権限のもとで法律によって創設されたものだ、という理解がアメリカ公法学に一般化してきた[153]。つまり、「大統領／行政機

---

149)　*See* Strauss, *Place of Agencies, supra* note 5, at 576 n.11また、Froomkin, *Administrative Agency Autonomy, supra* note 14, at 788 n. 2 も参照のこと。なお、前掲注24)、146)もみよ。

150)　Strauss, *Place of Agencies, supra* note 5, at 576 n. 11.

151)　19世紀から20世紀初頭の行政学・政治学が「executive power／administrative power」の違いを「political／apolitical（scientific）」の性質に相応して論じていたのに対し、公法理論は司法審査密度の濃淡に対応させてきた。これについて公法学は、質の違いではなく、グラデーションをなすがごとき相対的な違いだ、とみているようである。20世紀が経過するにつれ、行政学・政治学は「政治と行政の分離論」から「政治と行政の融合」を説くものに代わっていった。それだけ、法学と行政学との距離は縮まったようである。

152)　たとえば、executive power には刑事訴追権限（criminal prosecution function）が含まれると理解する立場も有力である。が、Lessig & Sunstein, *President and the Administration, supra* note 59, at 38は「検察事務を executive 作用だとは、さすがの一元性論者であっても主張しないだろう」という。また、前掲注146)の本文も参照のこと。

153)　Bruff, *Administrative Agencies, supra* note 14, at 492 は「憲法は連邦政府の3つの部門（branches）について定めるものの、行政機関の構造については制定法およびコモンローによる規律に任せている」という。また「執政部門の組織のありよう（organization）について憲法制定者は法律の規律するところにすべて任せた。にもかかわらず、行政機関を規律する権限が議会にあるといえる関連条項だけでなく、大統領にあるとも臭わす部分もあり、双方（形式別学派、作用別学派）ともにそれぞれにあうように根拠をあげてきた」とも述べている（*Ibid.* at 492. ただし、括弧内は阪本）。

関」または「執政権／行政権」の別は、前者が2条権限、後者が「必要かつ適切条項」権限（1条8節18項）に応じたものである、と解する立場である[154]。

　この理解が一般化するに至ったのは、グッドナウ＝ウィロビィの業績の影響である。もちろん、今日においては、彼らの「executive power ／ administrative power」の見方がそのまま受容されているわけではなく、多面にわたる批判にも晒されている[155]。それでも、その「executive power ／ administrative power」の区別が権力分立理論を適切に理解していたものだったからこそ、今日まで彼らの基本的発想は公法学の領域にも息づいているのである。

（8）　グッドナウ＝ウィロビィは、「executive power ／ administrative power」別の区分論をもって、executive power を大統領に、legislative power を議会に与えている憲法原理――すぐ下で紹介するオーソドックスな権力分立原理理解――とも完全に調和するところだ、という。

　彼らの「executive power ／ administrative power」の別は、次のような権力分立の捉え方を基礎として唱えられたのである。

　㋐　権力分立の中心的原理は、3つの対等な統治機関の分離・独立にある。
　㋑　が、権力分立はそればかりではなく、権限・作用の相互抑制・均衡という要素をもつ。この作用面においては権力分立は厳格な分立の体制とはなっていない。
　㋒　国家の統治作用は、「立法／執政／司法」の作用に3分割できるものではない。
　㋓　憲法制定者の最大の過ちは「行政」という権限・作用に無関心だった点である。
　㋔　「行政」の領域は議会の法律制定権限によって創設されたものである

---

154)　本文のように考えれば、通常の行政機関の設立のみならず、「独立」規制機関の設置についても、「準」立法権・「準」司法権といった強引な論法や「第4権部門」（fourth branch）といったメタファに訴えることなく、議会の「必要かつ適切条項」権限によって合憲的に設立された、と説きうることになる。*See* Strauss, *Formal and Functional Approaches, supra* note 9 at 495によれば、独立規制機関を「第4権部門」と位置づけて正当化する見解が一般的だ、という。なお、前掲注102）もみよ。

155)　前掲注148）とその本文、および前掲注151）をみよ。

ところ、創設後のこの領域は大統領の「法制の誠実執行（管理）責務」領域となり、議会と大統領との競争関係がここにできあがる。

㋕　行政活動は議会制定法に服し（行政権は大統領権限固有のものではなく）、大統領が行政権を行使するときにはこの制度配置上の制約を受ける。

㋖　権力分立論における機関の分離・独立という要素は、大統領の裁量的・政治的権限である executive power の位置づけに活かされており、他方、権力分立論の相互抑制・均衡という要素は、大統領と議会とに分配される administrative power の位置づけに活かされている。

（9）　もっとも、上の「executive power／administrative power」の別が法理論上のものに止まる点は再度ここで確認しておくべきだろう。しかも、グッドナウ＝ウィロビィのいう「政治／法」または「裁量的／専門・科学的」という区別の軸は、今日では通用力を失っている点も留意を要する。さらには、アメリカ公法学が executive power という概念を明確に定義したことはない（ように思われる）。たとえ、定義らしきものがあるとしても、具体的な事案において当該作用がいずれに属するかを決定する力に欠ける[156]。

かくして、ふたつの作用が別個であることを学説が了解しているにもかかわらず、個別具体的なケースにおいて、大統領権限と議会権限とのせめぎ合いは繰り返される。この対立が「形式別学派／作用別学派」論争に反映されているのである。

（10）　ここで確認すれば、作用別学派は administrative power の源泉を議会権限（厳密に言えば、「必要かつ適切条項」のもとでの議会制定法）に求めるのに対し、形式別学派はその源泉を大統領の「法制の誠実執行（管理）配慮」条項（2条3節）に求める傾向にある（2条1節1項の「執政権」に含める見解もある）。後者の形式別学派は、大統領の「法制の誠実執行（管理）配慮」は執行体制の選択権限を含む、というのである。

法制の誠実執行（管理）配慮とは何であり、大統領権限はどこにまで及び、大統領は何をなしうるのか。法律を個別具体的に、そして最終的責任をもって執行するのは各行政機関（省庁）なのか、それとも大統領なのか？　日本法の

---

156)　*See e.g.*, Magill, *Beyond Powers*, *supra* note 12, at 612.

用語に従ってこの論争を表現すれば「大統領は行政機関の統轄者に止まるのか、それとも行政活動の最終的決定者なのか？（Overseer or Decider？）」という疑問である[157]。

(11)　権力分立構造がこうした「領土論争」を解決するわけではなさそうである。

実定憲法典での統治構造を選択するにあたっては、(1) 効率的な統治を実現すること[158]、(2) 統治機関の説明責任の範囲と論拠を明確にすること、(3) 組織規範および権限発動手続を明確化すること、(4) 法律がすべての人の利益となるよう制定されることを保障すること、(5) 法律が公正に執行されることを保障すること、(6) 執政機関がその権力を濫用したとき、人民の代表機関がその責任を追究できるよう保障すること、さらには、(7) 公正で客観的な機関による法的紛争解決を保障すること等々、多様な目的が勘案される。実定法上の権力分立構造は、こうした諸目的実現のための「政治的妥協」の産物であり、合衆国憲法もその例外ではない。

こうした多様な目的を考えれば、権力分立の究極目的——自由の保全——を理由にして特定の統治機関の地位やその権限発動の要件を導き出すことの難点は明らかである。自由保全のために権力分立論に訴えかける論法は、あきらかに過剰包摂（over-inclusive）である[159]。

---

157)　大統領の地位については、 *See* Strauss, *Overseer, supra* note 83〔大統領は行政活動における決定者ではなく統轄者である〕。このシュトラウスの見解が最も穏当なところだろうが、論者のなかには、"個別具体的な行政活動においても大統領が決定者だ" と主張するものもみられる。大統領がここまでの権限を発動しないかぎり、法制の誠実な執行ができないではないか、というのがその理由である。これが「最も強いヴァージョンの一元的執政府論」である。*See e.g.*, Yoo, Calabresi & Calngelo, *Unitary Executive, supra* note 102, at 730. 前掲注83）もみよ。

158)　連邦最高裁は Commodity Futures Trading Comm'n v. Schor, 478 U.S. 833, 853-58（1986）において「権力分立とは、分散された権限を効率的統治へと統合することの構想である」と述べたことがある（ただし、傍点は阪本）。これは、 THE FEDERALIST にもみられるねらいでもあり、協働統治テーゼを支える思考である。が、権限の分割は効率的統治にとって障碍となっている、とする見解のほうが一般的ではないか、と思われる。*See, e.g.*, Manning, *Ordinary Interpretation, supra* note 3, at 1959. なお、協働統治テーゼについては、前掲注37）およびその本文をみよ。

159)　前掲注38）、99）もみよ。

第5節　日本国憲法における権力分立と関連規定

1　議院内閣制分析に向けて

（1）　本章で私はこれまでもっぱら合衆国憲法にみる権力分立を注視してきた。この作業は、わが国公法学での権力分立の捉え方を再検討し、さらに、日本国憲法の権力分立制や議院内閣制の意義を再定義する次章以降の、いわば序奏である。

日本国憲法が権力分立原則によっていることについては学説・判例ともに異論はないようである（判例のなかには、日本国憲法における権力分立を「三権分立」と称することが多いが、この「1作用1機関対応型」をイメージさせる用語法は適切ではない。ましてや、「三権分立主義」といういい方は論外である[160]）。

（2）　本章は、アメリカ公法学が合衆国憲法での権力分立原則を次のように捉えている、と説いてきた。

①　「分離・独立」するのは対等な地位にある各統治機関であって、各作用ではない。
②　「立法／執政／司法」は、理論上の類別であって、各機関の独立権限として分配された作用を指すのではない。
③　作用を分配するにあたっては、機関相互間の競争関係が生ずるよう、作用の活動形式が工夫されている。なかでも議会と大統領との競争関係にさまざまな工夫が施されている。

---

[160]　最高裁判例は、苫米地事件最大判（昭和35・6・8民集14巻7号1206頁）にみられたように、権力分立をいうにあたって「三権分立」という用語を選択するのが一般的である。「三権分立主義」といういい方は、いわゆる寺西裁判官事件（裁判官分限事件に対する決定に対する抗告）での最高裁大法廷決定（平成10・12・1民集52巻9号1761頁）にみられ、こういう。
　「裁判所法52条1号が裁判官に対し『積極的に政治運動をすること』を禁止しているのは、裁判官の独立及び中立・公正を確保し、裁判に対する国民の信頼を維持するとともに、三権分立主義の下における司法と立法、行政とのあるべき関係を規律することにその目的があるものと解される」（ただし、傍点は阪本）。
　議員定数不均衡訴訟に関する最高裁判例は、「三権分立」との用語を選択している。これは、従来の憲法教科書が1作用1機関対応型を説いてきたことの影響であろう。

④　機関間の競争関係が抑制をもたらす。
⑤　競争・抑制関係が機関間に均衡をもたらすだろうと期待される。
⑥　２条１項 Vesting Clause にいう executive power の実体は明確ではないものの、少なくとも、administrative power とは区別されている（執政権と行政権とは異なる作用である）。
⑦　憲法典は、行政権の内実、行政組織の編成等については明言していない。
⑧　行政組織編成は議会の所掌（法律制定権）事項であると一般に考えられているものの、行政活動については、大統領の所掌領域となることもある（少なくとも、大統領は行政機関に対する統括的権限を有する）。この議会と大統領と競争関係も、権力分立構造の一部として理解すべきである。

（３）　従来、合衆国憲法における権力分立をめぐる論争といえば、「形式別アプローチ／作用別アプローチ」の対立に必ず言及されてきた。これに対して本書は、学説を分岐させる決定的なポイントを Vesting Clauses の捉え方の違いに求めた。これが「権限帰属同定の規定／実体権限付与の規定」の見解対立である。前者が《各機関の実体権限は Vesting Clauses の外に定められている》と主張するのに対して、後者は《１条１節 Vesting Clause が実体権限付与規定ではない（かもしれない）としても、２条１項および３条１節 Vesting Clauses は実体権限を包括的に付与する規定だ》というのである。この対立の背景には、議会を最高機関とするデモクラティックな統治に期待するか、大統領指導のもとでの一元的な統治に期待するか、という政治的選好の違いが流れている。

（４）　このアメリカにおける Vesting Clauses 解釈論争を知ることは、日本国憲法理解においても有益である。

アメリカにおける論争の根源的な分岐点を、再度、ここで確認してみよう。分岐を決定する要因は、次の２点にあるようである。

第１点＝ Vesting Clauses は実体権限を分配しようとしたものであるか。
第２点＝条文上の根拠は別にして、憲法が３機関に分配しようとしている

第Ⅱ章　権力分立・再定義——アメリカ合衆国憲法の場合　107

実体権限は、形式的に捉えるべきか、それとも、中核部分に該当するかどうか実質的に判断して捉えるべきか。

　この論争は、【権力分立構造における実体権限の憲法上の所在→実体権限の切り取り方】という順で問いを立てるところに成立している。ところが、この基本的な問いに対してアメリカの学説・判例はいまだ決着をつけてはいない。同国の学説は、実体権限の本質論争が抽象的な定義をめぐる非生産的な営為となることを見越してか、その分析を避けているようにさえみえる[161]。
　（5）　アメリカ公法学は、上の問いのうち、第1点にいう憲法上の論拠については論争を繰り返し、一定の前進をみせてきたものの、第2点の実体権限の実質（本質）を解明しきれていない。この点こそ、彼国の権力分立理解での最大の難点・弱点だ、と私は診断している。
　アメリカのある論者も、次のように的確に指摘している（本書は、この指摘に全面的に賛同する）。

　「権力分立論争は、ある作用をある機関に分配することの合憲性を問うのであるから、"問題の作用の本質は何であるのか" を第一義的に問うべきである。この本質が判明すれば、各作用がそれに応じた機関に分配され、この機関が一定の制約の下でこれを行使する、との帰結をみるはずである。ところが、この問題解決にあたろうとする論者は、現にある作用を行使している機関をこの解答として提示し、そのさい、専制政治の防止という理由を付加するにとどまる。これが作用分立論の常套である」[162]。

　（6）　アメリカ公法学に欠けているのは、実体権限について「形式的意味／実質的意味」の別から接近する視点かもしれない。いや、「形式別学派／作用別学派」の対立が、実は「形式的意味／実質的意味」の違いに対応している、と理解すべきなのだろう。作用別学派のいう「中核作用」（core function）とは、

---

161) Magill, *Beyond Powers, supra* note 12, at 616は、学界が3作用の実体分析に踏み込まないことを「回避戦術」"avoidance strategy" と表現している。
162) Magill, *Real Separation, supra* note 8, at 1174.

「実質的意味」を探ろうとするもののように思われる[163]。が、そう考えたとしても、「中核作用」が何であるのか、明確な定義や捉え方を示す業績はないようである[164]。作用別学派の思考は《中核作用とは当該機関に分配されるべき権限をいう》という循環論か、規範的な権力分立論をもって回答しているか、のいずれかのようにみえる。

（7）　それでも、アメリカにおける論争からわれわれが学ぶものは多い。

たしかに、日本国憲法が基礎とする権力分立構想は、合衆国憲法の場合とはまったく違っている（⇒第Ⅲ章第1節）。

日米の違いは大きいとしても、政治理念または法原理としての権力分立には共通するところがあるに違いない。そればかりか、日米憲法における権力分立構造の共通性は、それぞれの Vesting Clause とその関連諸規定に表れる、と読んでおくことが賢明である（⇒詳細は第Ⅲ章第1節）。

日本国憲法の統治構造を全面的に解析するためには、Vesting Clauses の解釈とは別に、議院内閣制の必須要素を解明しなければならない。議院内閣制の必須要素とは何であり、日本国憲法がこの要素を基盤としているものかどうか、問われなければならない（この課題は第Ⅳ章の分析対象である）。

2　アメリカにおける論争から学べるもの

（1）　アメリカの論争を参考にしたとき、日本版 Vesting Clauses（その関連諸規定を含む）を理解する手順はこうなるはずだ、とわかってくる。

①　41条、65条および76条は実体権限分配の規定であるか。
②　実体権限を捕捉するにあたっては、いかなる接近法があるか。
③　実体権限の実質（本質）をどう説明すべきか。

---

163)　たとえば、Magill, *Beyond Powers, supra* note 12, at 620-21は、作用の捉え方について、「形式／内容」（form／content）の別に言及し、「この境界は必須要素だ」と述べ、「立法」の特徴として「執政府の外で活動している人びとの権利義務を変動させること」に言及している（*Ibid.* at 616）。また、Calabresi, *Vesting Clauses, supra* note 64, at 1391も「立法」の内容（実質）を問うにあたって、個人の権利を変動させる要素を取り上げている。アメリカ版法規概念または必要的法律事項領域とでもいうべきか。

164)　Magill, *Beyond Powers, supra* note 12, at 614.

第Ⅱ章　権力分立・再定義——アメリカ合衆国憲法の場合　109

　上の疑問を解消するために、まずは日本国憲法における日本版 Vesting Clauses からみることにしよう。これらの英文表記は次のとおりである（ただし、イタリック部分はいずれも阪本）。

　　Article 41 = The Diet ... shall be the sole law-making organ of the State.
　　Article 65 = Executive power shall be *vested in* the Cabinet.
　　Article 76 = The whole judicial power is *vested in* a Supreme Court and in such inferior courts as are established by law.

　これらの部分の日本国憲法正文はこうである。

　　41条＝国会は、……国の唯一の立法機関である。
　　65条＝行政権は、内閣に属する。
　　76条＝すべて司法権は、最高裁判所及び法律の定めるところにより設置する下級裁判所に属する。

　（2）　これらと合衆国憲法での Vesting Clause とを比較したとき、まずは、41条が合衆国憲法1条 Vesting Clause のスタイルとは次のように違っていることに気づく。
　第1に、41条の規定がアメリカのような Vesting Clause のスタイル——統治作用の別を主語とし、その帰属機関を述語として並列するスタイル[165]——となっていないこと、これが最大の違いである。つまり、41条は、統治作用を主語としないで The Diet を主語にした関係で、「立法」をいうとき、legislative power という作用ではなく、law-making organ という機関に言及した点である。これは、明治憲法5条の「天皇ハ……立法権ヲ行フ」のスタイルを踏襲しながらも、国会を主語とすることによって、天皇の立法権を否定する意味もあろう。
　第2に、日本国憲法には国会の立法権の及ぶ範囲（extension or reach）に関する規定がない点である。合衆国憲法1条1節にみられる legislative powers

---
165）　参照、第3節1の「Vesting Clauses 再訪」。

herein granted という限定もなければ、同条 8 節のような連邦議会立法権限を個別的に例示または列挙する規定もない。

（3）　以上の41条とは違って、65条、76条となると、条文スタイルはがらりとうってかわって、主語の部分に統治作用の別を置き、その"vesting"先の機関を指し示す言い方――「○○ power shall be vested in △△ （機関）」という統治権限を主語とする言い方――となっている。これは合衆国憲法の Vesting Clauses の影響を物語っている（これに対し、41条だけが国会という統治機関を主語としており、3箇条のなかで異質である）。

権力分立構造をとっている日本国憲法の41条が「国会は、……国の唯一の立法機関である」と定めながら、65条、76条が「○○権は、△△に属する」と定めていることには、何か重要な含意があるのではないだろうか。

（4）　実際、日本国憲法の65条、76条の正文は、合衆国憲法の 2 条および 3 条 Vesting Clauses に似て、こう表現している（ただし、頭点部分は阪本）。

　　65条＝行政権は、内閣に属する。
　　76条＝すべて司法権は、最高裁判所及び法律の定めるところにより設置する下級裁判所に属する。

日本国憲法65条および76条が「ある国家作用は、○○に属する」というとき、それは「権限帰属先の同定規定」であること、つまり、ある国家作用の帰属先（担当国家機関）を同定する規定である、とも読める。このとき、合衆国の例を知っているわれわれは、実体権限は別の条項に例示または列挙されている、と予想することになる（いうまでもなく、手続権限も、これら権限帰属規定の外に求められなければならない）。さらには、具体的な例示または列挙のしかたが、当該統治機関に対する憲法制定者の警戒感を表している、と予想しておくとよい。

日本国憲法は、内閣または裁判所が所管すべき実体権限領域を、 Vesting Clauses の外にどのように個別的例示・列挙しているのか、日本国憲法を再読する必要がある。この読み直しいかんによっては日本国憲法のよって立つ権力分立原理の姿も（そして関連条文の翻訳も）変わってくるはずである。

（5）　私は、すぐ前の（1）で日本国憲法における権力分立関連規定（41条、65条、76条）を並べてみた。憲法教科書のなかには、これらを「憲法上の権限帰属」を示す条文だ、と表現するものもある。ところが、教科書のいう「権限帰属」なる用語がアメリカにおける論争を意識したうえで用いられているのかどうか、多いに疑問である（⇒第Ⅲ章第2節）。

41条、65条が権限帰属先の同定規定であるかどうかを判定するには、その外に実体権限が列挙されているかどうかに留意しなければならない。

（6）　内閣権限に関しては65条のほかに、73条1号ないし7号に例示または列挙事項がみられる。これは Vesting Clause clauses の外に当該統治機関の実体権限を示すかのごとくである。

これに対して裁判所（最高裁判所）権限に関しては、Vesting Clauses の外に個別的な例示・列挙を示す規定はない。この点は、既にふれたように、合衆国憲法3条との決定的な違いである（日本国憲法77条の最高裁判所の規則制定権は、「司法」の実体権限を定めるものではない）。76条にいう「すべて司法権は」とは、包括的な実体権限を裁判所に付与する趣旨であろう（⇒第Ⅲ章第1節1（3））。

（7）　日本版 Vesting Clauses の話題から離れて、一般国法学の観点に立って、権力分立構造を俯瞰してみよう。

ある憲法典が権力分立構造を採用し、これを条文として表現するにあたっては、いくつかの考慮要素がその背景に流れている。

> 第1の要素は、当該国家にとって「最も危険な部門」（the most dangerous branch）がいずれであるか、という警戒感である[166]。この警戒感のもと、憲法典は、最も危険な機関の権限を列挙し、この機関に包括的／概括的実体権限を付与しないようにする傾向にある。
> 第2の要素は、ある国家作用の実体を正確・厳格に定義することが困難であるため、あえてこの権限について詳細にすることを避け、後世の展開・解明に待とうとする配慮である。
> 第3の要素は、定義の容易さ・困難さの問題ではなく、憲法制定過程における政治的妥協の結果、ある国家作用をハイブリッドなかたちで表現して

166）　このことは、第3節2でもふれた。また、前掲注4）もみよ。

おこうとする考慮である。

第4の要素は、当該国家の政治的歴史、実際に存在する政治勢力、国境を接した近隣諸国との友好または敵対関係（リージョナルな政治状況）である。

こうした複雑な考慮の産物がアメリカ合衆国憲法における権力分立だった。合衆国憲法が政治的な「妥協の束」であることは、本章の第3節（2）でふれた。また、同国の憲法典が権力分立構造によっている点については、わが国の憲法の理解と同様、多数の論者が受容するものの、権力分立の捉え方となると、論者の間のコンセンサスが急速に消え去ることも、先の第2節1（7）でふれたとおりである。

（8）　ある実定憲法における権力分立の構造は、上の第1の考慮要素、すなわち、「最も危険な機関」についての憲法制定者意思を振り返れば、少し理解が深まるようである。

合衆国憲法の制定者（憲法起草者）が最も参考にしたのがモンテスキューの思想だった[167]。この点についても、アメリカの論者の間に異論はない。モンテスキューが最も警戒した統治作用が立法権だったのだ。合衆国憲法の起草者たちが「最も危険な機関」だと警戒したのも連邦議会だったことも私は既に何回かふれた。

アメリカ革命（独立）が英国議会への不信を起爆剤としたという歴史に留意すれば、大陸諸国が君主権限を警戒したのとは違って、アメリカの権力分立は連邦議会権限を強力にしない構想だ、と捉えて間違いなさそうである（もちろん、連邦議会権限が州権限にとって危険となる、という連邦制特有の警戒心がある。この点は本書の関心事の外である）。

こうした背景を考慮すれば、合衆国憲法1条8節が1項ないし18項にわたって連邦議会権限を列挙した理由が（一部であれ）理解できてくる（⇒先の第3節4）。

（9）　日本国憲法の場合、3統治機関のうち、最も危険な部門と位置づけられたのは内閣のようである[168]。

---

167) THE FEDERALIST No. 47 (J. Madison) at 261には権力分立の必要な論拠ついて「かの有名なモンテスキューの著名な公理」との言い回しがみられる。邦訳では第47篇「権力分立制の意味」217頁。前掲注1）もみよ。

相当数の憲法学者も、権力分立のねらいは歴史的にみて"君主とその顧問団、すなわち「行政権」（厳密には執政機関）に権力を集中させないこと"にある、と説いてきたようである。たしかに、欧州大陸ではそうであったかもしれない。しかしながら、モンテスキューの思考、その思考に影響された合衆国憲法起草者たちの政治的選好・選択は、そうではなかった[169]。わが国の通説的な権力分立の歴史的捉え方は大陸のレンズを通して見たにすぎない。が、日本国憲法という実定憲法における権力分立構造に関するかぎり、国会権限は内閣権限との関係において、または、明治憲法における帝国議会との比較において、強化されているように思われる[170]。このことは、日本国憲法41条の条文スタイルに、確実に表れている[171]。

そればかりではない。

(10) 権力分立構造における3機関は「対等の地位」にあると説かれるのが通例である。合衆国憲法における権力分立構造についても、"3機関は co-equal branch である"とよく表現される[172]。

これに対して、日本国憲法の統治構造は「真正の議会主義」またはParliamentary Government（議会主導の統治）であって、国会優位の統治を実現しようとしているようである。日本国憲法41条が国会をもって最高機関と表現し、66条3項が「内閣は、行政権の行使について、国会に対し連帯して責任を負ふ」と定めているのは、国会主導の統治を念頭に置いているからだ、と一般

---

168) 本書でいう「内閣」とは首相と国務大臣からなる組織体、すなわち、「狭義の内閣」のことである。参照、藤田宙靖『行政組織法』（有斐閣、2005）116～118頁。
169) 憲法制定者は、モンテスキューが『法の精神』のなかで、議会の権力を警戒してこういっていたことを知っていた。「執行権が立法府の企図を抑止する権利をももたないならば、立法府は専制的となろう。なぜなら、立法府は考えうるすべての権力を自己に与えることができるので、他のすべての権力を滅ぼすであろうから」。モンテスキュー前掲注37)訳書300頁。また、前掲注33)、114)をみよ。合衆国憲法における「議会の制定する権限／大統領の阻止する権限」という組み合わせは、このモンテスキュー構想の具体化である。
170) 日本国憲法が「国会中心主義、立法権優位の権力分立制度を採用している」と断言するものとして、参照、高見勝利「日本―権力分立の展開―司法権および行政権の概念構成の問題を中心に―」比較法研究52号（1990）86頁。
171) Vesting Clauses のスタイルの特徴については、第2節1をみよ。日本国憲法41条は、アメリカ的スタイルからは外れていることについては、前掲注165)およびその本文でふれた。
172) 前掲注112)およびその本文を参照のこと。

に読まれてきた（⇒詳細は第Ⅳ章第4節）。

日本国憲法は、国会と内閣との間に競争関係をもたせることをできるだけ避け、協働関係を作り上げようとしている。日本国憲法にこそ、協働統治テーゼ[173]がふさわしいといってよい。通説的理解によれば、それも国会を中心とした協働統治の体制である。日本国憲法における国会-内閣の関係につき通説が「議院内閣制」（Parliamentary Government）だ、というゆえんは国会を軸とした協働統治体制をそこにみてとるからである。

(11) この理解は、国民主権またはデモクラシー実現とも共鳴し増幅していく。憲法学者のなかには、国会主導の統治こそ統治の理想であるかのように語るものさえみられる。

国会優位の統治という場合にも、英国のごとき議院内閣制をイメージするか、それとも、ある時期のフランスのそれをイメージするか、はたまたJ.ルソー的な「立法国家」を念頭に描くかによって、国会と内閣との関係理解はおおいに異なってくるはずである。この違いを明確にしないまま、議会（国会）の民主的性質を強調して、内閣を議会よりも劣位に置こうとする発想は安易すぎる（現実の議会制民主主義は、一般意思の実現に期待したルソーやI.カントの理想とは全く違って、特殊意思の巣となっている[174]とみるほうが適切である。議会や議会制デモクラシーに期待する論調に私は全面的に反対である。人びとの意思が一般意思になることはなく、たとえそれがあるとしても議会が一般意思を表明することは決してなく、個々人の選好は代表されることがないからである。が、ここで私は現実の政治から離れて、日本国憲法の統治構造の基本だけを論じている）。

(12) すぐ上でふれたように、わが国の憲法研究者は、《日本国憲法は議院内閣制によっている》とほぼ例外なく理解している。さらにまた、通説は《議

---

173) 協働統治テーゼについては、前掲注34)、156)をみよ。
174) アメリカの公法学者のなかにも、議会制民主主義が特定の利害集団のための統治を呼んでいる、とみるものがある。See, e.g., Calabresi, Berghausen & Albertson, *Separation of Powers, supra* note 89. この論攷は、政治の実態を「（議会の）委員会統治」と評したうえで、《委員会構成員は選出母体の利益を代表して、委員会が利害の巣になっている》と論じている。議会統治（Parliamentary Government）ならぬ、委員会統治（Committee Government）である。私は、人民の意思が議会に反映されるという命題を偽だと考えている。議会に反映されるという意思は、多数者の意思でもないのである。このことについては阪本昌成『リベラリズム／デモクラシー〔第2版〕』（有信堂、2004）221頁で述べたことがある。

院内閣制とは、内閣の存立が議会の信任に依拠する政治体制である》と説いてきている。こうした理解によるほうが、(ア) 議会（国会）主導のデモクラティックな協働統治を説きうる、または、(イ) 議会（国会）を中心とする統治の統合を説きうる、(ウ) 憲法41条にいう国会の最高機関性に親和的となる、というのだろう。

ところが、議院内閣制という概念は、明確な輪郭をもったものでもなく、憲法典が実際に採用する議院内閣制にもさまざまな類型があることには留意しなければならない[175]。そればかりか、議会を中心とする協働統治や国家意思の統合という期待は、特定のデモクラシー観に基礎をもつにすぎない。

(13) わが国の憲法教科書は、わが国の議院内閣制を語るさい、「ウェストミンスター・モデル」、それも、歴史的変容を無視したまま、W. バジョット (W. Bageoht) の時代のそれをモデルとして引証してきた。ところが、ウェストミンスター・モデルといわれる体制も時代によって変容しているばかりか、日本国憲法における国会（議会）の地位および権限は、どの時代のものであれ「ウェストミンスター・モデル」とは違っているように思われる（⇒第Ⅳ章第3節1）。ウェストミンスター・モデルといわれる体制は、政治の実態を示したものであって、統治の機構論として展開されたものではないのである（⇒第Ⅳ章第3節）。

(14) たとえ、同モデルが統治機構論としても活用でき、しかも、Parliamentary Government とは議院内閣制をいうのだ、と理解したとしても、議院内閣制がはたして権力分立の一種であるのか、根底から問い直されなければならない。というのも、合衆国憲法にみられるように、権力分立とは機関間の抑制、言い換えれば、機関間の競争のメカニズム、なかでも、議会の法律制定権限を抑制するためのメカニズムだからである。

これに対し、英国での Parliamentary Government の特質は、機関間の協働、そのなかでも《法律制定にあたっての協働を実現すること》にある。

(15) かたや、軋轢または競争関係を想定する構造、かたや、軋轢回避のた

---

175) Ackerman, *New Separation, supra* note 1, at 635は、Parliamentary Government とされてきたものにも、「制約された議会中心主義」(constrained parliamentarianism) と、そうでないものとを区別があるとし、日本の統治構造が前者、英国のそれが後者である、と評している。

めの構造であり、両者の違いは大きい。この違いを「競争（conpetition）／協働（cooperation）」の別だ、と表記することもできる。

　さらに言い換えれば、一方が多数の専制またはデモクラシーの過剰を警戒する立場であり、他方がある種のデモクラシーに親和的であろうとする立場である。後者をねらう議院内閣制も、軋轢回避・協働のための作用として何を導入するかは、国によってまた多種多様であろう（そこにベースラインがあるかどうかも疑わしい）。

本章を終えるにあたって

（1）　本章で私は、アメリカ合衆国憲法における権力分立制が各実体権限を複数の統治機関に分散させており、「1作用1機関対応型」となってはいない、と語ってきた。ここまでの本章での議論には、語りえなかったことが山ほどある。そのいくつかを拾い上げれば、次のとおりである。

　第1。権力分立の理念型はリベラリズムを基礎とすると理解すべきであろうが、その相互の関連性を論証することは容易ではない。また、権力分立とデモクラシーとの関連についても再検討する必要がある（本章の関心は、実定憲法にみられる権力分立構造を解明することにあったために、この疑問には回答しきれてはいない[176]）。
　第2。権力分立理論は、モンテスキューが参考にした英国の均衡政体論を知り、その真髄（必須要素）を取り出したうえで、合衆国憲法の真髄とを対照してはじめてわかってくる。さらには、英国において確立されていったParliamentary Governmentの特徴は何であって、合衆国憲法はなにゆえParliamentary Governmentを拒否したのかを知らなければならな

---

[176]　アメリカ公法学界の多数派は、権力分立をデモクラシーのための統治構造だ、と捉えている。この場合の"デモクラシー"とはリベラリズムを包摂する概念であり、わかりやすく言い直せば、"リベラル・デモクラシー"のことであろう。Ackerman, *New Separation*, *supra* note 1, at 639は、この捉え方について、対立する価値を並べた用語であり、統一的な内容をもっていない、と的確な診断を下している。少数ながら、権力分立はリパブリカニズムのための装置だ、という主張もみられ、権力分立についての学界の論調はいつになっても安定しない。

い[177]。この作業を通してわれわれは、合衆国モデルが「機関の分立／作用の分散・ブレンディング」からなっていることを正確に理解するだろう。本章（そして本書）は、この歴史分析には立ち入っていない。

第3。モンテスキューの権力分立理論の出発点は、議会を二院制とするところにある。これも、議会を強力にしないために「制定する権限⇔阻止する権限」という抑制関係をもたらす工夫である。本章は、この領域に立ち入っていない。

第4。実定憲法での権力分立理論は、統治権限の帰属先機関と、その機関に付与される実体的3作用を指し示すものの、それぞれの作用の発動形式・手続のありようまでは決定しない[178]。この残された課題は、権力分立とは別個の「法の支配」原理に訴えかけることが必要である。「法の支配」原理の第一義的な課題は「議会制定法を法のもとに置くこと」であるところ、この命題は、法律の発動形式・手続にどう活かされることになるのか、問われなければならない。日本国憲法についてこのことをいえば、41条の「立法」の意義を解明するにあたって、「法の支配」の要請をどのように吹き込めばよいのか、という課題分析である。この課題は次の第Ⅲ章第3節で分析する。

第5。日本国憲法65条の Vesting Clause は、その外(そと)の73条に内閣の実体権限を列挙しているようである。となれば、アメリカの「異説」がいう Vesting Clauses 理解に倣って、《65条が執政機関として内閣を設置することを、また、73条に列挙されている「内閣の職務」が内閣に付与されるべき実体権限を、それぞれ定めている》という筋道が浮かび上がってくる。

---

177) VILE, SEPARATION OF POWERS 171 は、憲法制定会議において、ウェストミンスター・モデルは議会統治となることを理由に拒否された、という。ヴァイルは「当時の英国においては議院内閣制が内閣主導統治となる体制だと批判されていたときに、合衆国においては議会の専制を許すとおそれられた」と指摘している（*Ibid.*）。合衆国憲法が兼職禁止を明文で規定した理由がこれでわかる。

178) 前掲注36）をみよ。また．MCILWAIN, CONSTITUTIONALISM 132 は、権力分立理論が「権力の抑制・均衡」を扱いはするものの、「権力それ自体の制限」を追究するものではない、と指摘している。盲点を突くかのようなこの指摘こそ、《権力分立理論は、法の支配という別個の原理によって補完されなければならない》という課題を浮かび上がらせている。本章はこの論点の概要を指摘しておくに止め、第Ⅳ章で「法律の形式」を語るさいに再度論じていく。

言い換えれば、65条は権限帰属先の同定規定であり、73条が実体権付与の規定だ、という筋である。この筋を見通したとき、われわれはわが国公法学のいう「権力分立と行政控除説」が通用するものかどうか根本に立ち戻って吟味されなければならない。

第6。日本国憲法が採用しているといわれる議院内閣制は、権力分立との関連性も定かでなく、かつ、捉らえどころのない概念・機構である。理念型としての権力分立は、いかなるタイプの議院内閣制とであれば両立するのだろうか。たとえ両立するとしても、かようなスウィーピングで曖昧な概念に訴えかけて、一定の結論や方向性を性急に説くべきではない。個別的な条文とそこでの諸フレーズを注視するほうが生産的で有益である。そのためにも65、73条の再定義を要するようである。この課題は次の第Ⅲ章第2節で分析する。

　本書でのここまでの最大の関心事は、アメリカ公法学における論争から学びうるものを浮かび上がらせることにあった。その陰の部分には、上にふれたような、山のような課題がまだまだ残されている。

　（2）　本章は、アメリカ公法を材料としながら、権力分立構造を突き止めるためのアプローチを語ってきた。すなわち、(a) 機関の分立と作用の分散とを切り離したうえで、(b) ここでの作用とは実体権限をいうと捉え、(c) これらの実体権限がどのように分散・分配されているのかを条文に則して画定すべし、というアプローチのしかたである。

　ところが、アメリカ公法学のいう3作用の実体となると、このアプローチも壁にぶち当たる。私は、1条1節 Vesting Clause にいう「立法権」に関して明晰な解明に接したことがない。日本の公法学では常に論争の的となってきた「法規概念」類似の論争にも私は接することができなかった。が、私は、この特定の用語・概念に欠けているとしても、アメリカ法も議会の法律制定権の必須部分を国民の権利義務を規律する領域だ、と捉えているのではないか、と本章で予想してみた[179]（⇒第Ⅲ章第3節4でも、このことを論じている）。

　（3）　また、アメリカ公法学は、2条1節 Vesting Clause にいう「執政権」

179）　前掲注163）をみよ。

の実体的性質についても「回避戦術」[180]をとってきた。そこに発見できるのは、先にふれた「執政控除説」くらいのものだった（⇒第4節1）。この公法学の傾向に対して、果敢に執政権概念を追究してきたのがアメリカ行政学だったのだ。そのパイオニアリングな業績がウィロビィによるものだった。

彼のいうところを、ここで再確認しておこう。

　「統治権限がどのように配分されているかについて考えるにあたって、執政作用（executive function）と行政作用（administrative function）という、基本的な区別があることは、既に指摘したとおりである。前者は、紛れもなく政治的な特性をもっている。それは、国家全体の諸基本方針に関する広範な決定にかかわる作用である。現実の統治活動との関連でいうとすれば、それは、政策やプログラムの実施任務それ自体に従事するのではなく、むしろ採用された政策や決定された活動方針が適切に実行に移されているかどうかを監督することに関係している。わが憲法典上の用語でこれを説明するとすれば、法令を執行する任務に携わるのではなく、誠実に執行させるよう監督する作用をいうのである」[181]。

　このウィロビィの説明が執政権をうまく捉えているものか、疑問視する向きも多い。"これでは、「政治／法」、「政治／行政」の別を論じただけではないか"という批判である。そればかりか、上の把握は、担当機関から形式的に切り取ったもの（客観記述）にとどまり、分配されるべき実体権限を語ったものではないようである。

　（4）　日本国憲法憲法の統治構造を理解するにあたって、アメリカ合衆国憲法における論争を参照するのは、ここまでで止めておくべきかもしれない。合衆国は、連邦制という権力分立構造をとっていること、連邦政府における権力分立においては大統領制をとっていること、この独任制の大統領制を議会とライヴァル関係におくよう選択したこと、執政府構造も特異であること、連邦最高裁判所の司法権・司法審査権の実務も彼国に特有であること等々、日本国憲

---

180) 参照、前掲注161)。
181) WILLOUGHBY, GOVERNMENT OF MODERN STATES 385.

法の統治構造とは異質な要素が多い[182]。

こうした日米の溝を常に意識しつつも、本章で私は、65条の「行政権」を再定義するには行政控除説を後世に語り継がないよう留意すべきだ、と示唆してきたつもりである。アメリカ公法における「executive／administrative」、すなわち「執政／行政」の区別は日本国憲法においても通用する。もっとも、アメリカ公法学は executive の積極的な定義づけには成功しておらず、すぐ上でふれたように、「執政控除説」——行政控除説ではなく——によっているのが実情である。

また、日米の国制の違いがあるとしても、本章が論じてきた Vesting Clauses の捉え方論争は、日本国憲法の統治権の分配を捉えるにあたって有益である。

（5） 日本国憲法の Vesting Clauses をみたとき、内閣が「最も危険な部門」と位置づけられているようだ[183]。

もっとも、内閣の地位・権限は、Vesting Clauses の文理だけでなく、国会の地位・権限との比較対象のなかで構造的に捉えなければならない。内閣と国会との関係を構造的に捉えたとき、「日本国憲法は議院内閣制によっている」とこれまで一般的にいわれてきた。ところが、議院内閣制の本質は何かとなると、論争の的となってくる。

議院内閣制の本質は「協働統治」のテーゼのなかにある、と私はみている。

（6）「協働統治」を本質とする議院内閣制は、権力分立の亜種なのだろうか、それとも別種なのだろうか。私はこの疑問を第Ⅲ、Ⅳ章で解いていくつもりである。特に第Ⅳ章で私は、「議院内閣制」の特徴を浮かび上がらせるために、ワシントン・モデルとウェストミンスター・モデルとを対照していく。そのうえで、ウェストミンスター・モデルが Parliamentary Government といわ

---

182) 権力分立構造を比較対照するにあたっては、合衆国憲法と日本国憲法の違い、たとえば、連邦制か、大統領制か、といった違いに十分留意しなければならないことは当然であるが、より決定的な点は、constitution 観の違いにある、とみるべきである。アメリカの建国の父たちや憲法起草者にとっての最大の関心事は、統治機構をいかに構成（constitute）するか、という論点に集中し、国家主権とか人民主権という国法学上の分析に立ち入ることを不要だと考えたようである。アメリカ公法学が「主権／統治権」の区別に拘泥せず、ドイツ公法学にありがちな、単一不可分の主権がなにゆえ権力分立のもとで分割しうるのか、といった疑問に立ち入ることが少ないのはこのためである。このアメリカの憲法観は、世界的潮流のなかでは、メイン・ストリームから外れている、といわざるをえない。

183) 前掲注168) およびその本文参照。

れるものを代表しているかどうか、慎重に検討していくつもりである。そのさい、私は、Parliamentary Government の語義分析から検討をスタートさせていく。Parliamentary Government の体制は、文字どおりにこれを受けとれば、「議会優位の統治」体制をいう、と解される。が、Parliamentary Government は、歴史のなかで、多様な姿をみせてきたのであって、「議会優位の統治」とは限らない。議会と内閣の対等型もあれば、内閣優位型統治もありえて、一様ではないのである（⇒第Ⅳ章第3節）。

第Ⅲ章　権力分立・再定義——日本国憲法の場合

> 統治構造がどの特定的パターンに属するかは、いくつかの権力保持者が自律的であるか、それとも相互依存的であるかという程度によって決定される。
>
> K. LOEWENSTEIN, POLITICAL POWER AND THE GOVERNMENTAL PROCESS 29-30 (2nd ed. 1965).

はじめに

（1）　第Ⅱ章で私は、アメリカ合衆国憲法における権力分立構造を分析してみた。そこでの分析の手がかりは、(i) Ch. モンテスキュー（Ch. Montesquieu）の構想、(ii)憲法制定者の意思、そして、(iii)合衆国憲法における Vesting Clauses にあった。

モンテスキューの権力分立構想について本書の第Ⅱ章で私が注目したのは、彼の理論が決して権限・作用の分離、独立、自律を説いたものではない、という点である[1]。立法作用を例にとれば、「制定する権限⇔阻止する権限」とい

---

1) 私は、以前、「議院内閣制における執政・行政・業務」佐藤幸治ほか編『憲法五十年の展望Ⅰ統合と均衡』（有斐閣、1998）において、(a)モンテスキュー以来の権力分立論は、もともと「三権分立」を説いたものではなかったばかりでなく、(b)三権のいずれにも類型化できない「本来の国家作用」、すなわち「執政」領域を説いていたこと、を論じた後、(c)わが国通説的憲法学の描いてきた権力分立論における「行政」概念、なかでも、いわゆる行政控除説の通用力に疑問を呈したことがある。本書は、この旧稿の続編であり、本章ほか、第Ⅱ章、第Ⅳ章の各所でも、「執政／行政」の別その他を論じている。

2) モンテスキュー、野田良之ほか訳『法の精神（上）』（岩波書店、1989）303頁は、立法権における執政府と立法府の相互関係について、こう述べている。「執行権力は阻止する権能によって立法に関与すべきである。……制定する権能によって君主が立法に関与するならば、もはや自由はないであろう。しかしながら、君主は自己を防衛するために立法に参与しなければならないから、阻止する権能によって君主が立法に関与することは必要である」。また、1院と2院との関係における「制定する権能／阻止する権能」の相互関係については、同訳書298頁でふれられている。

う分有の体制を彼は説いたのである[2]。

　(2)　合衆国憲法の制定者たちはモンテスキュー構想を活かし、ひとつの統治作用の完遂にあたって機関間に競争・ライヴァル関係をもたせ、相互に抑制させようとした。「毒には毒を以て制する」というプラクティカルな狙いである[3]。この顕著な側面が法律制定をめぐっての議会と大統領とのライヴァル関係である。この関係は、【議会の制定する権限⇔大統領の阻止する権限】という抑制関係として憲法のなかに具体化されたのである（⇒第Ⅱ章第1節2）。これが本書のいう「作用の分散」(dispersal of function) ──「作用の分立」(separation of function) ではなく──である。

　(3)　合衆国憲法の Vesting Clauses について第Ⅱ章第3節で私が注目したのは、これらの条項が実体権限付与の規定であるのか、それとも、権限帰属先機関を同定する規定であるのか、という学説の論争だった（⇒第Ⅱ章第3節3）。この理解のしかたによっては、権力分立構造における統治機関の国制上の地位・権限が違ってくるのである。

　(4)　本章は、アメリカにおける Vesting Clauses 論争をヒントに、日本版 Vesting Clauses──41条、65条、76条──を解析して、日本国憲法の予定する権力分立構造の全体像を、さらには、内閣権限および国会の立法権限の実体を描き出そうとしている（第Ⅱ章と同様、権力分立の重要な側面である二院制は、不本意ながら本章の射程外となっている）。本章のねらいは、あくまで日本国憲法の権力分立の概要、そして、各統治機関の権限を知ることにとどまる。日本国憲法の統治構造（各機関の相互関係）を知るには、権力分立を論ずるだけでは足らず、「議院内閣制」といわれてきた Parliamentary Government の真髄を突き止めることが必要不可欠であるが、その点の本格的な検討は第Ⅳ章の課題として残しておき、本章はまず第1節おいて日本版 Vesting Clauses の特徴を、「実体権限付与の規定／権限帰属先の同定規定」の別に従って解明していく。これを通して、日本国憲法の権力分立構造の全体像をおぼろげながらでも描き出そうというわけである。それに続いて2節では、内閣権限に関する65条 Vesting

---

3)　合衆国憲法制定者は、モンテスキューと同じように、自然法（本来的な法）のもとに統治権力を置こうとしたのではない。人間の権力欲が自然法や理性によって統制された歴史はいまだかつてなかったことを、制定者は直視したのである。

Clause を検討したのち、73条の意義に分け入っていく。その後の第3節においては41条 Vesting Clause の意義を追究する。そのさいの重大関心事は、41条の「立法」を統制するものが「法の支配」だ、という視点を展開することにある。法の支配と「立法」との関係を明確にするために私は、まず「立法／法律」の別（⇒第3節2）を、ついで法律における「実体／手続／形式」の別（⇒第4節2、3）を強調するだろう。

第1節　日本国憲法の権力分立構造

1　日本版 Vesting Clauses

（1）　ある憲法典が権力分立構造を採用し、これを条文化するさいの考慮要素について、第Ⅱ章で既に述べたところである（⇒第Ⅱ章第4節2（11））。そこでは、権力分立の構造、もっと正確にいえば、権力分立構造における各統治機関の地位と権限は、当該国家にとって「最も危険な統治部門」(the most dangerous branch) がいずれであるか、という警戒心に影響されている、と論じた[4]。この警戒心は、最も危険な部門と目された機関権限を列挙し、この機関に包括的・概括的実体権限を付与しない憲法典上の条文スタイルに表れるのである（⇒第Ⅱ章第3節4）。

合衆国憲法の場合、制定者（憲法起草者）は、モンテスキューと同様に[5]、議会の立法権限を警戒した[6]。だからこそ、合衆国憲法典1条8節は1項ないし18項にわたって連邦議会権限を列挙したのである（"列挙するは権限を限定するに

---

[4]　アメリカにおける論議については、See, e.g., J. Manning, *Separation of Powers as Ordinary Interpretation*, 124 HARV. L. REV. 1939, 1944-45 (2011)〔権力分立原理が法的・憲法的原理といえるかどうか疑わしい〕。また、E. Elliott, *Why Our Separation of Powers Jurisprudence Is So Abysmal*, 57 GEO. WASH. L. REV. 506, 508 (1989)〔合衆国憲法は権力分立を採用しているわけではない〕。

[5]　『法の精神』においてモンテスキューが議会権限を警戒していたことは、第Ⅱ章の注169）でもふれたところであるが、再度、その該当箇所を引用しておく。「執行権力が立法府の企図を抑止する権利をももたないならば、立法府は専制的となろう。なぜなら、立法府は考え得るすべての権力を自己に与えることができるので、他のすべての権力を滅ぼすであろうから」。モンテスキュー・前掲注2）『法の精神（上）』300頁。

[6]　*See* THE FEDERALIST No. 48, at 269 (J. Madison) (J. Pole, ed. 2005). 斎藤眞・中野勝郎訳『ザ・フェデラリスト』（岩波書店、1999）では第48篇「立法部による権力侵害の危険性」に当たる。

あり")。ここに、制定者意思が現れている。1条にみられる「連邦における立法機関としての議会の指定（同定）→二院制という組織→その組織の方法と運営方法→法律案等の議事手続→議会権限の個別的明示→議会権限の禁止事項」という条文配列の周到さに気づいたうえで、条文を読むことが重要である（⇒第Ⅱ章第3節4）。

　（2）　では、日本国憲法における権力分立関連規定、すなわち、本書のいう「日本版 Vesting Clauses」（41条、65条、76条）はどうであるか。

　41条、65条、76条の英文表記は次のとおりである（下記のイタリック部分は阪本）。

> Article 41 ＝ The Diet shall be the highest organ of state power, and shall be the sole law-making organ of the State.
> Article 65 ＝ Executive power shall be *vested in* the Cabinet.
> Article 76 ＝ The whole judicial power is *vested in* a Supreme Court and in such inferior courts as are established by law.

　第Ⅱ章で紹介したように、アメリカにおける Vesting Clauses は、統治作用の別を主語とし、その帰属先の（"vested in" される）機関を述語として並列するスタイルをとる（⇒第Ⅱ章第2節1）。このスタイルにあっては各条項が各統治機関に分配されるべき実体権限を指しているとはかぎらない。各 Vesting Clause にいう "vested in" とは、付与されるという意味ではなく、属せしむ、という帰属先を示しているのだ、という見解も有力である（⇒第Ⅱ章第3節3）。"○○権限は△△機関に属せしむべし" とは、権限帰属先の同定規定であって、○○の実体権限は別の条規に定められているのだ、という主張である。

　この主張を念頭に置いて、上の日本版 Vesting Clauses を邦訳すれば、こうなるだろう。

> 41条＝……、国会は国家における唯一の法制定機関である（べし）。
> 65条＝執政権は内閣に属せしむ（べし）。
> 76条＝すべての司法権は、ひとつの最高裁判所および法律によって設置さ

れる下級裁判所に属せしむ。

　(3)　日本版 Vesting Clauses のうち、41条の条文スタイル——統治作用を主語としないで The Diet という機関を主語に置いたスタイル——はアメリカ版 Vesting Clauses とは大きく違っている（⇒第Ⅲ章第5節2(2)）。41条のこのスタイルをみれば、同条は権限の帰属先を同定するに止まらず、法制定にあたっての包括的な実体権限を付与する規定だ、ということになりそうである（この点については、後の第3節でも再度ふれる）。

　76条のスタイルは、○○権限は△△機関に帰属せしむべし、となっている点では、合衆国憲法の3条 Vesting Clause と似ている。が、しかし、アメリカ版とは違って、76条は、権能の外延（限界）を示す言葉（extension＝射程）[7]にまったく言及しておらず、しかも、76条の外には個別的な例示・列挙を示す規定ももっていない。この点が合衆国憲法3条との決定的な違いである（日本国憲法77条の最高裁判所の規則制定権は、「司法」の実体権限を定めるものではない）。76条にいう「すべて司法権は」（*whole* judicial power）とは、包括的な実体権限を裁判所に付与する趣旨であろう。

　日本国憲法が76条権限とは別に、違憲審査権についての明文規定（81条）をもっていることも合衆国憲法との重大な違いである。

　(4)　内閣権限に関する65条 Vesting Clause の条文スタイルは、要注意である。というのも、内閣に関しては、上の65条のほかに、73条の1号ないし7号に例示または列挙事項が用意されている[8]。このスタイルは65条 Vesting Clause の外に当該統治機関の実体権限を配置する条文のごとくだからである。合衆国憲法でいえば、議会権限を個別具体的に列挙している1条1節 Vesting Clause のスタイルに似ている（⇒第Ⅱ章第2節4）。

　65条は、こう読むことができる。

---

[7]　合衆国憲法の司法権の射程については、第Ⅱ章第3節5をみよ。
[8]　わが国憲法学界の65条解釈を決定づけたといってもよい宮澤俊義のいわゆる『コンメンタール』は、73条解釈にあたって「行政権が内閣に属することは、すでに65条で定められている」と解説した。これは、65条が権限付与規定であり、73条は内閣の主な職務——割り当てられた仕事——を例示したものだ、という論理となっている。参照、宮澤俊義著、芦部信喜補訂『全訂日本国憲法』（日本評論社、1978）557頁。

《執政権限を一元的に内閣に帰属せしむ。その執政権の実体については、別の条規の定めるところである》。

65条と73条との関連性については、後に詳論するところであるが（⇒第2節）、ここで急いで必要最小限概説すれば、次のようになる。

（5）　65条と73条とをあわせ読めば、日本国憲法の場合、3統治機関のうち、最も危険な部門と位置づけられたのは内閣だ、と推測できる。また、この推測は、明治憲法における超然内閣制を振り返れば、もっと納得できてくる。

さらに、内閣と国会との相対的な地位について、41条が「国権の最高機関であって、唯一の立法機関」というフレーズをもっている関係上、わが国の通説が内閣に対する国会の優位（内閣の相対的劣位）を説くのも自然な理解である[9]。もっとも、「最高機関」の法的な意味あいについて学説は[10]、一時期のフランスでみられた「議会制」（国民公会制）ほどの権限を国会に読み取ることはない。

（6）　通説が内閣と国会との関係につき国会優位の体制だ、と説くさいの決め手は、日本国憲法が Parliamentary Government によっている、という点にあった。

Parliamentary Government は、通常、「議院内閣制」と言い換えられ[11]、そのモデルは英国の統治構造にある、とか、英国も議会優位の体制だ、とか、よくいわれてきた（⇒第Ⅳ章の第4節1）。この通説の手法は日本版 Vesting Clauses の41条、65条の解釈を通して出てきたものではなさそうである。

日本版 Vesting Clauses を読み解いていったとき、権力分立構造における国会と内閣の相対的地位はどう理解できるのだろうか、それぞれの実体権限はどう理解されることになるのだろうか。

（7）　41条、65条、76条という日本版 Vesting Clauses は、日本国憲法が合衆国憲法とは異質の権力分立構造にたっていることを表している。

9）　参照、高見勝利「日本―権力分立の展開―司法権および行政権の概念構成の問題を中心に―」比較法研究52号（1990）86頁。

10）　「最高機関」の捉え方については、いわゆる政治的美称か否か、論争されていることは周知の通り。この点について本節は論じない。

11）　本書は、Parliamentary Government を日本語に置き換えるにあたって、さまざまな表現を使う方針である。通説的な Parliamentary Government の理解を表すときには「議院内閣制」と括弧つきで表記する。

日本国憲法と合衆国憲法における権力分立との違いは常に留意されなければならない。

　合衆国憲法での権力分立の特徴は、連邦制は別にして、第1に大統領制としたこと、第2に執政府と議会とをライヴァル関係に置いたことにあるのであって、日本国憲法とは異質の構造だ、とみておくことが適切である。それどころか、合衆国の特徴を決定づけている大統領制の権力分立構造は、"同国に特有のものだ"と割り切ることも、日本の法学者・政治学者に必要のように思われる（⇒第Ⅳ章第1節）。

　こうした日米の憲法構造の違いに直面したとき、わが国の通説が日本国憲法の権力分立構造を決定づけている要素として、大統領制と常に対照されてきた議院内閣制をあげるのは、いわば当然である。そのさい通説は、議院内閣制とは議会（国会）優位の体制であると説いてきた。

（8）　通説は、日本国憲法が議会（国会）優位の権力分立構造をとっていることの論拠として、「議院内閣制」に関連する条文、たとえば、内閣総理大臣の指名方法（67条）、閣僚の選任方法・条件（68条）、内閣の国会への責任体制（66条3項）をあげた。この通説の見方を、日本版 Vesting Clauses の41条、65条の解釈を通して検証し直してみよう。はたして、通説の立場は補強されるのか、再検討を要するのか。

（9）　通説のいう国会と内閣との関係を、Vesting Clauses 理解を軸にして読み直してみれば、おおよそ、次のような筋で説明されることになろう。

①　41条 Vesting Clause が包括的な実体権限分配規定であるのに対して、65条はそうではない。65条は「最も危険な部門」への実体権限付与規定ではなく、権限帰属先の同定規定だ、と解しうる。
②　65条は権限帰属先だけを定めた規定だとすれば、内閣の実体権限は65条の外に定められている、と考えるのが適切である。
③　内閣権限に関しては73条が異例なほど細かく言及している。これらこそ内閣の実体権限を個別的に限定して付与する規定だと解される。
④　実際、73条は、内閣権限を限定するかのように、その柱書きで、内閣の職務を「一般行政事務」としたり、1号で法律を誠実に執行することと

したりしている[12]。

⑤　これらの規定からわかるように、内閣の主たる権限は「行政」権限である（行政控除説にたつ以上、内閣の職務は法律の執行としての「行政」に限られるわけではない、と解される）。

⑥　内閣権限を限定し、その主たる職務を「行政」と位置づけて、内閣の活動を国会の監視下に置く統治構造こそ、日本国憲法の国会優位の権力分立である。

⑦　この権力分立構造とは、【議会が統治の基本方針を法形式で決定する⇒内閣が決定されたことを執行する】という、決定と執行との分離の構造である（本書は、この権力分立理解を「法治国における権力分立」と呼んできた⇒第Ⅰ章第3節）。

(10)　私は、国会優位の統治体制を論拠づけるにあたって、日本国憲法が Parliamentary Government という権力分立構造をとっている、という通説の理解——特にウェストミンスター・モデルを引証すること——には深い疑問をいだいている（ここでは、私の結論だけを開示しておく。細かい論証は第Ⅳ章で展開する）。

そればかりか、たとえ65条 Vesting Clause と73条との関連性を通説のように捉えるとしても、73条が内閣の主たる権限を「行政」だとしているとは私には思えない。内閣権限の何たるかは、73条の全体構造および1号ないし7号の個別権限を根底から捉え直してはじめてわかる、と私は考えている（この点については、後の第2節1でふれる）。

---

12)　本文にいう「一般的行政事務」「法律の誠実執行義務」の意義については、後の本文で解読していく。もともと行政事務とは、法令の枠内で個別的・恒常的に立法目的を実現していくことだけでなく、統治の基本方針を具体化することを指す。このことを指摘するものとして、参照、高橋信行『統合と国家——国家嚮導行為の諸相』（有斐閣、2012）55頁。この「行政」の理解は、アメリカ行政学においてもみられるところである。すなわち、administration とは"人びと全員の統合と、財・物等のリソースの配分を任務とする国家統治の作用"をいうとするのが一般的だ、という。参照、今里滋「政治・行政論再考——行政の〈一体性〉の視角から」日本行政学会編『年報行政研究23　地方自治の動向』（ぎょうせい、1989）161頁。より正確にいえば、administration とは、基本方針決定機関が考慮すべき情報を提供する作用をいう。この点については、参照、第Ⅱ章の注143）およびその本文。

第Ⅲ章 権力分立・再定義——日本国憲法の場合　131

　上のふたつの私の疑問についての解決方向を、項を改めて展開してみよう。次項での展開は、あくまで解決の方向性だけを論ずるに止まり、Parliamentary Government の何たるかの分析は、第Ⅳ章の課題となっている。

2　作用・権限の相互抑制か協働か

　（1）　まず、われわれは、(i) Parliamentary Government とは議会と内閣との協働統治の体制を企図するものであること、(ii)そう把握するためには権力「分立」の呪縛から解放された視角を要することに気づかねばならぬ。この協働体制の典型例が英国の政体である。これを「ウェストミンスター・モデル」と呼ぶことにしよう。

　これと対照されるのが、アメリカ合衆国憲法の権力分立構造である。これを「ワシントン・モデル」と呼ぶことにしよう。

　ウェストミンスター・モデルとワシントン・モデルとの決定的な違いは、どこにあるのだろうか。それぞれの特徴を取り出して、両者を比較して、その違いを概観してみよう（両者の特徴、比較対照は、第Ⅳ章で詳細に論じていく）。

　（2）　ワシントン・モデルにおける権力分立の特徴は、次のようである。

　　(a)　権力分立は、「機関の分離／作用の分散」の構造とする。この構想は、もともと、モンテスキュー理論が述べていたところである。
　　(b)　大統領と議会とが対等かつ独立の地位を占めている。大統領も議会議員も選挙民によって選出される、という二元的代表制のゆえである（⇒第Ⅳ章第2節1（2））。
　　(c)　対等の地位にあるこの2機関は、相互抑制関係に置かれる。大統領は、閣僚の任免権や上級公務員の任免について、議会（厳密にいえば、上院）との抑制関係に置かれるばかりでなく、なかでも、法律制定あたってライヴァル関係にあるものとして相互に作用しあう。

　上のワシントン・モデルの特徴をひとことで言い表せば、"作用における相互抑制構造としての権力分立となっている" となろう。

　（3）　では、ウェストミンスターモデルの特徴は何であるか。

その特徴は、(i)議会と内閣との融合・協働のもとでの統治であること、(ii)内閣が法律制定過程のイニシアティヴを握っていること、さらには、(iii)ある時期以降、Parliamentary Government の実態が Cabinet Government（内閣優位型統治）となってきたこと、である（⇒第Ⅳ章第3節2）。

議院内閣制の常道は、内閣が法律案（予算案を含む）を策定して議会へ提案する権限をもって、議会と協働しながら統治する点にある。Parliamentary Government とは、議会優位の統治体制というより、Parliament と Government（政府、すなわち、Cabinet）との協働体制をいう。これは「統治の基本方針について議会と内閣とを一致させる体制」である[13]。議院内閣制とは、作用・権限を分離・独立させる体制ではなく、また、合衆国憲法のようにライヴァル関係に置く体制でもなく、協働して統治にあたる柔軟な体制——議会権限と内閣権限の融合——である（⇒第Ⅳ章第3節1）。

（4）　わが国憲法学の通説は、権力分立を説くさいにはワシントン・モデルを、議院内閣制を説くさいにはウェストミンスター・モデルを念頭に置いているようである。そして、国会優位の体制をいうにあたってはウェストミンスター・モデルに訴えかけ、違憲審査制を論拠づけるさいにはワシントン・モデルを引き合いに出した。

この通説はある顕著な特徴をみせてきた。その特徴とは、「議院内閣制」または「国会優位の統治」が「権力分立」と容易に両立しうる、とみてきた点である。

通説が念頭に置いてきた「権力分立」とは、1作用1機関対応型の「三権分立」理解のことであり、本書はこれを「法治国における権力分立」理解だ、と診断してきた（⇒第Ⅰ章第3節3）。法律の制定を例にとれば、国会が法律制定権を独占し、その制定した法律のもとに、内閣を含む他の国家機関の活動を置く、という作用の縦走を説く思考である[14]。この思考は、法律制定の実体権限

---

13)　私は、『憲法1　国制クラシック〔全訂第3版〕』（有信堂、2011）86頁において、議院内閣制とは「議会と内閣との間での統治の基本方針を一致させる体制をいう」と説明している。

14)　たとえば、芦部信喜・高橋和之補訂『憲法〔第6版〕』（岩波書店、2015）288頁は、国家の作用を法の定立とその執行に大別したのち、「行政」と「司法」の概念を説明している。これは「立法権／立法権以外の国家作用」という類型化に従った説明手順である。しかしながら、この手順は、モンテスキュー・前掲注2）訳書『法の精神（上）』第11編第

も手続権限も国会にある、という教科書記述にも[15]、法律案提出後の審議は内閣の介入を排除し国会が中心となって作動すべきだ、とする実務慣行にも、如実に表れている[16]。

（5）　公法学でのこの権力分立論は、政治学のいう「決定⇒執行モデル」でいえば、【国会による決定⇒内閣によるその執行】という見方でもあり（⇒第Ⅳ章第3節3）、いずれにせよ、「国会中心の統治」論となっている。通説によれば、国会と内閣との関係における権力分立と議院内閣制には、なんら対立する要素はないのである。国会を要(かなめ)とする権力分立、その国会に従属する内閣、という図式を通説は描いたようだ。

この描き方は、ある政治学者の捉え方とは対照的である。この政治学者は、権力分立と議院内閣制とは対立する制度であること、国会運営（実務）が、ある場合には権力分立を優先させ、ある場合には議院内閣制を優先させて進められている点を指摘して、これを「二重の国会制度モデル」と呼んでいる[17]。

「二重の国会制度モデル」に気づくことなく、国会優位型統治体制を語り継ぐ論調は、19世紀のウェストミンスター・モデルならともかく、20世紀以降のそれとは、まったく異質である。英国では、内閣優位の統治になって久しいのである（⇒第Ⅳ章第3節4）。通説が見誤った理由はどこにあるのだろうか？

（6）　わが国の通説的憲法学は、日本国憲法という実定憲法での国会と内閣との関係を「議院内閣制」だと捉える理由として、総理大臣や閣僚の選出手続と、内閣の国会に対する連帯責任とを個別具体的に摘示した。他方、個別的な明文規定に欠ける国会と内閣との地位・権限関係の分析となると、権力分立の総論的発想、それも、完全分離型の権力分立構想――権限の分離・孤立化、し

　　　　6章でいう「各国家には三種の権力、つまり、立法権力（la puissance legislative）、万民法に属する事項の執行権力および公民法に属する事項の執行権力がある」（291頁）という有名な出だしとはまったく違ったものとなっている。

15)　芦部・前掲注14)『憲法』297頁。ところが、古く、法学協会編『註解日本国憲法（下）』（有斐閣、1954）997頁は、「憲法上、唯一の立法機関として指定された国会が、立法以外の国家作用を行い得るのはもとより、国会以外の機関が実質的意義の立法作用を行うことも、憲法自身の承認する範囲では可能である」と述べていたのである。

16)　閣法としてある法律案を国会に提出したのちには、国会審議へ内閣が関与し難いことになっている、という慣行に言及するものとして、参照、川人貞史『議院内閣制』（東京大学出版会、2015）40～41頁。

17)　参照、同書。

かも【国会による決定⇒内閣によるその執行】という作用の縦走——に訴えかけた。これこそ、「厳格な権力分立論」[18]であって、ウェストミンスター・モデルのいう協働の統治体制からはほど遠いものとなってしまっている。

学界のこの傾向は、国民主権またはデモクラティックな統治の実現を強調することによって、さらに強化された。このため、ウェストミンスター・モデルのいくつかの特徴が軽視されてしまった。軽視された特徴とは、(a) 協働体制が崩れたときには君主（元首）の有する調整権としての解散権が発動されること、(b) 執政府が君主（元首）と内閣という二元構造となっていること、である（⇒詳細は第Ⅳ章第4節）。さらに、(c) 英国の統治の実態が内閣主導または首相指導型となっている事実（その変質をもたらす権限の分析）も、学界に普及することはなかった。

通説の「国会優位の統治」という権力分立論が、これらの特徴を覆い隠したのである[19]。

（7）　憲法学者のなかには、今でも、国会主導の統治こそ統治の理想であるかのように語るものさえみられる。この論者が「議院内閣制」をどう理解しているのか、私は知りたくなっている。

「議院内閣制」については、第Ⅳ章で論ずることとして、次節以下では、日本版 Vesting Clauses の意味・構造を振り返ることにしよう。

まずは、内閣権限から。

---

18)　権力分立を語るにあたって「厳格な分立」とは、通常、議会と執政府（そのなかでも大統領）という機関が相互独立していることを指していわれる。これに対して、上の本文でいう「厳格な権力分立構造」とは、「立法」作用には他の国家機関の容喙を許さない、「立法権の議会独占型」の思考をいう。これは、立法権（国会権限）となると、他の国家機関からの分立を厳格に説き、国会の自律的活動を強調する立場である。ところが、この立場は、内閣権限となると、国会への依存の体制を強調し、厳格な分離を主張しなくなるのである。なお、前掲注16) およびその本文も参照のこと。

19)　法治国原理を重視する論者は、君主を中心にデッサンされたモンテスキューの権力分立論を拒絶し、君主の調整権をもって内閣と議会との均衡を図ろうとする「二元的議院内閣制」をも拒絶しようとする。この論者にとっての法治国における権力分立は、議会中心・議会優位の体制でなければならないわけである。こうした権力分立理解は、芦部信喜『憲法と議会政』（東京大学出版会、1971）232頁、高見・前掲注9) にみられるように、わが国憲法学に一般的である。

第2節　内閣権限

1　65条、73条 Vesting Clauses

（1）　さて、内閣権限に関する関連条文を再度精読することにしよう。

　　65条＝行政権は、内閣に属する。
　　73条＝内閣は、他の一般行政事務の外、左の事務を行ふ。
　　一　法律を誠実に執行し、国務を総理すること。
　　二　外交関係を処理すること。
　　三　条約を締結すること。……。
　　四　法律の定める基準に従ひ、官吏に関する事務を掌理すること。
　　五～七　略

　この65条、73条の配列構造は、合衆国憲法にみられる【権限帰属先の同定規定としての65条→その外にある実体権限付与規定としての73条→権限の例示または列挙としての73条1号ないし7号】という流れを想起させる（⇒第Ⅱ章第3節2（5））。
　日本国憲法は、内閣を「最も危険な部門」として、その権限の拡張を警戒したようである（⇒第1節1（5））。国会権限に期待する論者──内閣権限の拡張を警戒する論者──にとっては、日本版 Vesting Clause である65条は「権限帰属先の同定規定」だ、と解するのが合理的であろう。
　（2）　65条の英文表記はこうなっている（イタリック体部分は阪本）。

　　Art. 65 = Executive power shall be *vested in* the Cabinet.

　合衆国憲法の執政権規定（2条1節1項）を意識しながら、これを邦訳するとすれば、先にふれたように（⇒第1節1（2））、「執政権は、内閣に属せしむ（べし）」となろう。
　この65条が権限帰属先を同定するための Vesting Clause だ（実体権限はこの外

にある)、と読むことは、明治憲法と比較すれば、さらに合理的である。

周知のように、明治憲法においては、(ア)内閣は憲法上の機関ではなく、大臣輔弼制のもとで国務各大臣が天皇に対して個別責任を負うとされてきたこと(55条1項)、(イ)重要な国務を審議する機関として枢密院顧問が置かれていたこと(56条)、(ウ)統帥権は天皇の大権として独立しているものと解されそのように運用されてきたこと(11条)、(エ)行政各部に関する官制等の権限は天皇にあったこと(10条)等々にみられたように、執政権限は内閣に一元化されていなかった。

日本国憲法65条は、かような明治憲法における「行政権の拡散」を排除し、内閣によるその独占と、それに伴う責任の所在を明確にしておこうと企図したものと思われる(66条3項は、内閣に一元化された責任が国会に対するものであることを明示する規定である)。

(3)　これまで通説は、41条理解にあたって立法権の国会独占を語り、また、76条の司法権についても最高裁判所を頂点とする裁判所独占を語ってきたが[20]、これらと同時に、「行政権」の内閣独占をも強調すべきところであった[21]。つまりは、65条が「権限帰属先を一元的に同定する条項」だ、という視点である。

この視点にたてば、65条は憲法上の合議制機関である内閣に「行政権」を独占的に帰属させようとしたのであって、実体権限付与の根拠条文とはかぎらず、権限付与規定は65条の外にある、という筋道が開けてくる。

20)　41条が「唯一の立法機関」、76条が「すべて司法権は……」とする文理からすれば、それぞれの機関に権限を独占させようとしている、と解されることとなる。参照、宮澤・前掲注8)『全訂日本国憲法』496頁。

21)　宮澤・同書497頁は、「本条は、原則としては、行政権を内閣に独占させる趣旨」だ(ただし、傍点は阪本)、という学説にふれ、この説を「正当としよう」という。「原則としては」という留保との関係で、同書はこれに続けて「行政が一般に国会によるコントロールのもとにおかれる結果として、内閣の行政権に関する独占的地位」は弱くなる、と述べている。この主たる論拠は議院内閣制に求められている。そこでの、独占的地位は弱い、という説明は「行政権が内閣に独占的には帰属しているわけではない」という「例外」が含意されているように思われる。これは、いわゆる独立行政委員会の合憲性を意識してのことであろう。

また、高橋和之『立憲主義と日本国憲法〔第3版〕』(有斐閣、2013)359頁は、65条は行政権を内閣に独占させる趣旨ではない、と明言している。この65条「行政権」解釈および行政委員会の地位の解釈は、合衆国公法学の通説とはまったく異質である(⇒第Ⅱ章の第4節1)。

第Ⅲ章　権力分立・再定義――日本国憲法の場合　137

"内閣に付与される実体権限規定は、65条の外(そと)にあり、しかもその権限は例示または列挙されているはずだ"と予想しながら関連条文を探してみよう。このとき、73条に到達することは容易である。同条の詳細な定め方をみれば、これが「最も危険な部門」の実体権限を限定する条項ではないか――包括的な権限分配規定ではなく――という筋がみえてくる。

（4）　はたして73条は内閣権限を限定列挙する条項だろうか、それとも、包括的に例示する規定であろうか。

ここで、73条の英文表記を読んでみよう。こうなっている（ただし、73条については本節にとって重要と思われる箇所だけを以下に示す。下記のイタリック体部分は阪本）。

> Art. 73 = The Cabinet, in addition to other *general administrative functions*, shall perform the following functions:
> 1. *Administer* the law faithfully; conduct affairs of state.
> 2. Manage foreign affairs.
> 3. Conclude treaties. ……
> 4. *Administer* the civil service, in accordance with standards established by law.
> 5～7．略

（5）　73条は、上でadministerという用語を二度、administrativeという用語を一度使用している。これらの単語の名詞形、administrationの理解のしかた、そしてまた邦訳のしかたが73条理解に大きな影響を与えているようだ。

Administrationの意義、いかん。

Administration概念への接近法は、いくつかある[22]。

第1は、公法学者が念頭に置く「行政」という意味のadministrationである。この「法学的接近法」によれば、行政（administration）とは、立法府によって制定され、司法府によって解釈された法律を現実に執行する作用をいう（わが国公法学においては、「行政」概念については行政控除説が通説的地位を占めている

---

22)　詳しくは参照、今里・前掲注12)「政治・行政論再考」161頁。

が、ここでいう「行政」とは「行政の法律適合性原則」にいう「行政」のように、executive 活動を控除した、法令によって統制される作用に限定している）。

　第２は、行政学のいう「行政管理学的接近法」であり、administration とは、政治部門の決定した政策を、技術的・効率的に実行することをいう、とされる。「政治／行政」二分論のいう行政観である。ここでいう administration は「行政」という語感よりも、「管理」に近いようである。

　第３は、政治学にいう「政治学的接近法」であり、administration とは、政治部門と官僚団が協働して公共政策を実現することをいう、とされる。これは「政治・行政」融合論のいうところで、"統治の過程はこれら関係者の協働行為となっている" といいたいのである。

　（６）　いずれにせよ、administration とは "法律の執行という意味だけでなく、管理、さらには、公共政策の実現、というニュアンスをもっている" と理解する必要がある。わが国公法学には、「三権分立」論における「行政」イメージが浸透しすぎていたようだ。

　法学的接近法以外に視野を広げて administration の意義を再検討したうえで、これを73条理解に活かして邦訳してみると、興味深い読み方ができてくる。

　こう訳すことができる。

　　73条＝内閣は、次の諸作用（functions）のほか、包括的な（general）行政管理作用（administrative functions）を遂行する（べし）。
　　　一　法制（the law）を誠実に監督（administer）すること；国務（affairs of state）を指揮監督（conduct）すること。
　　　二　外務（foreign affairs.）を統御（manage）すること。
　　　三　条約を締結すること。
　　　四　法律が定める基準に従って、公務員（civil service ＝軍関係以外の集合体としての公務員[23]）を管理（administer）すること。
　　　五〜七　略

23）　73条４号が "civil service" という単数形を用いていることからすれば、それは集合体としての公務員をいうものと思われる。

第Ⅲ章　権力分立・再定義——日本国憲法の場合　139

　上のような表現で73条を眺め直したとき、内閣権限は実に包括的とされていることにわれわれは気づいてくる。73条が内閣権限をどこまで厳密に限定しようとしているのか（また、限定化に成功しているか）、疑問となってこざるをえない。

　（7）「73条権限が包括的となっている」とここでいう理由は、ふたつある。
　第1に、「次の諸作用」としてあげられている領域は、国務の指揮監督、外交関係の統御、条約の締結、人事管理等にまで及んでおり、これらは、法学的接近法でいう administration はいうに及ばず、政治学的接近法でいうそれをも超えている。「次の諸作用」とは、administrative functions というより、executive functions の典型例のことだ、と捉えるのが適切である。
　第2に、73条柱書きにいう general administrative functions の意味あいは、「一般行政事務」というより、政治学的接近法でいう administration（政治と融合した行政）のことであって、法学でいうそれよりも包括的だ、と考えられる（⇒詳細は、すぐ次の2でふれる）。
　（8）ところが、わが国の公法学者は"73条の列挙する「内閣の職務」こそ、内閣に付与されるべき実体権限だ"という解釈をとらなかった。なぜなのだろうか。
　この要因はいくつもある。
　ひとつは、何といっても65条の「行政権は……」という表記のしかたである。もっとも、ここでいう「行政権」とは、国法学における「行政控除説」でいう「行政権」であって、行政法学でいう「法律執行権限」ではない、と通説は理解してきた。そして、この説は、65条から控除領域を直截に引き出そうとした。
　通説は65条と73条との関連性をクリアにしないまま通説は、控除領域の主たる作用とは「法律を誠実に執行」することだ、と73条1項に訴えかけて、人びとをわかったような気にさせてきたのである。
　もともと、控除説でいう、控除された権限は一体何であるのか、解明されているとも思われない。本書のいう「1作用1権限対応型」または「三権分立」イメージで権力分立構造を捉えるとき、控除部分が65条のどこに残るというのだろうか。控除領域を指す「行政」と、法律適合性のもとに置かれる「行政」

とは、一体、どういう関係にあるというのだろうか。「行政控除説」は一般国家学における「行政」の捉え方を歴史的に説いただけで、65条の実体権限解明とは関連性のない議論だったのだろうか。疑問は尽きることがない。

（9）　こうした疑問に正面から立ち向かうことなく、わが国憲法学の通説は、あるときは「行政控除説」によりながら、またあるときは「法律執行権限説」によりながら、65条を眺めてきたように私には思われる。少なくとも、これまで通説は、65条が権限帰属先の同定規定であるのか、それとも、実体権限付与規定であるのか、という視点を欠いていたのである。

さらにまた、行政控除説は65条の「行政権」の意味するところについて「実質的意味／形式的意味」の別も論じなかった（あるいは、控除領域をもって実質的な意味の行政だ、と通説はみているのかも知れない。が、控除説はもともと内容を論ずること自体断念しているのだから、空の領域をもって"これが実質だ"とはいえるはずがない。もちろん、実体権限／手続権限の別も通説は論じなかった）。

（10）　通説にとって最重要関心事は、最も民主的な国会（それも41条が国権の最高機関と明言する国会）に統治権限の最大部分を割り当てようとすることにあったようだ。このとき、内閣優位の統治に賛同する論者は、議会制定法のもとに内閣の活動を置こうとするか、法律から自由な領域を意味する執政概念を無視または否定するか、のいずれかの筋道、いや、双方の道を選んだ。この論者は、先の第１節２（7）でふれた「三権分立」という厳格な権力分立構造か[24]、ドイツでいう法治国における権力分立構造[25] [26]を念頭に置いたようである。通説は、議院内閣制を語るさいに念頭に置いたはずのウェストミンス

24）　前掲注18）もみよ。

25）　私は、前掲注１）「議院内閣制における執政・行政・業務」を書いたときには"大陸における権力分立理解は、デモクラティックな様相のもとで再定義された"と強調したが、そのときには、英米における法の支配原理と、ドイツにおける法治国原理との対照をどう分析し整理すればよいのか、明確な視点をもっていなかった。その後、『憲法Ⅰ　国制クラシック』の全面的な改訂作業にあたって「立憲国原理／法治国原理」の違いを語りはじめた。本書の第Ⅰ章は、その違いをもっと鮮明にする作業である。

26）　「法治国原理のもとでの権力分立構造理解」とは、前掲注14）でもふれたように、国家の作用を、まず、「法の定立とその執行」に大別し、統治機関の執行活動を議会法のもとに置こうとする思考をいう。これは、制定統治過程を【国民・議会】⇒［内閣・大臣・官僚］⇒［国民］または【議会の決定⇒内閣による執行】の流れと理解し、「法律のもとにある行政」を強調するデモクラットの思考でもある。これは、主権者である国民の意思と議会の意思とのギャップを最小化する権力分立構造こそ望ましいとする考え方となる。

ター・モデルを、このときばかりは軽視してしまったようである。

2 73条の読み方

（1）通説が「行政権」の憲法上の論拠を直截に65条に求めるとき、73条の占める意味あいは、こうなってくる。

　㋐　73条は内閣の実体権限ではなく、内閣の担うべき職責を例示する条規である。
　㋑　この例示は、控除説の想定する行政権の主な事務を示している。
　㋒　こう例示したのは、国会が内閣を「民主的にコントロール」するための対象も明確にするためである。

　こうした理解を誘導してきた要因は、73条柱書にいう「一般行政事務の外、左の事務を行ふ」という表記のしかたにある。これは、議会制定法のもとでの内閣の職責、すなわち、法学でいう「行政」という職責を語っているかのようにみえる。

（2）73条柱書の英語表記――in addition to other general administrative functions, shall perform the following functions――を、再度、読んでみよう。

　まず、general administrative functions にいう general とは、「一般（general）／特別（special）」という対概念でいう「一般」ではなく、「包括的（general）／個別的（specific）」という対概念でいう「包括的」（comprehensive）という意味だと捉え直されなければならない[27]。

　ついで general administrative functions にいう functions とは、「事務」というより「作用」または「権限」を指している[28]。しかも functions と複数形になっているところをみれば、それは「諸作用・権限」といったほどの意味だろ

---

27) 73条1号にいう general とは「一般」というニュアンスではなく、「全般に関する」または「包括的な」、もっと厳密にいえば「統轄的」との意味合いをもっている、と説くものとして、参照、森田寛二『行政機関と内閣府』（良書普及会、2000）20頁。
28) 「事務」という日本語は机上で行う仕事といったニュアンスが強い。ところが、その語源は「任務」であり、73条のこの部分の英語表記は functions である。日本語でいう「任務」は英語での affair に相当するだろう。

う。

　さらに、general administrative functions にいう administrative とは、法学でいう法律の執行という意味の「行政の」という意味ではなく、「管理運営上の」または「基本政策の実施に関する」という包括的な活動を指している、と考えるべきである。この捉え方は、先にふれた、政治学的な administration の接近法である（⇒本節1（5））。

　（3）　73条柱書を以上のように読めば、"general administrative functions" とは、先に示したように「包括的行政管理作用・権限」または「基本的施策に関する包括的な作用・権限」を指すことになる。内閣は、その実体的権限のひとつとして「包括的な行政管理作用・権限」または「基本的施策に関する包括的な作用・権限」を73条によって付与される、というわけである。

　こう理解すれば、65条の executive と73条柱書にいう administrative との内的関連性が浮かび上がってくる。内閣のもつ、この包括的な administrative functions が行政機関に対する「統轄」作用である[29]。このことは、4号にいう「公務員を管理すること」（Administer the civil service ＝軍関係者以外の公務員を管理すること）、さらには、72条にいう「内閣総理大臣は、……行政各部を指揮監督する」（The Prime Minister ... exercises control and supervision over various administrative branches.）というフレーズからもみてとれる。

　なお、この72条の administrative branches にいう administrative とは、73条柱書きでの administrative functions でいう administrative と同じではない。前者が法律執行という意味での administrative であるのに対し、後者の administrative は exercise of executive power のひとつとしての、全般的な監督権限のことだ、と解するのが適切である。

　（4）　73条柱書にいう「一般行政事務」だけでなく、1号にいう「法律を誠実に執行し、国務を総理すること」という表記も内閣権限の正確な把握を妨げた。

　73条1号の英文は、Administer the law faithfully; conduct affairs of state と、

29）　森田・前掲注27）『行政機関と内閣府』4〜5頁は、統轄とは《離れているものをつなぎ（轄）、それを統べること》をいう、と興味深い語義分析をみせている。統轄機関としての内閣の任務は、内閣とは分離されている組織体である行政機関をつなぎ止め、これを統べることにある、というのである。

セミコロンを用いて、ふたつの「事務」を並列している。この並列は、この二つの作用の同質性を表している。これを、「法律を誠実に執行し、国務を総理すること」とワン・センテンスで表現してしまうと、両者の共通性が見失われる。「国務を総理する」(conduct affairs of state) というフレーズと administer the law faithfully との同質性に留意しながら、後者の意味を捉え直さなければならない。

「国務を総理する」(conduct affairs of state)[30] とは、法学でいう administrative function ではなく、executive function である。そうだと見抜けば、セミコロンの前のフレーズである administer the law faithfully も、"国務の総理作用と類似しているはずで、そこにいう administer とは「法律を執行すること」ではない" と理解できてくる。

（5） 73条1号のいう Administer the law faithfully は、大統領権限を定めている合衆国憲法2条3節の、 he shall take care that the laws be faithfully executed というフレーズを想起させる。大統領の、いわゆる「法制の誠実執行（管理）配慮条項」である（⇒第Ⅱ章第2節4）。これは、大統領が法律を誠実に執行するよう求める規定ではなく、「法制が誠実に執行される（executed）よう配慮する大統領の責務（権限）」をいっている。これが Executive としての大統領の責務（権限）だ、というわけだ（責務だけでなく、誠実に執行されるよう監督する権限規定だ、との理解が一般的のようである）。

アメリカ憲法のこの部分が日本国憲法73条1号に何らかの影響を与えていると予想しても的外れではなかろう。となるとすれば、そこにいう Administer は「執行する」ではなく、「管理・監督する」という趣旨だ、と読み取るのが適切である。

こう解すれば conduct affairs of state と Administer との平仄が合ってくる。Conduct とは、「指導する、指揮する」といった意味あいである（指揮者を意味する conductor のように）。Administer the law faithfully にいう Administer も、指導する、といった意味あいだと捉えるのが適切である。

---

[30] 宮沢・前掲注8）『全訂日本国憲法』560頁は「『国務を総理する』とは、結局、内閣が行政事務を統轄するとする趣旨を重ねて規定したものと解するよりほかはないが、そう解するとして、『国務を総理する』という表現は、立法技術上から見て、拙劣と評される可能性がある」という。

（6）　ついで、73条2号をみよう。"Manage foreign affairs."である。この Manage も、「取り仕切る」という意味あいをもっている。さらに、3号をみれば、条約の締結、"Conclude treaties"である。これは J. ロックの説いた同盟権の響きをもっている。少なくとも法学でいう administration ではなさそうである。

1号にいう administer、 conduct、2号の manage の「職務」に共通性をみてとるとき、それぞれ「監督する」、「指揮監督する」という意味だと捉えるのが適切である。これに3号の条約締結が加わる。これらに共通する特性こそ、執政作用（executive function）である。

（7）　こうしてみると、73条が内閣を法律執行機関ではなく、執政機関として位置づけたこと、明白である。

ところが、これまで、内閣とそのもとにある行政機関が一体として「行政府」（または「政府」）であり、その権限は「行政（執行）権」だ、と捉える思考が一般的だった。これは、統治過程を【［国民・議会］⇒［内閣・大臣・官僚］⇒［国民］】の流れと理解して、「法律のもとにある行政」を強調した権力分立モデルの影響のためであった。本書のいう「法治国における権力分立」である。内閣を「行政府（法律執行機関）」と捉えたり、内閣と国家行政組織を一体にして「行政府」と表現したりしてきたことが、内閣権限の正確な分析を妨げてきたのである[31]。

（8）　執政権とは、もともと、「法律から自由に形成される領域」であり、「国法がここで終わり、ここから政治（統治）が始まる領域」を指していた。わが国の公法学が「国法がここで終わり、ここから政治（統治）が始まる領域」を意識するのは、統治行為という違憲審査権との関係に限られた、テクニカルな概念としてだった[32]。統治（government, Regierung）という行為は、国家という単位（法人）について観念することはできるとしても、内閣という行政機関の事務（affairs＝任務）であろうはずはない、と通説は考えてきた。もし、国家統治全体を統合する権限があるとすれば、それは国民主権（またはデモクラシー）のもとでは国会にあるはずだ、というわけである。

31）　参照、西尾勝「議院内閣制と官僚制」公法研究57号（1995）26頁。
32）　参照、石川健治「政府と行政―あるいは喪われた言説の場」法教245号（2001）75頁。

内閣に属する権限を執政権だと正面から主張する見解に対して、相当数の憲法研究者は「危険な思考だ」との拒絶反応を示した[33]。このときに念頭に置かれた権力分立構造は、ウエストミンスターモデルではなく、実は、法治国における権力分立だったのだ。

（9）　以上、「権限帰属先の同定規定／その外にある実体権限付与規定」を区別する思考に従って内閣権限に関する73条を再読してみた。

日本国憲法は、「最も危険な部門」である内閣に「行政権」を一元的に帰属させることを通してその責任所在・範囲・責任を負う相手方機関を明確化し、そのうえで、73条に同機関の実体権限を例示した、これが本書の見方である。

もっとも、73条が内閣権限を限定できているかどうかは、また、別問題である。統治活動は、内閣権限の内部で完結されるものではない。統治活動は、そのすべてを予め類別化できるものではない。生き物としての執政作用の限界も予め切り出しておくこともできない。特に"執政府と議会とが協働してなす"「議院内閣制」においては、特定の条項で内閣権限を語り尽くすことはできない。だからこそ、「執政控除説」がアメリカ公法学においても学説を支配してきたのであろう（⇒第Ⅱ章第4節1）。

（10）　たとえ、"日本国憲法は73条によって内閣権限を限定しようとした、これが制定者意思だ"と想定するとしても、「国務を総理すること」、「外交関係を処理すること」等の概括条項を置いた関係で、このねらいは成功していない。ちょうど、合衆国憲法が議会権限を制限しようとしながら、「必要かつ適切条項」という概括的な定めを組み込んだために、議会権限を統制できなかったように（議会権限の拡張は、この概括条項だけでなく、予算法制定権限を通してもなされてきた、といわれる）。

33）　たとえば、安西文雄＝巻美矢紀＝宍戸常寿『憲法学読本〔第2版〕』（有斐閣、2014）293頁〔巻美矢紀執筆〕は、65条執政権説を紹介しながら、その問題点について、①解釈上の帰結が不明であり、②法的に統制できない領域を説くことになって危険である、と評している。①にいう解釈上の違いがどこにどう現れるかという疑問は、アメリカ公法学の動向を左右するほどの重大な論争であることをまず知るべきである。②にいう「危険」という疑義に関しては、まずは、重要概念のアカデミックな分析を心がけるべきであって、論者の危険だという政治的選好を先行させてはならない、と本書は回答しておこう。行政概念の理解にあたって控除説で満足していることのほうが、上の①、②の疑問を抱えているはずである。

内閣権限についての検討はここで終え、節を改めて、国会の「立法」権限、41条 Vesting Clause について考えていくこととしよう。

第3節　41条 Vesting Clause

　アメリカ合衆国憲法典において「最も危険な部門」とみられていたのは連邦議会だった（⇒第Ⅱ章第3節4）。だからこそ、合衆国憲法は、議会権限の立法権の及ぶ範囲・内容を限定しようと試みたのだ。このことを、本書は何度も繰り返してきた。合衆国憲法の1条1節 Vesting Clause は、議会に対して法律制定の実体権限を付与する規定ではない、という有力な見解は、議会に対する不信を表している。

　これに対して、日本国憲法41条は、先にふれたように（⇒第1節1）、実体的な立法権の付与規定だ、と解される。

　では、日本国憲法が国会に付与した「立法」権限とは、どのようなものなのだろうか。

1　41条の「立法」の意義——「実質的意味の立法／形式的意味の立法」

　（1）　憲法教科書・基本書は、41条にいう「立法」とは実質的意味の法律をいう、と解説するのが通例である。ところが、「実質的意味」にいう「実質」の捉え方は一様ではなく、さらに、「立法」と「法律」との異同または関連性についても、論者の説くところは区々である。

　「立法」（正確には「法律」）が、なぜ「実質的意味」のものとして捉えられなければならないのか。この点について、教科書はどう説いてきたのか。

　次のように解明するものがある[34]（ただし、以下の①〜⑤および改行は、分析の便宜を考えて阪本がアレンジしたものである）。

　　「①　立法という概念には、伝統的に、司法や行政の概念と同じく、形式・実質二つの意味がある。

---

34)　野中俊彦＝中村睦男＝高橋和之＝高見勝利『憲法Ⅱ〔第5版〕』（有斐閣、2012）78〜79頁〔高見勝利執筆〕。

② 形式的意味の立法とは、内容のいかんを問わず、──国会の議決により成立する──国法の一形式としての『法律』を制定することである。

③ しかし、日本国憲法上、国会の権限に帰属するものとされる『立法』は、この意味において理解すべきではない。

④ けだし、もし憲法41条が、国会の議決によって定立される『法律』という名称をもった成文法を制定しうるのは国会だけであるということを規定しているにすぎないならば、それは同義反復であるか、せいぜい国会以外の機関が『法律』の形式で法規範を定立することを禁ずるだけのことになってしまい、憲法上の権限帰属の解釈としては妥当でないからである。

⑤ そこで、通常、憲法41条の『立法』は、形式的ではなく、実質的意味において理解すべきものとされている」。

（2）　はたして、上の説明が説得的だろうか？

まず、上の①の文においては、立法概念に接近するにあたってふたつのアプローチがあることが指摘される。ついで、②の文においては、「形式的意味」が説明される。ここまでは憲法教科書によくみられる解明法であって、読者の多くはこの説明と同じものに接してきたことだろう。私は、41条についての「形式的意味／実質的意味」は、立法に関してではなく、法律について問うべきだ、と考えているが（⇒すぐ後の本節2）、この点の疑問は、当面、詮索しないこととしよう。

私が納得できないのは、③の文から④の文章への展開である。

③は、41条の「立法」は形式的意味で語られているのではない、という。その理由が④の「けだし」以下の文でふたつ並べて説明されている。そのひとつは、「同義反復」命題を41条が述べているはずがない、という点であり、もうひとつが他の国家機関による「法律制定権限禁止」だけのことになってしま

---

35)　佐藤功『日本国憲法概説〔全訂第4版〕』（学陽書房、1996）365～366頁も、「形式的意味の立法とは、各種の国法のうち、『法律』と称されるものを制定する作用をいう。……その『立法』を右の形式的意味の立法作用と解するならば、それは単に国会は『法律』と称する国法を制定するということを定めるにすぎないことになり、立法権を国会に属せしめたことの重要な意味が失われる」と、同義反復について論じていた。

う、という点である。

　この第1の説明は「形式的意味」理解を排除する根拠であるとしても、"立法の意味を実質的に捉えるべし"という結論を支えない[35]。第2の、"せいぜい他の国家機関による法律制定権限禁止のことだけになる"という理由づけは、"この禁止こそ41条理解において重要な意味をもっているのだ"という思考の筋を消してしまっている。

　41条は、ある実質・内容にかかわるときには国会だけが法律という形式で規律できるのであって、他の国家機関の立法領域ではない（他の国家機関による法律制定は禁止されている）、と述べていることに気づくことは重要である。国会以外の機関に対して『法律』の形式で法規範を定立することを41条が禁ずる理由こそ、教科書は強調すべきところである。

　上の④の説明の難点は、そればかりではない。左の④が「憲法上の権限帰属の解釈としては妥当ではない」というとき、「憲法上の権限帰属」とは、何をいわんとしているのだろうか、なにゆえ、「権限帰属の解釈としては妥当ではない」というのだろうか？

　（3）　アメリカ公法学には、ある国家統治の作用を「実質的意味／形式的意味」にわけて解明する思考はないようである。同国においては、"権力分立に関する△△条はどの機関にどのように分配しているのか"と論争するのが常である。この論争が Vesting Clauses をめぐる、「権限帰属先の同定規定」とみるか、それとも「権限付与の規定」とみるか、という学説上の争いである（Vesting Clauses をめぐる最大の対立が、既に第Ⅱ章第2節4でふれた「形式別学派（formalism）／作用別学派（functionalism）」論争の新たな展開である）。

　この論争からわれわれが学びうるものは、権力分立構造を定める日本国憲法41条、65条、76条のうち、41条、76条はそれぞれ実体的権限としての「立法（権）」「司法権」を付与する規定（実体権限分配規定）だ、と解されるのに対し、65条についてはそう割り切れない、ということである（⇒本章での先の第2節）。

　（4）　さて、わが国憲法学が常に問うてきた「実質的意味の立法／形式的意味の立法」の別は、何を軸とした、何のための接近法だったのだろうか。もともと、実質、形式とは、それぞれ何を意味していたのか。さらにまた、この「立法」の別と、「法律」における「形式的意味／実質的意味」の別は、同じこ

との言い換えなのだろうか。次々と疑義が生じてくる。
　「形式／実質」という二分法は、法学において頻繁に用いられているにもかかわらず、厳密に定義されているとはいいがたい。
　私は、「形式」とは、外形的に捕捉される特徴をいい、なかでも、いかなる名称（ラベル）が付されているか、という外形をいう、と理解している。これに対して「実質」とは、外形のいかんを問わず、内容・中身の特徴を指す。憲法学でいう、「形式的意味の憲法／実質的意味の憲法」というときの説明は、一般的にはこれによっているようだ。
　（５）「形式／実質」を上のように理解したとき、「形式的意味の立法／実質的意味の立法」の別は、何をいいたいのだろうか？
　まずは、立法の意義から考えていこう。
　「立法」を行為の意味でいうときには、人為法を制定する（legislate する）ことを指す。この行為の所産として「立法」という言葉を使用するときには、それは、制定法または成文法を指す。この意味での「立法」が制定機関別に分類されたとき、法律、命令、規則、条例等の名称で呼ばれる。ということは、名称のまだない「立法」それ自体について、「形式／実質」別を問うことはできないはずだ、ということになる。
　これに対して、法律について「形式／実質」の別を語ることは容易であり、有意である。
　立法と法律との違いは決定的に重要である。
　（６）　以下、「法律」について、私なりにその「実質／形式」を問うとすれば、こうする、という手順を述べてみる。

　　①　立法の意義＝立法とは、人為法を定立する作用をいう。
　　②　立法権限の分配＝立憲君主制の下で、立法権限は、君主と議会との競合的所管領域だった。
　　③　議会の立法権限の射程＝立法権限の競合のなか、国民の権利義務を規律する立法権限は議会にある、と主張された。国民の権利義務を規律する一般的・抽象的法規範は、「法規」（Rechtssatz）という特別の名称を与えられた。

④　法規概念のねらい＝この法規概念は、君主と議会とが立法権を競合的に所管する、という立憲君主制下での権限分配を否定し、議会だけが所管すべき立法権限領域を画定するのである。「法規」という概念に訴えれば、「君主の立法権の所管領域／議会の立法権の所管領域」の別が浮かび上がる、というわけである。

⑤　「法律／命令」の別＝この区別のもとで、君主がその立法権限を行使して制定した立法形式を「命令」と呼び、他方、議会が制定した立法形式を「法律」と呼ぶ、と使い分けられた。立法のなかの「命令／法律」の別が、機関別の専属的な立法権限を画定したのである。

⑥　「二重法律概念」＝民主政治の旗手である議会は、法規に該当する領域以外についても、法律制定権限を手中に収めた。この権限によって制定された法律と、法規概念のもとで制定された法律とを区別する必要がある。この別を明確にするための二分法が「形式的意味の法律／実質的意味の法律」であり、二重法律概念と呼ばれた。

（7）　上の①～⑥のうち、②～⑤が機関別の立法権限とその立法の名称を、そして、⑥が法律についての「実質的意味／形式的意味」の別を明らかにしたものである。「形式的意味／実質的意味」別でいう「形式的」とは担当機関の別に従って切り取り方を、また、「実質的」とはある作用の内容に従った切り取り方を指している。形式的というときの担当機関の動の特徴（本質）は、立法の手続にも顕れることを考えれば、制定手続からみた切り取り方だ、といってもよい[36]。

（8）　上の私なりの手順は、わが国の教科書に多くみられる「実質的意味の立法／形式的意味の立法」という二分法のもとでの解明法とは、ひと味違っている。もっとも、ある体系書が上の①～⑥の手順と類似の分析を既に示していたことを看過してはならない。小嶋和司『憲法概説』である。この体系書の説き方を、項を改めてみてみよう。

---

36)　C.シュミット、尾吹善人訳『憲法理論』（創文社、1972）179頁は、形式的法律概念を「立法の権能を有する地位により、立法について定められた手続で行われるもの」という。「形式」が担当機関と手続から把握されている。

2 「立法／法律」——そして「実質的意味の法律／形式的意味の法律」

（1）　小嶋の体系書は、日本国憲法における権力分立構造を意識しながら、41条の「立法」の意味につき、法律と立法との区別から論じていく、という的確な解明手順を展開している。しかも、同書は「唯一の立法機関」の意味を、①手続法上の効果と、②権限分配上の効果に分けながら、解明を進めている。出色である。

　『憲法概説』は、「立法」権限の分配について、次のような手順で解明している[37]（以下の傍点は阪本）。

① 立法とは、制定法をつくる作用である。
② 憲法典が、内閣に政令制定等権を付与していることを見ればわかるように、制定法の定立権限を国会がすべてもつわけではない。
③ 41条にいう「立法」とは、ある種の制定法を制定することである。
④ ドイツにおいては、権利関係という特定事項を規制する制定法を「法律」と呼んだ。これは「実質的意味の法律」といわれてきた。
⑤ 議会勢力・権限の拡張に伴って、制定手続に着目し、両議院が国王との合意によって制定した法も「法律」と呼ばれるようになった。これが「形式的意味の法律」である。この意味の法律と④にいう法律とを区別しようとするとき、「実質的意味の法律／形式的意味の法律」の別となる。
⑥ 憲法典が「立法」権をある国家機関に帰属させるとき、この機関は「実質的意味の立法を形式的意味の立法によってなす」権能を与えられているのである。
⑦ この権能をいずれの国家機関に分配する（帰属させる）かは、憲法典に定めるところによる。
⑧ 明治憲法は、実質的意味の立法権を、形式的意味の法律と命令との競合所管とした。
⑨ 日本国憲法は、明治憲法のような競合的所管体制をとっていない。
⑩ かくして、日本国憲法41条は実質的意味の立法を国会に独占させている、と解するのが適切である。

---

[37]　小嶋和司『憲法概説』（信山社、2004）371〜372頁。

（２）　上のように、小嶋は「立法／法律」、「二重法律概念」[38]、「立法権の所管／法律制定権の所管」という手順で41条の「立法」の意味を解明している。この過程は実にロジカルである。さらに、上の⑤のごとく、「形式的」とは手続からみたときをいう、との解明も明晰である。しかも、⑦に述べられているように、"権能の分配のしかたは憲法典の定めによる"という。この指摘部分は権力分立というスウィーピングな概念が権限分配を決定しないこと、あくまで実定憲法典の定め方を決め手とすべきことを説いたものであり、堅実である。

（３）　しかしながら、私には小嶋のいう「権能の帰属」の意味がうまく理解できない。また、上の⑩にみられるように、小嶋も、通説と同様に、実質的意味の立法の制定権を国会が独占する、という。この独占理解については、さすがの小嶋説も通説の枠内に収まってしまったようだ。通説、そして小嶋のいう「国会が立法（法律制定）権限を独占する」との理解は、本書が何度も指摘してきたように、「1作用1機関対応型」権力分立論を基礎としているようである。

　法律制定権は国会が独占すべし、という主張はウェストミンスター・モデルまたは議院内閣制のもとでは、通用力をもたない。本章の第1節2で既にふれたように、議院内閣制の最大の特徴は、統治の協働体制にある。協働統治の特徴は法律制定の権限分配と手続に象徴的に表れる（はずである）。英国においては、Parliamentary Government が習律としてできあがったときから今日に至るまで、《法律制定権は、下院-上院-君主によって分有されており、これらの機関のなかでは、内閣が常にこの領域を主導してきた》といわれている[39]。

（４）　これに対して、わが国の通説は、法律制定過程における内閣の積極的な関与を警戒してきたようだ。学説のなかには、内閣が法律案を提出すること

---

38)　「二重法律概念」のいう「形式／実質」が何を指すのか、明確ではない。「形式／実質」の空虚さに苛立ったC.シュミットは、「法治国的法律概念／政治的法律概念」の二重性を説いている。参照、シュミット・前掲注36）『憲法理論』183頁。また、後掲注54）も参照のこと。なお、二重法律概念については、玉井克哉「国家作用としての立法―その憲法史的意味と現代憲法学」法教239号（2000）71頁、同「法律の『一般性』について」芦部信喜先生古稀祝賀『現代立憲主義の展開（下）』（有斐閣、1993）388頁以下、村西良太「『法規』」法教415号（2015）12頁以下。

39)　See, e.g., L. AMERY, THOUGHTS ON THE CONSTITUTION 12 (2d ed. 1953). 英国における Parliamentary Government が、今日では Cabinet Government となっていることについては、第IV章で論じていく。

第Ⅲ章　権力分立・再定義——日本国憲法の場合　153

を違憲だとするものすらみられた。"立法権は国会の独占するところだ"と説明した以上、法律案の提出権限も国会だけにある、という主張は一貫したものだと映る。しかしながら、この一貫性は硬直している、といわざるをえない

　実務をみると、なるほど、内閣主導の法案提出となっているものの、その制定過程は議院内閣制よりも権力分立制の理解のもとで運用されている、といわれる[40]。先に紹介した「二重の国会制度モデル」での運用である。

　こうしてみると、41条の「立法」権限解釈も、その運用も、作用の分離・独立、さらには国会優位の権力分立理解に縛られ、わが国の統治構造が議院内閣制である点を軽視したようだ。

　通説の頭のなかには、"合衆国憲法においては、大統領には法律提出権がない、これが権力分立のありようだ"という発想があったのかもしれない。もしそうであれば、それはワシントン・モデルとウェストミンスター・モデルとの違いを失念しており、「議院内閣制」とは、議会と内閣とが協働統治にあたる体制だ、という重要視点を見失っている。そればかりか、ワシントン・モデルにおいても、法律制定は議会の独占領域ではないのである[41]。

　(5)　わが国通説の「1作用1機関対応型」権力分立の捉え方、そして、そのもとでの立法権限分配の理解のしかたは根本からの再検討を要する。わが国のこの捉え方は、"厳格な権力分立構造を選択した"といわれるアメリカよりも[42]、ずっと硬直した権力分立理解となっているばかりか、ウェストミンスター・モデルにおける立法権限分配の実態ともかけ離れている、といわざるを

---

40)　前掲注16)およびその本文参照。

41)　アメリカ公法学においては、大統領をもって「2条立法者」(Art. II Legislator ＝ 2 条立法者)と呼ぶことがある。*See, e.g.,* P. Strauss, *The Place of Agencies in Government: Separation of Powers and the Fourth Branch*, 84 COLUM. L. REV. 573, 575 (1984). 以後、これを"*Place of Agencies*"と引用する。このことからわかるように、アメリカ公法学においては、大統領も立法権をもっており、(裁判所も立法権をもっている、とする論者もみられる)、議会がこれを独占すべし、といった見解は、管見の限りみられない。

42)　"合衆国憲法は厳格な権力分立によっている"とよくいわれる。その例証として、議員が執政府構成員となれないという兼職禁止原則、大統領が議会に召喚されることはないこと、執政府には法律案提出権がないこと等があげられる。が、W. WILLOUGHBY, AN INTRODUCTION TO THE STUDY OF THE GOVERNMENT OF MODERN STATES 232 (1919) は、厳格分離イメージがいかに根拠のないものであるか、説いている。合衆国憲法の権力分立は相互関係型によっているのである(⇒第Ⅱ章第1節1等、各所)。なお、「厳格な権力分立」の別の用法については、前掲注18)をみよ。

えない。

特に通説が、41条は立法手続までも国会が独占することを明示する規定だ、と説いてみせるところは、私にはまったく納得がいかない。

通説に欠けていたのは、法律の制定にあたっての「実体／手続／形式」という視角の別である。「実体／手続」の別に留意すれば、41条は実体的な法律の制定権を国会に付与する規定であって、手続はまた別の条文の定めるところだ、とすぐに判明したはずである。項を改めてこのことを検討していこう。

3 法律制定における「実体／手続」

（1） 小嶋の影響を受けたと思われるのが大石眞『憲法講義Ⅰ〔第3版〕』である。この教科書は、立法と法律とを互換的に使用していないだけでなく、「実体／手続」の別を説いている点で用意周到である。

大石は、小嶋と同様に、「立法／法律」の別から説きはじめ、実質的意味の法律の意義にふれた後、法律制定権が国会に独占的に帰属する、と次のような手順で説明する[43]（ただし、以下の頭点は阪本）。

① 憲法第41条は、行政権に関する第65条、司法権に関する第76条とともに、権力分立の原理を前提とした権限配分の原理を示す規定である。
② したがって、国会が「唯一の立法機関である」という命題は、権力分立原理により理解された立法権を国会が独占的に行使すべことを意味する。
③ 通説は「立法」という文言をドイツ国法学の用法にならって「法律の制定」（Gesetzgebung）と読み替えてきた。ここに、「法律の二重概念」が生まれることになる。
④ 法律とは、内容上、一定の法規（Rechtssatz）を指すことから、実質的意味の法律といわれる。
⑤ 「立法権」が議会に属するという規定は、議会手続を経て成立した国家行為の形式は法律とするという前提のもとに、実質的意味の法律（法規）が形式的意味の法律として制定されるべきことを意味する。

---

43) 大石眞『憲法講義Ⅰ〔第3版〕』（有斐閣、2014）146頁。

（2） 上の叙述は、議会手続を経て成立した国家行為の形式を法律という、と制定手続と形式とを関連づけている点（上の⑤）で、小嶋説の鋭さを共有している。「二重法律概念」が生まれ出る背景にふれる点（上の③および④）でも、目配りが利いている。そして、41条の法意について、「実質的意味の法律（法規）が形式的意味の法律として制定されるべきことを意味する」と結論を明示する部分も、メリハリが利いている。

それでも、(i) なぜ、41条が権力分立における権限分配規定だといえるのか、(ii) 権限分配規定とは何を意味するのか、(iii) なぜ、「立法」という文言をドイツ国法学の用法にならって「法律の制定」（Gesetzgebung）と読み替えるのか、という部分の説明については、その理由が読者に十分には伝わっていないように思われる。この(iii)の疑問について大石は、立法（Rechtsetzung）のうち、議会による立法が法律制定（Gesetzgebung）だ、という趣旨を念頭に置いているのかもしれない。

（3） 同書における大石の慧眼は、「実体／手続」の別を意識したところにある。こう続けられている。

「こうして、国会が『唯一の立法機関である』という命題は、(a)一定の法規を定める権限は国会のみに属するという、権限分配上の実体的・内容的な原則と、(b)その形式である法律の制定は国会両議院の手続だけで完成するという、国家行為形成上の手続的・形式的な原則とを意味することになる。……実体的・内容的な原則とは、一定の法規については国会が必ず——法律の形式で——定めるべきである、とするものである。この立法所管事項がどのような内容をもつかという問題は、しばしば実質的意味の法律（法規）とは何かというかたちで論議される……」（同書・146～147頁、ただし、頭点は阪本）。

上の引用部分で大石は"国会に与えられた実体的立法権限はいかなる事項に及ぶか"という問いかけが「しばしば実質的意味の法律（法規）とは何かというかたち」をとる、という。これは、学界でいわれてきたことの客観記述に徹したいためだろうか、「実体的（substantive）／実質的（substantial）／手続的

（procedural）／形式的（formal）」[44]の別や「権限帰属先の規定／実体権限分配の規定」の異同・関係についての解明には至っていない。また、法規概念にふれるとき「一定の法規」とだけ説明している点は読者にはわかりにくい（大石の頭のなかには、ドイツにおける多様な見解が浮かんでいたことだろう）。

さらに大石は、先の（1）の④において、「法律とは、内容上、一定の法規を指す」（ただし、傍点は阪本）と述べている。読者にとっては、いかなる内容をもてば「一定の法規」に該当するのか、説明の欲しいところである。

さらにいえば、法律制定における実体権限も、手続権限も国会のみが有する、とする解説部分（上の引用部分の（a）および（b））は、議院内閣制よりも権力分立を優先させる通説の臭いをもっているように私には思われる。

（4）　手続から観察して立法概念を切りとる、というアプローチはわれわれにもわかりやすい。ところが、この手続を「形式」と相互互換的に使用すると、分析の軸が混乱しはじめてくる[45]。さらに混乱を深める要因が、上でもふれたように、「実質」と「実体」との相互互換的な使用である。

これらの用法の縺れは、「手続／実体」、「形式／実質（内容）」、「内容を指す実質／本来的性質を指す実質」の別を軽視したこと、または、これらを無定義のまま使用してきたことに起因している。この縺れが「法規」概念の捉え方・説明の混乱を呼んでいるのである（⇒すぐ後の4）。

（5）　いうまでもなく「法規」とはドイツ公法学にいうRechtssatzの邦訳である。Rechtssatzは、ときには「法命題」、またときには「権利命題」と邦訳されることがあり、訳語としても、その語義としても、捉え所がない[46]。

44）　特に「実体的（substantive）／実質的（substantial）」の別には注意を要する。

45）　もしわれわれが手続という言葉で、「統一的な法体系から逸脱しない法律を制定するには、どのように作り上げ、どのように運用すればよいか」を指したいのであれば、それは法形式のあり方まで含む概念となる。手続と形式との境界の曖昧さは、ここにある。

46）　これまでわが国の公法学はドイツのRechtssatz概念を何度も紹介し論争してきた。Rechtssatzは、「権利命題」と訳されることもあるところ、この分野の専門的な研究者はこれを「法命題」と訳出している。その最大の理由としては、この概念は権利義務との関連を必定とはしていない点にあるようである。すなわち、この用語は、対国民との関係で議会がなす「法律行為」の特徴を描き出そうとして選択された、というのである。参照、村西・前掲注38）『法規』12頁以下。もっとも、この用語のニュアンスは、時代によって、また、各時代の憲法典の定め方、さらには、その時代を生きた論者によってさまざまであることには留意を要する。この点の詳細な論究については、森田寛二「法規と法律の支配（1）」法學40巻1号（1976）45頁以下参照。

法規とは、議会の立法権限の排他的所管を決定するための概念である。

いずれにせよ法規概念は、歴史上、立法権限が君主と議会との競合所管であった立憲君主制下、議会の排他的所管を画定するものとして確立してきたことはよく知られている。この歴史展開に留意して、わが国公法学は、《法規とは国民の権利義務を規律する内̇容̇をもつ法規範をいい、この領域が国民代表機関である議会の排他的所管とされたのだ》と一般に説明してきた。大石がいうとおり、「法律とは、内̇容̇上̇、一定の法規（Rechtssatz）を指す」ものだと一般に理解されてきたのである。法規とは、法規範の内容、すなわち、実質に着眼した概念だ、と捉えるのが正統な思考だ、と私は思う。

（6）　ところが、わが国においては、ある時期から、古典的法規概念に反対する学説がみられるようになった。実質的意味の法律とは、一般的・抽象的法規範のことだ、という学説である（以後、この学説を"一般的・抽象的法規範説"と呼ぶことにしよう）。今日においては、この一般的・抽象的法規範説が憲法学における通説だ、というものすらみられる。

項を変えて、一般的・抽象的法規範説について検討してみよう。

4　一般的・抽象的法規範という「法規」概念

（1）　一般的・抽象的法規範説によれば、国民の権利義務を規律する内容をもつ法規範を法規だ、と捉える立場はドイツ立憲君主制に特有のイデオロギーであって、民主主義の憲法体制の下では不要だ、とされる（ここにいうイデオロギーとは、バイアスのかかった政治的選好、といったほどの意味である）。そして、実質的意味の法律は、より広く、およそ一般的・抽象的な法規範をすべて含むと考えるのが妥当だ、というのである[47]。

一般的・抽象的法規範説の説くところを引用してみよう。

「民主的な憲法理論によれば、『立法者の役割』は特別の法̇的̇内̇容̇をもつ規範を創設する権限だと一般的に考えられていない。内容に関しては、立法

---

[47]　参照、芦部・前掲注14)『憲法』296頁。この論者によれば、一般性とは授権者が特定されないこと、抽象性とは適用事例が特定されないことをいう。初宿正典「法律の一般性と個別法律の問題」法学論叢146巻5・6号26頁（2000）は両者を含めて「一般性」と表記している。

者の権限は、憲法による制約を別にすれば無制限だとすらいえる。そうだとすれば、立法権の特殊性は、憲法のルールにのみ服し、既存の制定法を変更できる法的効力、すなわち法律的効力（statutory effect）をもつ法規範を定立する能力だという点にある」[48]（傍点は、原文のママ）。

　はたして、「立憲君主制下での立法／民主制下での立法」と対照し、後者においては伝統的法規概念は不要だ、と結論することが妥当だろうか。民主制下においては、なぜ、伝統的法規概念は不要となって「一般的・抽象的法規範」が実質的意味の法律だと捉えられるのだろうか。「実質的意味の法律」の意味は、はたして統治体制に依存しているのだろうか。また、実質的意味の法律は「広く」一般的・抽象的法規範をすべて含む、というロジックが適切だろうか。
　（２）　まずは、法規概念の捉え方と統治体制との関連を再検討してみよう。
　英国においては、君主が立法権限を保持しているとき、これと区別するために、臣民の権利義務を変動させる立法権との違いが強調され、後者領域への国民代表機関の関与を求める歴史展開がみられた[49]。英国公法には法規に該当するテクニカル・タームがみあたらないとしても、この歴史は過去のものではないようである。
　君主を持たない合衆国ではどうであるか。
　アメリカ公法学者も英国の上の歴史を過去のものだとは断じていない。ある論者は合衆国憲法１条１節にいう「立法」（legislation）の意義を問うにあたって、個人の権利を変動させる要素に言及している[50]。また、別の論者は、議会拒否権条項を違憲だとした有名な *INS v. Chadha*, 462 U.S. 919, 952（1983）のポイントとして、《立法府の外部にいる……法主体の法的権利を変動させているにもかかわらず、問題の議会拒否権規定が憲法所定の立法手続要件を満たしていない点にあった》と指摘している[51]。これは、わが国公法学のいう、「外部

---

48)　芦部・前掲注19)『憲法と議会政』252～53頁。また、参照、芦部信喜『人権と議会政』（有斐閣、1996）334頁。
49)　*See, e.g.*, CH. MCILWAIN, CONSTITUTIONALISM : ANCIENT AND MODERN 75（Renewed ed. 1975）.
50)　*See* S. Calabresi, *The Vesting Clauses As Power Grants*, 88 NW. U. L. REV. 1377, 1391（1994）〔１条にいう「立法」とは個人の権利を変動させる要素に着眼していわれる〕; E. Magill, *Beyond Powers and Branches in Separation of Powers Law*, 150 U. PA. L. REV. 603, 620-21（2001）〔「立法」概念を捉えるには「形式／内容」（form／content）の別が必須要素だ〕。

性、一方性」をもつ行為による権利義務の変動、という作用法イメージのごとくである。

　また、アメリカ公法学は、1条1節にいう「連邦議会の立法権限」を論拠として制定される法律と、1条8節18項を論拠とする立法権（いわゆる「必要かつ適切条項」のもとで制定される法律）の別を説いている。この区別の底流には、わが国公法学でいう「実質的意味の法律／形式的意味の法律」の別と同質の思考が流れているようである。どうも、法規（類似の）概念は、歴史的にも概念的にも、ドイツに特有のものではなく、英米法にも妥当しているように私には思われてならないのである。

　（3）　つぎに、一般的・抽象的法規範説のいうロジック——民主主義の憲法体制の下では、実質的意味の法律は「広く」一般的・抽象的法規範をすべて含む、という論理——を検討してみよう。

　一般的・抽象的法規範説が、"法規概念は立憲君主制下でのイデオロギーであって、日本国憲法41条理解にあたってのモデルではない"というのであれば、私にも一部は納得できる。ところが、君主制下における立法概念を否定することと、民主制下における立法概念としての一般性・抽象性の意義を解明・論証することとは別のことである。上の説明には、この論証が欠けている。

　"議会が定立する法規範は一般的・抽象的であるべし"という要請は、統治体制が民主的かどうかに依存しない、と考えるのが適切である。この点の論証については、後の第4節の課題として残しておくことにして、私にとって、一般的・抽象的法規範説の最も納得しがたい側面にふれてみよう。

　（4）　41条の「立法」概念を問うさいの出発点は、通常、「実質的意味／形式的意味」の別に置かれる。この「実質／形式」二分法は、文脈によって、また、論者によって、一様ではないものの、先に述べたように、一般的には、「内容からの把握／内容を捨象しての把握」の別をいう。

　立法の意義を内容から把握しようとするとき、"一般的・抽象的法規範をいう"という回答であれば、それは明らかに間違いである。

　一般的・抽象的法規範説の提唱者のいうところを、再度、引用してみよう。

51）　*See* H. Bruff, *On the Constitutional Status of the Administrative Agencies*, 36 Am. U. L. Rev. 491, 501 (1987)（ただし、傍点部分は阪本）。

こうである。

> 「民主的な憲法理論によれば、『立法者の役割』は特別の法的内容をもつ規範を創設する権限だと一般的には考えられていない。内容に関しては、立法者の権限は、憲法による制約を別にすれば無制限だとすらいえる」[52]。

上の引用文でいわれているとおり、一般的・抽象的法規範説のいう「実質」とは内容からの把握ではない[53]。では、何であるか。

（5）　おそらく、「実質的意味」の「実質」は「本来的な性質」という意味で用いられているのであろう。一般的・抽象的法規範説は、こういいたいようである。

《41条にいう『立法』とは国会が一定の手続によって制定した『形式的意味の立法（法律）』をいうのではなく、一般性・抽象性という立法の本来的な性質（実質）を備えている法規範をいう。これが実質的意味の立法（法律）であり、この法規範が法規といわれることもある》[54]。

この意味での「実質」の用法を説明なく使用したことが読者を混乱させたようである。

---

52)　芦部・前掲注19）『憲法と議会政』252頁。
53)　一般的・抽象的法規範説は、シュミットの次の言葉のように、法規範の内容を導き出せない、と考えているのかもしれない。
　「法治国家における国家法ないし行政法において、通常の法治国家の法学が、常に規範の定立と規範の適用（『規範の具体化』）を区別しうるということは、とっくに明らかであった。それゆえに、そのような規範主義はもはや具体的な概念には適さないのである。今日まで支配的であった憲法学および行政法学が、『実質的意味における』立法、行政、司法と呼んできたものは、常に単なる規範の定立を規範の適用を区別することであり、言葉のいかなる意味においても、およそ『実質的なもの』でも内容的に特定される何ものかでもない。規範を定立しそれを適用することは、実質的なものでもなく専門分野に属するものでもない。規範および法律からは、そもそも実質的概念を導き出すことができないのである」（傍点は訳書の表記のまま）。古賀敬太・佐野誠編訳『カール・シュミット時事論文集』（風行社、2000）202頁。
54)　「立法／法律」の別を重視する私は、41条での「実質的意味／形式的意味」の別は、立法のなかの法律について論じられるべきものと確信するが、本文においては、一般的な教科書に倣って、「立法」という言葉を用いながらも、（　）内に「法律」と表記している。

第Ⅲ章　権力分立・再定義——日本国憲法の場合　　161

（6）　当面、一般的・抽象的法規範説に従って、国会の制定する一般的・抽象的な法規範が「実質（本来）的意味の立法（法律）」だと考えてみることにしよう。
　こう考えたとき、次のような理解不能な結論が導き出されてくる。

　第1に、憲法が「……について法律でこれを定める」とする個別的な規定を根拠にして国会が制定した法律が一般性・抽象性という属性をもっているとき、この法律と、41条の実質的意味の法律とは区別できなくなる。こうなると、41条のいう「立法」について、「実質／形式」の別は不要となる（はずである）。国会が制定した一般的・抽象的法規範はすべて実質的意味の法律となってしまうからである。
　第2に、国会が制定してきた組織法も一般性・抽象性という要素を満たすものが多く、この種の組織法も実質的な意味の法律だ、ということになる。一般的・抽象的法規範説では、行政法学における「作用法／組織法」、「外部性／内部性」という重要な区別が語れなくなる。

（7）　一般的・抽象的法規範説の難点をまとめればこうなる。

　①　法規範の一般性・抽象性の要請は、議会が民主的であるかどうかとは独立のはずである。
　②　伝統的な法規概念のもとでの立法権の射程は狭きにすぎ、民主制における議会の立法権限は、一般的・抽象的法規範に広く及ぶべきだ、という主張は41条解釈ではなく、議会に期待する論者の政治的選好の表れにすぎない。
　③　立憲君主制のもとでいわれてきた「法規」概念も法規範の一般性・抽象性を説いてきたはずであって、「権利命題としての法規／一般的・抽象的法規範としての法規」という対照の仕方は適切ではない。
　④　議会の立法とは、本来、一般性・抽象性をもつ法規範の定立をいう、というのであれば、なぜ、この性質が本来的であるのか、論証を必要とする。

（8） 上のうち、④の難点が一般的・抽象的法規範説の決定的だ、と私は考えている（一般的・抽象的法規範を「法規」というか、それとも、権利命題にかぎって「法規」というかは、定義の選択問題であるから、ここでは争わないことにしよう）。

一般的・抽象的法規範説は、「この立法概念の捉え方は権力分立構造に内在するところであって、その論証は既に終えている」と片づけているようである。その論証は、こうなっているのではないか、と私は推測している。

《議会・執行機関・裁判所という別々の機関を置く権力分立においては、国家作用は【議会の立法＝一般的・抽象的法規範の定立⇒この法規範の他の国家機関による執行】と展開されるよう構造化されている。権力分立構造における議会の立法権は、一般的・抽象的法規範の定立の作用であるのが当然である。言い換えれば、権力分立構造は議会の立法が一般的・抽象的であるよう要請している》。

上の思考を言い換えると、こうなるだろう。

《権力分立構造は、議会が一般的・抽象的な法規範を定立する権限をもち、他の２機関がそれを個別的に執行する権限をもつ、という縦走的法規範実現の内蔵装置をもっている》。

（9） ここまで、一般的・抽象的法規範説の論拠を、私なりに推測し解明してみた。

上のように解明してみると、一般的・抽象的法規範説が法治国における権力分立理解を前提としていることに読者は気づくはずである。

これまで何度も繰り返してきたように、わが国の通説は、民主的な国会が立法権を独占すべきこと、他の国家機関は立法の執行機関として作動すべきことを説いてきた。この見解からすれば、この流れこそ、権力分立構造における「立法⇒執行」の流れであり、それは同時に、「議会による一般的法規範の定立⇒他機関による個別的法規範の定立」という作用の縦走である。

こうしてみると、【民主制における国会の立法権独占⇒立法の一般性という

本来的性質⇒立法のもとでの個別的執行】という定式のなかで、立法の一般性という性質が民主制と権力分立とを両立させる要となっている、ということがわかってくる。

（10）　この権力分立理解が適切かどうか、本書は、根本から問い直そうとしてきた。

一般的・抽象的法規範説が念頭に置く権力分立構造は法治国̶̶権力分立の民主主義的な再構成̶̶におけるそれである。

ところが、モンテスキュー以来の正統な権力分立論は、国民を統治機関の軸としてこなかったばかりか、統治の作用の「人為的法規範の段階的実現」を説いたものでも、対国民との関係に焦点を絞ったものでもなかった。正統な権力分立理論は、ある職（office）の任免権者とその手続、和平交渉・戦争権限（同盟権）、条約締結を含む外交政策、財政政策、憲法抗争における調整権等々、本来の統治活動の権限分配をも論じてきたのである[55]。伝統的に、権力分立理論は、議会「立法」以外の作用についても、その帰属機関や実体権限の分配をリベラリズム実現のために語るものだった。すなわち、議会権限をいかにして抑制的なものとするかを語るものだった。

（11）　「立法は一般的・抽象的な形式をもつべし」との主張は、権力分立に否定的なJ. ルソーの著作に既にみられていたところであって[56]、権力分立や民主制との必然的関連性はない。また、「立法は一般的・抽象的な本来的な性質をもつべし」との命題は、権力分立構造に内在する要素ではない。

法規範の一般性・抽象性という属性は、議会の立法権限を限界づける形式であり[57]、法律制定権の制限ルールである。これが本書の一般的・抽象的という形式の理解のしかたである。

この形式を満たすよう求めるルールは、「法の支配」原理の要請するところである（この点については次の節で議論する）。本書は、各所で、「権力分立原理の必須要素／同原理の補完原理」の別を強調してきた。法の支配原理が後者であ

55）　参照、シュミット・前掲注36）『憲法理論』229～230頁。
56）　参照、作田啓一訳「社会契約論」『ルソー全集　第5巻』（白水社、1979）144～45頁。
57）　法規範の一般性は、議会権限の排他的所管のみならず、その限界をも画する要素だ、と指摘する注目すべき論攷が、玉井・前掲注38）「法律の『一般性』について」386頁である。

る（⇒第Ⅱ章第1節3）。

(12) 正統な権力分立の理論は、統治機関を区別・分離し、各機関に分配されるべき作用（実体権限）を類型化したうえで、相互の抑制関係・構造を解明する理論である（⇒第Ⅱ章第1節）。この理論の最大の関心事は、立法・執政・司法の各作用をどう分散（disperse）すれば、機関間の抑制関係を作り出すことができるか、という点にあった。権力分立理論は、統治権限の帰属先と、各機関に分配されるべき実体権限を同定するための理論だったのだ。この理論の力はそこで止まり、各作用の発動形式、手続までをも語るものではない、と考えるのが適切である[58]。この間隙部分を補完するのが、「法の支配」という原理である。

(13) 「法の支配」の原理は、立法のあるべき形式、立法の実現手続（制定から執行までの流れ）を語っている。「法の支配」は、一般性・抽象性・明確性という形式を満たすよう立法に求めることによって、立法権（人為法制定権者）を統制するのである。

「法の支配」原理は、法律制定権の中核部分を握ることになった議会の立法権を統制しようとするところに、今日的な最大の価値をもっている。「法の支配」とは、《法律の支配を支配・統制する法原則だ》と言い換えれば、そのねらいが理解されやすくなろう。このことについて、節を改めて検討してみよう。

第4節　法律と「法の支配」

1　立法の形式と、「一般性／個別性」

（1）　本書は、「法の支配」の何たるかを詳論する場ではない。

私は、別著『法の支配』において、(a) 法の支配にいう「法」とは正義に適うルールを指すこと、(b) 正義に適うルールが何であるかについては、実質的正義概念と形式的正義概念とのふたつの論争が繰り返されてきたこと（手続における最小限の正義については、コンセンサスが形成されやすく、実際にコンセンサス

---

[58]　J. Waldron, *Separation of Powers in Thought and Practice?*, 54 B. C. L. Rev. 433, 438 (2013). 以後、このウォルドラン論文を "*Thought and Practice ?*" と引用する。

ができあがっているように思われる)、(c) このうち、形式的正義概念については論者のコンセンサスが見込まれること、(d) 法律が満たすべき形式的正義とは、一般的・抽象的属性をいうこと、(e) 一般的・抽象的な法形式とは法律が授範者についてブラインドであることをいうこと、(f) 授範者についてブラインドである法律は、"誰であれ、なすべきではない行為" という普遍化可能性原理を満たしているぶん、正義に適っていること[59]、しかも、(g) 法律が "なすべきでない行為" を事前に明定していれば、形式的正義も手続的正義を満たしていること等を論じた[60]。

これらのうち、(d)ないし(g)は、法律制定者の情実（誰かを差別的に取り扱おうとする立法者意思）を中和する要素である。このことを私は、《法規範の一般性・抽象性・明確性という形式は法律制定権を制̇約̇す̇る̇ルールである》とか《法の支配は法律の支配を統制する法原理だ》とか表現してきた。

（2） 上の意味での「法の支配」は、すべての立法（すなわち、人為法の制定行為）や、すべての種類の法律に妥当するのではない。

一般性・抽象性・明確性という形式を満たすよう求める「法の支配」は、制定権者（君主や議会）が国民（人びと）の権利義務にかかわる立法を定立するとき、すなわち作用法の制定のときの要請である。「法の支配」は、この領域での立法権を次のように拘束するのである。

《立法権限を有する者は、国民の権利義務にかかわる立法を定立するときには、誰に対しても適用される要件を事前に明確な文言で公然と示すべし》[61]。

---

59) 個別具体的な結果はどうであれ、一定範疇の行動を誰に対してであれ禁止してよい、という条件を満たすとき、このルールは普遍化可能性原理を満たしており、正義に適っている、といえる。

60) 参照、阪本昌成『法の支配』（勁草書房、2006）200〜205頁。また、玉井・前掲注38）「法律の『一般性』について」394頁は、C. ゲルバーが実質的意味の法律に一般性を要求すべきは、特権を付与しようとする議会意思を許さない点にあった、と指摘している。

61) *See* Strauss, *The Place of Agencies, supra* note 41, at 576. 本文での命題を《議会が国民の権利義務にかかわる法規範を定立（立法）するときには、一般性・抽象性・明確性等の形式を満たして制定し、これを公布すべし》と言い換えてもよい。

（3）一般性・抽象性・明確性という形式は、君主制の時代にも、啓蒙思想家たちが立法に要求した属性であった。君主が立法権と執行権の双方を有する場合であっても、立法と執行とは、その性質の違いのゆえに、それぞれ別個の作用のはずだ、と説かれたのである。

J. ロック『統治二論』での第二論攷が「立法／執行」の別を説く箇所をみてみよう。

> 「政治的共同体の立法権を有する者であれ、最高権力を有する者であれ、誰であれ、臨機の布告（Extemporary decrees）によってではなく、公布されて国民周知（promulgated and known to the People）の、確立され今も効力をもっている法（established standing laws）によって統治すべきであり、さらに、その法に従って紛争解決する公平無私で清廉な裁判官によって統治すべきである。また、最高権力を掌握する者は、国内的には、その法を執行するためにだけに（only in the Excution of such Laws）……共同体の力を用いなければならない」[62]。

上の第一文前半部は、立法の公知性・一般性・恒常性を述べている。その後半部は司法的事後救済手続の公正さを求めている。また、第二文は、一般的な法規範を個別的に実現する力、すなわち、執行権限について述べている。

（4）この執行概念を立法概念と対照したとき、われわれはその重要な違いに気づくだろう。それは、「立法の一般性／執行の個別性」、さらには、「立法の先行性／執行の後続性」（prospectiveness／retrospectiveness）という違いである。立法と執行にみられる「一般性／個別性」という形式別、「先行／後続」という時系の別は、これらが作用的にも時間的にも別個の統治活動でなければならないことを意味している。この要素が「立法／執行」（legislation／administration）という別を作り出すのである。執行行為の特徴は、事前に他者が決定した事柄を、決定された枠内で実行すること、にある（⇒第Ⅱ章はじめに（5））。

---

62) J. LOCKE, THE SECOND TREATISE, *para*, 131, in TWO TREATISES OF GOVERNMENT (Hafner Library of Classics, 1947).

ここで、執行の定義は次のようになる。

《執行とは、立法を個別・具体的に適用する国家行為をいう》[63]。

（5）「法の支配」は、「一般性／個別性」、「先行／後続」の違いを説きながら、《統治活動は、概念的にも時間的にも、いくつかの作用に分節化されたうえで発動されるべし》と語っているのである。すなわち、統治権は、国民の権利義務との関係では、まず、一般的・抽象的な法規範の定立として発現し、ついで、この法規範の個別的な執行として実現されるべし、という分節化である。

この分節化を説く「法の支配」が権力分立理論と重なり合ったとき、"ひとつの統治機関が複数の権限・作用をもつべきではない"、"権力をひとつの機関に集中してはならない"と強調されていったのである。

（6）権力分立理論にとっての重大関心事は、国民の権利義務にかかわる立法権の分配にあった。議会勢力は、"すべての国民にとっての関心事を立法で規律することは、すべての国民の代表である議会の立法権限の射程である"と主張した。ここにいう、"すべての国民にとっての関心事"が「国民の権利義務を規律すること」であり、法規概念に該当する領域である。

（7）「法の支配」と権力分立理論とを融合させ、統治機関と作用とを分節化する視点で立憲国の原理を捉えれば、次のようにいうことができる[64]。

国民の権利義務を規律するにあたり統治権は、「統治機関Aによる立法⇒統治機関Bによるその執行」と分節化された活動の連鎖によらなければならない。言い換えれば、統治活動においては、法の制定とその執行とが同一機関の所管領域ではなく、しかも、単一の層で同時並行的に進行することのないよう、「先行行為／後続行為」の別がルール化されなければならない。そのためには、権限帰属機関を分立させるだけでなく、立法は、

---

63) ただし、高橋・前掲注21)『立憲主義と日本国憲法』の独特の用法には要注意。
64) 権力分立原理が法の支配と関連していることを本文のように説く論攷として、*See*, Waldron, *Thought and Practice, supra* note 57, at 433.

個別・具体的な事案への公然の適用を包摂する一般的・抽象的な形式をもっていなければならない。

2　法律の「形式」の意義・再訪

（1）　「法の支配」にいう一般性・抽象性、周知性、明確性という属性は、ある法規範の満たすべき形式を意味している[65]。この形式は議会制定法（statute）の具備すべきこれらの属性を指し示すことによって議会の立法権限を統制するのである。

この「形式」の意味するところは、「実質的意味の法律／形式的意味の法律」でいう形式とはまったく違っている。

「実質的意味／形式的意味」の別でいう「形式」とは、(i) 立法の手続または担当機関から法律を捉えた、ということ、または、(ii) 所管領域からみれば議会の立法権限には属さない事項であるにもかかわらず、議会が制定した、という意味を指す。

これに対して、「法の支配」における形式とは、内容のいかんを捨象した、表に現れている形といったほどの意味である。一般性等の形式は、法律の内容についての正邪を問おうとするのではなく、誰であれ、なすべきではない一定の行為類型を、事前に、明確に、周知のものとしておく、という外形として把握できる性質をいう。

（2）　上の節で論じた「立法／執行」の違い、そして、「先行行為／後続行為」という流れに関しては、"法治国における権力分立論（1作用1機関対応型）こそが説いてきたところだ" という反論が提起されることだろう。すなわち、"権力分立構造には【議会による立法権の独占⇒行政府によるその個別的執行】という区別と流れが既に組み込まれているのだ"、"こうした区別を論ずるには、わざわざ「法の支配」との関連性まで問う必要はない" という反論である。

（3）　ところが、「法の支配」原理によって補完された権力分立理論——こ

---

65)　C. シュミットは「形式」（Form）という用語が散漫に使用されていることに苛立った。特に、「形式的意味の法律」にいう形式は「立法の手続が選択される」という「用語上の技術の単純な便法」にすぎず、「この場合、形式的なるものは、それ自体として、およそ意義を有するものではない」とシュミットは鋭く剔る。シュミット・前掲注36）『憲法理論』180～81頁をみよ。

れこそ「立憲国における権力分立」理論というにふさわしい——と法治国における権力分立理論とは、同じではなく、重大な見方の違いがある。

　前者の立憲国の権力分立理論は、「立法／執行」の違い、そして、「先行行為／後続行為」という流れを、法規範の一般性等の形式によって論拠づけようとしているところに特徴をみせている。この理論は、法制定における意思の力や法内容の正邪を云々しないどころか、法の形式で立法意思をパッキングしようとしている[66]。

　これに対して、法治国における権力分立理論は、法実証主義の産物であって、誰の意思が法規範を定立・実現しているか、という視点で国家作用を分節化する思考である。

　この権力分立理論の背景にあるのが人民主権論である（ここにいう「人民主権論」とは、フランス憲法学でいうプープル主権論のことではない。J.ロック的な、人民の同意が国の形を決定する、という程度の素朴な主権論のことである）。

　法実証主義と人民主権論とが共鳴しあったとき、意思の力の序列は各意思の民主的正統性の強さによって決まり、この序列に従って、国家の統治が縦走・縦層的に動くのだ、とみられることになる。「法治国における権力分立」論と本書が呼んできた権力分立観である（⇒第Ⅰ章第3節3）。

　（4）　この法治国における権力分立理解が、さらに法実証主義のもとでリファインされると、「法律の支配」が強調されてくる。

　「法律の支配」（Herrschaft des Gesetzes）概念には、正確な定義はないようである。が、それは、いわゆる「形式的法治主義」または「形式的法治国原理」の中心的課題である、"議会制定法によって他の国家機関を拘束すること"をいうようである。「法律による行政の原理」を支える思考とでもいえばいいのだろうか。

　英米法には、Herrschaft des Gesetzes に相当する言葉または概念はない（あ

66）　わが国憲法学も、権力分立と法の支配がいわば表裏一体の関係にあると捉え始めてきているようである。参照、佐藤幸治「権力分立／法治国家」樋口陽一編『講座憲法学5　権力の分立〔1〕』（日本評論社、1998）12頁。が、両者の接点がどこにあるのか——本文に述べたような国家活動の縦走にあるのか、法の一般性・抽象性という形式にあるのか等——についてはコンセンサスを得るには至っていないように思われる。本書は、権力分立と「法の支配」との関係については、別の原理でありながら、相互補完関係にある、と捉えている。

るとすれば、制定法万能主義を指す legalism という揶揄語だろう）。たとえば、C. シュミットの Verfassungslehre の英語訳、 CONSTITUTIONAL THEORY は、 Herrschaft des Gesetzes を rule of law と訳しているが[67]。これでは、ふたつの違いが不鮮明とならざるをえない。ふたつの違いは「法／法律」のなかに顕れているはずである。

　シュミットは、「法律の支配」といわれてきた思考を、「法／法律」の別からではなく、「法律」の内部での対照で捉え直している。「手続から把握された法律概念／正しく把握された法律概念」という対照である[68]。後者は、一般性・抽象性・普遍性という性質を満たす法律のことであって、この形式こそが「法治国のアルキメデスの点」だと彼はいう[69]。この彼の理論の流れを考慮すれば、彼のいう「法律の支配」を rule of law と訳出することもうなずける。が、こうした考慮なく、いわゆる法治主義を rule of law と訳するとなると、後世を誤らせる。

　（5）　法治国における権力分立理論のねらいは、民主的機関である議会優位の統治体制のもとで、大綱、こう説くことである。

　　《国民の代表機関である議会が一定の手続に従いながら制定し（立法活動）、かく制定された法規範を「法律」と呼び、他の国家機関がこの法律を執行（行政活動）したり、この法規範に基づいて裁定（司法活動）したりするよう統治の作用をわかつ。これが法治国である》。

　この思考は、たしかに、担当機関の別、「先行行為としての立法／後続行為としての執行」、さらには「法律という法形式／命令という法形式」の別を語っている。が、しかし、これらの別は解明されているとしても、法規範の一般性・抽象性・普遍性や公知性・明確性といった性質がどこから来るというの

　　67）　C. SCHMITT (Tran. by J. Seitzer), CONSTITUTIONAL THEORY 181 (2008).
　　68）　参照、シュミット・前掲注36）『憲法理論』178頁。シュミットは、「形式的意味の法律」について、実に明瞭に、「議会が、立法の形式で、立法以外の権限を例外的に行使した所産を『形式的立法』という」と述べている。田中浩＝原田武雄訳『大統領の独裁』（未来社、1974）134頁。また、シュミット、稲葉素之訳『現代議会主義の精神史的地位』57頁（みすず書房、1972）も参照のこと。
　　69）　シュミット・前掲注36）『憲法理論』188頁。

か、私にはわからない。

（6）　ここまで法律の「形式」の定義を論じてきた本項を終わるにあたって、私の見解をまとめれば、こうなる。

・法規範の一般性等の形式は、立法のあるべき属性をいう。これが執行との違いである。
・法律が立法のひとつである以上、一般性等の形式を満たさなければならない。
・一般性等の属性は、権力分立理論に内在するものではなく、「法の支配」の要請するところである。
・権力分立理論は、統治機関の別、各機関権限の分配のありかた、権限の発動過程までは解明する力をもちうるものの、権限の発動形式までは決定していない。
・一般性等は、法律制定の所管全般に要求されるものではなく、国民（市民）の権利・義務を規律する（法規を定立）さいの議会の立法権を統制するための形式である。
・議会制定法の内容を問わない「実質的意味の法律」概念（一般的・抽象的規範説）は空虚である。

3　「立法」に関する手続権限および実体権限

（1）　私は、この第4節のここまで、法律の一般性・抽象性・明確性・公然性・事前性などを「形式」だ、と捉え、この形式は「法の支配」の要請するところだ、と論じてきた。そして、ここでいう「形式」は、教科書で必ずふれられる「実質的意味／形式的意味」の別でいう形式のことではない、とも述べてきた。教科書のいう「形式的意味の法律」にいう形式とは、手続のことで、ならば、これを「手続的意味の法律」と表現するほうが適切だろう、とも評してきた（手続的意味については、すぐ後にもふれる）。

手続からアプローチする法律概念があるとすれば、実体からアプローチする法律概念もあるだろう。法学にはお馴染みの「手続／実体」の二分法である。
この二分法に気づいたとき、われわれは、権力分立構造を採用している憲法

典は、「立法」(厳密には「法律制定」)について、手続権限規定と実体権限規定とを定めるのが常だ[70]、と考えるに至るだろう。そのとき、法律概念を理解するにあたっては、「手続／実体」の別で接近することの重要さが理解できてくる。

（2）　法律への手続的アプローチとは、法律制定にあたる議会がいかなる手順で作動するかを問う視点をいう。この手順を定める規定が立法手続規定であり、この規定によって議会に付与される権限が立法手続権限である。日本国憲法の場合、「立法」の手続的権限付与規定が59条である（41条は手続規定ではない、と私は思う）。

「立法」における手続権限と対照されるべきものが実体権限（substantive power）である。「立法」における議会の実体権限の意義がここで問われなければならない。

議会の実体的立法権限とは、諸個人間の権利義務関係または国家と国民（個人）の間の権利義務または法的関係を規律する立法の制定権限をいう。これが本書の実体権限の定義である。

上にいう「諸個人間の権利義務関係または国家と国民（個人）の間の権利義務または法的関係を規律する立法」が「法規」のことだ、と私は理解している（この「法規」概念を簡素化して、以下、「国民の権利義務関係を規律する」と表記する）。

以上をまとめれば、「実体的立法権限とは法規を定立する権限をいう」となる。この実体権限付与規定が41条である。

（3）　以上の「手続／実体」の区別のもと、憲法所定の手続に従って議会が立法したものが「形式的意味の法律」（Gesetz, statute）である。「形式的意味」とは、手続のなかでルールが形式化される、といったほどの捉え方をいう、と本書は捉えてきた[71])。

「手続／実体」という伝統的な区別を重視するとすれば、「形式的意味の法律」は「手続的意味の法律」と呼びかえられるほうが適切である（念のために

---

70)　参照、小嶋・前掲注37)『憲法概説』369頁。
71)　本書は、「形式的意味の法律」とは「国会が41条権限以外の領域で法律制定権限を行使した所産をいう」と考えている。もちろん、41条権限によって制定された法律も、制定手続から捉えたときには「形式的意味の法律」となっているが、この領域は「形式と実質」とが完全に重なり合っているために、あえて「二重法律概念」を持ち出す必要もない。

いえば、本書は、法について「形式」をいうときには、一般性・抽象性等を指すものとして用いている）。

　（4）　私は、すぐ上で、41条の「立法」とは実体的立法権限のことだ、と述べた。この私の考え方は、次のことを表そうとしている。

　　《国会の立法権は、国民の権利義務関係を規律する内容（substance＝実質）をもつ法規範、すなわち、法規を定立する権限をいう。国会がこの権限を行使するには、法律という国法形式によらなければならない》。

　この実体的立法権限の領域を「必要的法律事項」領域ということにしよう。この実体権限を発動するとき国会は一般的で抽象的な法律という国法形式でこれを規律しなければならない。この国会権限で制定するものが、わが国憲法学のいってきた「実質的意味の法律」に相当する。

　41条以外に憲法が個別の条項によって法律事項とすると指定し、国会にその立法権限を付与している領域、たとえば、両議院の議員の定数（43条2項）、議員の歳費（49条）、弾劾に関する事項（64条）等がある。この個別的な諸規定を根拠として国会が制定する法律を「指定的法律事項」と呼ぶことにしよう。

　さらに、国会が必要と判断して、41条権限とは別に立法権限を発動し、これを法律の形式で定める領域がある（たとえば、「健康増進法」〔平14〕や「食育基本法」〔平17〕のように）。これを「任意的法律事項」と呼ぶことにしよう。

　（5）　こうして、国会の立法権限を「必要的／個別的／任意的」と分ければ、「実質的意味の法律」と呼ばれてきたものが「必要的法律」に、「形式的意味の法律」と呼ばれてきたものが「指定的法律＋任意的法律」に該当することがわかってくる。

　もっとも、ここでの私の関心は、「実質的意味の法律／形式的意味の法律」という類型を詮索することではなく、この別が何のための類型化だったのかを問い直し、これが有意ではないのであれば、これに代わる類型を提示すること、に向けられている。

　「実質的意味／形式的意味」に代わる類型として、私は「立法権限の実体／立法権限の手続／立法権限の形式」の別を考えている。

国会の「立法権」を、「実体（substance）／形式（form）／手続（procedure）」という要素に分けて、41条の法意を次のように問いただしてみよう。

《国会は、㈎ ある実体（substance）をもつ法規範を制定しようとするときには、㈏ 一定の手続（procedure）に従って発案・審議・議決しなければならないと同時に、㈐ 誰に対しても将来等しく適用可能となるよう、明確で一般的・抽象的な形式（form）を満たして、公然と立法すべし》。

繰り返すまでもなく、上の㈎が実体、㈏が手続、㈐が形式である。
（6） 本書が、上のように、国会の立法権について、「実体／形式／手続」の別を強調するのは、権力分立と法の支配との組み合わせがあってはじめて、「立法」の形式・手続が浮かびあがるのだ、という視点を明らかにするためである。

私は、先に、権力分立論は統治の必須機関とその分立、そして、統治機関に与えられる実体権限を語ることはできるものの、権限の発動形式・手続等を解明するには、別の法理論・法原理を追究しなければならない、と述べた（⇒第3節4）。「法の支配」の法原理は、権力分立という法原理を補完し、議会（国会）が「実体的立法権」を発動するさいの、形式と手続とを指し示すのである。

その形式とは、一般性・抽象性・公知性・明確性・事前性といった属性であって、この属性が議会の立法権を統制するのだ、これが私の見方である。
（7） さらに、手続面においては、「法の支配」は権力分立を補完して、「立法⇒執行⇒裁定」の統治手続につき、その担当機関が別々であること、時間的にも先行・後続の別があることを求める。この手続的正義の希求は、立憲君主制であろうと「民主主義の憲法体制の下」であろうと変わらない。

国民の自由を規律するルールにおいては、立法する国家機関、執行する国家機関、裁定する国家機関は別個であるべし、これが権力分立における機関の分離の意である。この分離に「兼職禁止原理」（incompatibility principle）を加えれば、さらに望ましくなる。

第Ⅲ章　権力分立・再定義——日本国憲法の場合　175

本章を終えるにあたって

（1）　本章の関心事は、日本版 Vesting Clauses が「権限帰属先の同定規定」なのか、それとも「実体的権限の分配規定」なのか、という問いに向けられてきた。この問いは、65条と73条との関係を見直すさいに有益だった。この見直しの結果、65条が執政権に関する権限帰属先同定規定（執政権限を一元的に内閣に帰属せしめる規定）であり、73条が実体権限付与規定だ、という解読に至った。73条の実体権限は、包括的な内容をもっている。

（2）　ついで本章は、41条 Vesting Clause の法的性質を問い直してみた。41条は権限帰属先の同定規定ではなく、「立法」の実体権限付与規定だ、と読むのが適切である。そうなると、手続規定はその外にある、と予想するのが合理的である。すなわち、「実体／手続」別の接近法である。

通説は、41条の「立法」の意味を問おうとするとき、「形式／実質」の別で接近しようとしてきた。この「形式／実質」は何を識別基準とした捕捉方法なのか、学説は混乱を示しているように思われる。立法の意味について通説は明確な定義のないまま、立法と法律とをいつの間にか相互互換的に使用している。これまで憲法の教科書は41条について「国会単独立法・中心立法」と、まるで立法することすべてが41条の国会権限であるかのように説明してきた。この解明のしかたは、ウェストミンスター・モデルのものではなく、法治国における権力分立構造理解に影響されたものと思われる。

（3）　ついで本章は法律の「形式」の意義を問いなおした。一般的に「形式的意味／実質的意味」の別は、"法形式または名称は△△であるものの、中身からみれば△△も▲▲の範疇に含まれる" と説明するための二分法である。たとえば、"実質的意味の憲法とは、内閣法という法律をも含むように、国家の根本構造をいう" というように。この用例からすれば、「実質的意味の法律には、市民生活と密接に関連している政令を含む」というように、法律という法形式とは別でありながら、法律と同質の内容にわたる立法をいう、とするのが適切であるように思われる。種差を求めるにあたって、"外形または名称よりも中身だ" という言い方である。通説は、名称を同じくする「立法」または

「法律」について、「形式／実質」の別を問うているようである。

これはこれで間違いだというわけではない。

私にとって理解困難な見解が一般的・抽象的法規範説である。この説のいう「実質的意味」とは、内容という意味での実質ではなさそうである。一般的・抽象的法規範説は、伝統的な法規概念を否定しようと急ぎすぎたようである。

（4）　41条に関する「形式／実質」の別を「手続／実体」と言い方を変え、この統治作用の「実質」（この場合、"中身がしっかり詰まった"という程度の意味である）に迫るほうが望ましい解明法ではないか、と私は考え、権力分立構造のなかの実体権限としての「立法」概念を追い求めてきた。この実体を考えるにあたっては、国民（市民）の権利義務を射程外に置くことは不適切である。このことに留意して、私は、議会の実体的立法権限とは諸個人間の権利義務関係または国家と国民（個人）の間の権利義務または法的関係を規律する立法の制定権限をいう、としたのである。

（5）　41条が権力分立構造における実体的な立法権限の分配規定だ、と解したとき、立法手続と形式のありようは、41条の外に求めるのが適切である。59条が手続きに関する規定である。

立法形式のありようは、実定憲法上には具体的な論拠はなく、「法の支配」原理が求めるところである。その形式とは一般性・抽象性・公知性・明確性・事前性といった属性である。「法の支配」がこの形式を満たすよう議会（国会）に求めることによって、その実体的な法律制定権を統制するのである。

第Ⅳ章　議院内閣制・再定義

> 政治権力の分散的行使か、それとも集中的行使か、という二分法を基本としようとしたとき、政治的な諸概念のうち最も有名なあるものを批判的に再検討せざるをえなくなる。それは、立法、執政、そして司法の実体に応じた、いわゆる「権力分立」という、立憲主義の根底となっている考え方である。
>
> K. LOEWENSTEIN, POLITICAL POWER AND THE GOVERNMENTAL PROCESS 34 (2nd ed. 1965).

はじめに

（1）　私は、第Ⅱ章においてアメリカ合衆国憲法の権力分立構造を分析してみた。

　そのさい、権力分立原則を語るにあたっては、多層の視点があることに注意を喚起しながら、「ある権力分立論争がどの層を念頭に置いて展開されているのか、観察者は常に注意しておかねばならぬ」と述べた。いくつかの層とは、㋐ 政治思想、㋑ 法原理、㋒ 国制の基礎、さらに、㋓ 実定憲法上の統治の全体構造、㋔ 実定憲法が示す統治機関間の個別的関係、㋕ 憲法政治の実態[1] 等である（⇒第Ⅱ章はじめに（3））。

　アメリカ合衆国憲法にみられる権力分立構造の特徴は、大統領制という実定憲法上の機関・権限に求められることが多い。この大統領制は、Ch. モンテスキュー理論の知らなかったところであるとはいえ、法律制定過程における大統

---

1)　連邦政府のいずれの機関が実際に権力を集中させているか、この権力集中は統治にとって警戒されるべきか、といった経験上の政治的評定が権力分立の捉え方に強い影響を与えている。この政治的実態分析は本章の関心ではないものの、本章が各所でふれるように、どの機関を「最も危険な部門」とみるか、という論者の診断を軽視することはできない。アメリカにおける学説の状況については、第Ⅱ章の第2節4をみよ。

領と議会の権限をみるかぎり、モンテスキュー理論との親和性をみせている。すなわち、「議会の制定する権限⇔大統領（君主）の阻止する権限」という、ひとつの権限の分割・分散だった（⇒第Ⅱ章第1節2）。

　もちろん、合衆国憲法とモンテスキュー理論との間に親和性がみられるとはいうものの、両者の違いも顕著である。顕著な違いとは、モンテスキュー理論においては、当時の社会に実在する（と思われていた）いくつかの勢力——君主勢力、貴族・僧侶勢力、そして市民勢力——に対応する統治機関間の権力の抑制関係が重視されていた[2]（モンテスキュー理論が「混合政体論」の亜種だといわれることがあるのは、そのためである）のに対して、合衆国憲法における権力分立理論は、社会勢力に応じた機関配置ではなく、We the People of the United States という観念的に一体となった「人民の権威」を基礎とする権力分立構造となっている点にある[3]。

（2）　合衆国憲法とは対照的に、日本国憲法における権力分立構造は、モンテスキューの構想とはまったく異なったものとなっている。ということは、日本国憲法の権力分立を語るにあたって、上の(ア)ないし(イ)の層に分け入ったとしても、得るところは少ない、ということになろう。もし得るところを追究しようとするのであれば、合衆国憲法と日本国憲法という実定憲法にみられる非対称性を真剣に受け止めることだろう。

　合衆国憲法は、統治機関間に競争（ライヴァル）関係をもたらそうとする、いわば相互抑制型である[4]。なかでも、ひとりの大統領を置いて、この職と議会との間に権限を分散させて競争関係をもたせようとした（正確には「競争関係をもたせることがモンテスキュー理論の要諦だ」と憲法制定者たちがモンテスキュー理論を解釈したのである。議会と大統領とのライヴァル関係は、外交・軍事領域となると、さらにくっきりと浮かびあがる）[5]。これが、アメリカ大統領制の権力分立に

2）　参照、F. ノイマン著、マルクーゼ編、内山秀夫＝三辺博之ほか訳『民主主義と権威主義国家』（河出書房新社、1971）194頁。
3）　*See* S. Calabresi, *The Vesting Clauses as Power Grants*, 88 Nw. U. L. Rev. 1377 (1994).
4）　本書が何度も指摘してきたように、合衆国憲法起草者のねらいは、統治機関間に抑制関係——協働の関係ではなく——を持たせることだった。The Federalist No. 51, at 281 (J. Madison) (J. Pole, ed. 2005) は権力分立のねらいについて、「対立しライヴァル関係におかれた利害によって、（自分にとって）よりよい動機を求めようとする人間の欠陥を埋め合すこと」をあげた。

みられるの最大の特徴である。この側面こそ、合衆国憲法がモンテスキュー理論に親和的だ、といわれるべきポイントである（われわれは、合衆国における兼職禁止規定よりも、法律制定権限における大統領権限と議会権限との間の関係に注目すべきである）。この合衆国憲法にみられる統治構造の特徴をもって「ワシントン・モデル」と呼ぶことにしよう。

（3）　ワシントン・モデルとは対照的に、日本国憲法は議会（国会）と内閣との間に協働関係をもたらそうとしたようである。日本国憲法のこの統治構造は、通常、「議院内閣制」と表現され、その原型は英国にある、ともいわれてきた[6]。議院内閣制は、議会と執政府との関係を捉えた統治構造のひとつである。

英国の議会と執政府との協働統治という特徴を捉えて、本書はこれを「ウェストミンスター・モデル」と呼んできた（このモデルが両者の関係をどう捉えているのかについて、本章は次第しだいに明らかにしていく）。

第1節　「大統領制／議院内閣制」

（1）　ワシントン・モデルとウェストミンスター・モデルは、それぞれ「大統領制／議院内閣制」の典型例として理解され、たびたび比較対照の軸として用いられてきた。

ところが、それぞれの本質的な特徴を何に求めるかとなると論者によって実

5）　作用・権限の分割は、「機関Aの権限行使が有効に完了するためには、機関Bの何らかの権限行使（たとえば、同意）を要する」とする仕組みである。これは、見方によっては関係統治機関を相互依存関係（reciprocity or interdependence）に置くことだ、ということもできそうである。がしかし、権力分立とは「抑制・均衡」メカニズムとして構想されていたことに留意すれば、「相互依存関係」というよりも「競争関係」と表現するほうが適切である。本書は、これを「ライヴァル関係」と表記してきた。

6）　日本国憲法が議院内閣制、それも英国型によっていることについてわが国の学説にはほぼ異論はないようである。この流れを決定したのは宮澤俊義「議院内閣制のイギリス型とフランス型：比較法的考察」比較法雑誌1号1巻（1951）100頁（後に『憲法と政治制度』〔岩波書店、1968〕に所収）のようである。また、参照、法学協会編『註解日本国憲法（下）』（有斐閣、1954）977頁、鈴木安蔵「議院内閣制」公法研究7号（1952）20頁等。が、本章は、英国型の「議院内閣制」の必須要素は何であるのか、そして、日本国憲法がそれらの要素をどれほどもっているか、問い直したうえで、結論を出すべきだと説いていくだろう。議院内閣制に関する包括的な分析については、参照、大石眞「議院内閣制」樋口陽一編『講座憲法学5権力の分立〔1〕』（日本評論社、1998）240頁以下。

に区々である。

　ふたつの体制のいずれかに属するといわれる諸国の偏差まで数え入れようとすれば、ふたつの類型から外れる要素が続出し、偏差を捨象してしまえば、包括的な類別基準となって境界は曖昧となる。G. サルトーリ（G.Sartori）が指摘するように、「現実世界の諸事例をこうした二種類（クラス）に区分しようとすると、不適当な同類化とあやふやな包括化の双方が生じる」[7]だろう。サルトーリは、ふたつの類型にこだわらないことが賢明だ、という[8]。というのも、「ほとんどの場合、大統領制の定義は不適切であり、議院内閣制もまた実に多様」[9]だからである。

　実際、大統領制は世界に数多く[10]、また「議院内閣制」にも多種多様なものがみられ（正確にいえば、「議院内閣制」の本質の理解も多様であり）、そこに統一的な指標を見出すことは困難である。「大統領制か、議院内閣制か」という二分法は概括的で茫洋としており、実のところは、鋭さに欠けるのである。

　（２）　それでも、ある論者は、ふたつのタイプの「理念型」を追究することの重要さを指摘して、その特徴の「必要かつ十分条件」として次の諸点をあげている[11]。

　理念型としての大統領制の特徴は、議会と執政府とが相互自立の体制であって、(i) 執政府の長が一定の任期をもって国民によって（直接的または準直接的に[12]）選出され、これこそが執政権固有の正当性の根源であるとされる一方、

---

7)　G. サルトーリ「大統領制でも議院内閣制でもなく」J. リンス、A. バレンズエラ編、中道寿一訳『大統領制民主主義の失敗 理論編 その比較研究』（南窓社、2003）162頁。以下、この著作を『大統領制民主主義の失敗』と引用する。

8)　参照、同訳書167頁。

9)　G. SARTORI, COMPARATIVE CONSTITUTIONAL ENGINEERING: AN INQUIRY INTO STRUCTURES, INCENTIVES AND OUTCOMES 83 (2nd ed. 1997). 以下、これを "COMPARATIVE CONSTITUTIONAL ENGINEERING" と引用する。

10)　SARTORI, COMPARATIVE CONSTITUTIONAL ENGINEERING 8 によれば、ラテン・アメリカだけでも20か国が大統領制によっている、という。大統領制のなかで成功例といえるのは合衆国だけで、その成功例も憲法典のおかげではなく、"権限を分割している憲法にもかかわらずうまくいっている"、ともいう (Ibid., at89)

11)　参照、A. ステパン＝S. スカッチ「大統領制と議院内閣制に関する比較研究」リンス＝バレンズエラ編・前掲注7)『大統領制民主主義の失敗』185頁。なお、本文でふれる特徴は、ステパンとスカッチのいうところと同じではなく、私のアレンジが入っている。

12)　本文でいう「準直接的」とは、サルトーリ・前掲注7)「大統領制でも議院内閣制でもなく」162頁での表現を借用したものである。

(ii) 議会も国民によって選出され、これこそが議会固有の正当性の根拠だ、とされることにある。

　他方の、理念型としての議院内閣制の特徴は、議会と執政府との相互依存の体制であって、(a) 執政府の長は議会の多数派の支持を受けなければならず、したがって、不信任決議が可決されれば、辞職しなければならず、他方、(b) 執政府は（通常は国家元首と協力して）、議会を解散し総選挙を求める権限を有していること、である。

　以上の理念型の議論は、一方の相互自立、他方の相互依存という特徴を対照軸としているに止まる。また、理念型であるため、包括度が高すぎて、その通用力は限られているように思われる[13]。「大統領制／議院内閣制」の比較にあたっては、典型的な国の国制をサンプルにして、そこでの作用・権限の相互関係に重心を置いた分析が生産的であろう。

　（3）　従来たびたび試みられてきた「議院内閣制 対 大統領制」という比較対照が、なぜ生産的ではなかったのか。

　この疑問に対して、ある論者は次のように応答している[14]。

　　第1の理由＝制度・機構の分析を軽視し行動論的アプローチ（政治社会学的アプローチ）に訴えてきたこと、
　　第2の理由＝その焦点を欧州諸国家中心に置いてきたこと、
　　第3の理由＝欧州の政体と比較する場合にアメリカの大統領制を選び取ったこと。

　これらのうち、第1の理由は、作用・権限の分析において十分ではなかった、と付言すれば、十分に納得できよう。第2の理由は、比較憲法学や比較政治学にはよくみられることである。第3の理由は、もう少々説明を加えない限り、回答としては不十分である。

　アメリカの大統領制と欧州の政治体制と比較してきたことが、なぜ生産的で

---

13)　本文で言及した理念型の議論では、半大統領制の特徴を捉えきれない。また、「大統領制の理念型」には、サルトーリが「純粋の大統領制」の特徴としてあげる、「みずからの任命した政府あるいは諸政府を統括する」という条件が欠けている。
14)　参照、リンス＝バレンズエラ編・前掲注7）『大統領制民主主義の失敗』7頁。

はなかったのか、という点について、この論者は、"アメリカの大統領制は特殊な「逸脱事例」であって、他のどこにも共通の参考例はないのだ"というのである[15]。大統領制のサンプリングを間違ってきた、というわけだ[16]。

（4）これに対して、別の論者は、アメリカ大統領制がたとえ特異なサンプルだとしても、それが他国に与えた影響力を重視すべきだ、という。アメリカ憲法での大統領制は大統領制のプロトタイプであって、その分析や他国との比較は重要だ、というのである[17]。この論者は、アメリカの大統領と、他国の大統領制とを区別して論議の俎上にあげている。

どうやら、「大統領制か、それとも議院内閣制か」という概括的な対称軸は政治体制分析にとって生産的ではなさそうである。

かといって、「直接民主政（Direct Democracy）／会議政（Assembly Government）／議会政（Parliamentarism）／内閣統治政（Cabinet Government）／大統領政（Presidentialism）／スイスの Directory Government」という「立憲民主主義の統治体制」の類型化では[18]、それぞれの体制の定義そのものが論争の対象となるばかりか、対称軸も複雑となりすぎ、有益とは思われない。この類型を示した K. レーヴェンシュタイン（K. Loewnnstein）自身、議会政をさらに「古典的議会政（フランス）／疑似議会政／統制された議会政（ドイツ）」というサブ・カテゴリーに分けている。それだけ、「議会政」の定義は曖昧なのである[19]。

となると、諸国の政治体制をグローバルに比較するのではなく、対照の焦点をもっと絞って、「ワシントン・モデルか、それとも、ウェストミンスター・モデルか」と問題設定し、それぞれの特徴を抉り出すことが賢明そうである。

---

15) 同書同頁。
16) M. Tushnet, *Some Skepticism about Normative Constitutional Advice*, 49 WM. & MARY L. REV. 1473（2008）は、アメリカ大統領制か議院内閣制か、という論点の立て方が過剰な規範論となりがちとなっている、と慎重な姿勢をみせる。彼は、各国家の政治情勢・実態や伝統・成熟度との関連性を軽視しない、慎重な分析を求めている。
17) 参照、リンス＝バレンズエラ編・前掲注7）『大統領制民主主義の失敗』185頁。
18) *See* K. LOEWENSTEIN, POLITICAL POWER AND THE GOVERNMENTAL PROCESS 77-106（2nd ed. 1965）. 以後、このレーヴェンシュタイン著書を"POLITICAL PROCESS"と引用する。議会政のタイプは論者によって区々である。
19) レーヴェンシュタインの議会制の定義は次のとおり。「議会と政府という別個独立のふたつの権力保持者の間に、一方の他方に対する優越ではなく、均衡状態を作り出そうとする試みをいう」（*Ibid.*, at 86-87）。

(5) そのさい、われわれは、次の諸点に留意しておかねばならない。

第1は、各モデルにみられる特徴は、その国に特有なものだ、と割り切って、過剰に一般化しないことである。というのも、ワシントン・モデルが大統領制の諸国のなかでも異例だ、といわれるのと同じように、ウェストミンスター・モデルも議会政のなかでは異例となっているからである（本章が次第しだいに明らかにしていくように、英国では、Parliamentary Government といわれてきたものが Cabinet Government[20] となっている）。「議院内閣制」を論ずるにあたっては、英国をサンプルとすることにわれわれは慎重でなければならない。

第2に、ふたつの統治構造も歴史的に変容してきた、という事実である。英米の論者による大統領制および議院内閣制の「本質」の捉え方は、その時々の統治の実態、特に、非常時におけるリーダーの政治手腕の巧拙によって左右されてきた。このため、当然、体制の評価は評者によって様々となる。リーダーの手腕・能力に期待する論者は、このリーダーひきいる執政府がリーダーシップをもって議会をも指導する体制を推奨するのに対して、この手腕を否定的に評価する論者は、デモクラティックな議会権限（議会優位の統治）に期待する傾向を示す。われわれは、評者が、どの時期のどのリーダーを念頭に置いて、執政府と議会との関係を論じているかを見極めると同時に、当該評者の政治的な選好傾向をまずみてとらねばならぬ。英米の政治体制論は、プラクティカルな分析となっていることが多いのである。

第3に、ふたつのモデルの比較対称軸には、議会−執政府の関係だけでなく、他にも多数があるという点である。たとえば、執政府と行政機関（または官僚団）との関係、執政府の長と閣僚との関係、執政府と選挙民（有権者団）との関係、政治部門と司法府との関係（特に、司法審査制）、さらには、政党との関係等がある。これらすべてを比較対照することは容易ではなく、本書の関心事をも超える。本章は執政府と議会との関係に重点を置き、必要に応じて、執政府と行政機関（または官僚団）との関係、執政府の長と閣僚との関係、執政府と選挙民（有権者団）との関係にふれる。

---

20) レーヴェンシュタインは、「この（Cabinet Government という）用語自体は議会政のなかの特定ヴァージョンであるから、英国特有の体制を表すものとして取り置くべきものである」という。Ibid., at 86. ただし、（ ）内は、阪本。

(6) 本章の主たるねらいは、ワシントン・モデルの特徴とウェストミンスター・モデルのそれとを比較しながら、日本国憲法における「議院内閣制」の本質を描き出していくことにある。そのさいの問題関心は、すぐ上でもふれたように、「ワシントン・モデル」、「ウェストミンスター・モデル」における執政府と議会との関係、厳密にいえば、両者の間での権限関係の特徴を浮かびあがらせることにある。

ワシントン・モデルにおける執政府とは、大統領および大統領執政府（Executive Office of the President）をいい、議会とは連邦議会（Federal Congress）をいう。ウェストミンスター・モデルにいう執政府とは、形式的には君主・首相・閣僚からなる機関を、実質的には、首相と閣僚からなる内閣をいい、議会とは、形式的には君主・下院・上院からなる国会をいい、実質的には、下院と上院という二院からなる議会をいう。

まずは、次節において、ワシントン・モデルの特徴を概観し、それに続く節では、ウェストミンスター・モデルの特徴を求めていく。

第2節　ワシントン・モデル

1　ワシントン・モデルの特徴

（1）　ワシントン・モデルの特徴を、本節の狙いと関連するところに限定して、概観してみよう。

ワシントン・モデルの最大の特徴は、大統領の地位・権限にある。この地位・権限は大統領の選出方法と関連している。

その選出方法の特徴は、大統領は、有権者（有権者登録を済ませた者）が選挙人団（Electoral College）に投票し、それによって選出された選挙人団が大統領を選出する、という間接選挙制にある[21]。これは、「民主主義の過剰」（正確には、

---

21)　大統領選挙（本選挙）において有権者（有権者登録を済ませた者）は、一般投票日に「大統領候補と副大統領候補のペアチケット」への投票を誓約する選挙人団に票を投ずる。選挙人団は、当該州の上院と下院の議員数に等しい人数の選挙人からなり（ワシントンDCは3名の選挙人）、全米では合計535人である。選挙人団の選出方法は、州の決定事項であるところ、現在では、州民が全国一律の一般投票の日（11月第1月曜日の翌日）に選挙人を選出する。

「大衆民主主義」の過剰」というべきか)を警戒し、民意が大統領権限に直接に流れ込まないにする憲法制定者意思の表れである。

(2) 以下では、大統領の地位・権限にスポットを当てて、ワシントン・モデルの特徴に接近してみよう。

この特徴に接近するにあたっては、(i) 大統領と連邦議会との関係、(ii) 大統領と行政機関との関係、そして、(iii) 大統領と内閣・閣僚との関係に分けて求めるのが適切である。以下、この順に分析していく。

(i) 連邦議会との関係

(ア) 大統領と連邦議会議員(上院議員、下院議員)の選出のルートはそれぞれ独立である。この構造は「二重の民主的正当性システム」といわれることがある[22]。比較憲法学における用語でいえば、「二元的代表の統治システム」である。

(イ) 大統領の任期と議員任期もそれぞれ独立である。

(ウ) 大統領は国民に対して責任を負い、議会に対しては責任を負わない。ということは、議会は大統領を信任したり不信任したりする権限をもたない一方(弾劾裁判は別である)、大統領は議会解散権をもつことがない。

(エ) 重要な統治権限行使である条約締結権限や外交権限について大統領は議会との競争関係に置かれる(合衆国憲法2条2節2項)。これが合衆国憲法における権力分立構造の際立つ特徴である(⇒第Ⅱ章第2節2)。

(オ) 競争関係のなかでも、法律制定過程において大統領は法律案への署名権をもち(1条7節2項)、議会の制定権を抑制する。大統領が "Art. Ⅱ Legislator"(「2条立法者」)と呼ばれるゆえんである。

(ii) 行政機関との関係

(a) 大統領は、「この憲法にその任命に関する別段の定めがなく、法律によって設置されるその他全ての合衆国の幹部公務員(all other Officers of the United States)を指名し、上院の助言と同意を得てこれを任命する」権限を有する(2

---

22) 参照、J・リンス「大統領制民主主義か議院内閣制民主主義か その差異について」前掲注7)『大統領制民主主義の失敗』20頁以下。

条2節2項)。大統領の公務員の人事（任用）権は限定されたものになっている。
(b) 大統領は、議会によって創設された省庁（departments）および「行政機関」（administrative agencies）を監督する地位にある（2条2節2項、ただし、すぐ下の(d)でふれる論争をみよ）。
(c) 大統領は省庁の長の罷免権限を有する（が、大統領単独の判断でそれが可能か、それとも議会の付す罷免の条件に拘束されるのかについては、常に論争の的〔裁判紛争〕になってきた。ここでの争点が、問題の省庁の長の職は executive に属するか、それとも、administrative に属するか、という論争であり、これを識別しようとして、「形式別学派／作用別学派」の対立が判例学説上展開されてきたのである。⇒第Ⅱ章第2節2）。
(d) 大統領は、行政機関に対する監督権限をもつ。もっとも、大統領が、どこまで、どの種の監督権限をもっているのかとなると、判例・学説上定かではない。「通説」的な見方によれば、大統領は、憲法に定められている「法律の誠実執行（管理）配慮」義務（権限）（2条3節）を果たすために、行政機関に対して、最終的な"overseer"としての権限をもつにとどまる（すなわち、大統領は行政機関の活動に対する最終的決定権をもってはいない、ということであり、この大統領権限は日本法にいう「統轄」[23]に当たる、と解される）[24]。

(ⅲ) 内閣または閣僚との関係
(ｱ) 大統領は憲法上の独任機関として、憲法典に個別の定めがない限り、executive 権限行使について単独で意思決定できる。連邦憲法2条が明文で定めるとおり、執政権はひとりの大統領に帰属するのである[25]。閣議における閣

---

23) 日本法でいう「統轄」の意味も定かではない。興味深い視点でこれを解明したのが森田寛二『行政機関と内閣府』（良書普及会、2000）4～5頁である。それによれば、統轄とは《離れているものをつなぎ（轄）、それを統べること》をいう。となると、内閣の任務は、分離されている組織体をつなぎ止め、統べること、となる。内閣と行政機関との関係について行政学のいう「分離のルール」、「優劣のルール」が統轄という言葉に含意されているのである。

24) 大統領と行政機関との関係も権力分立としての意味をもっていることについては、*See* P. Strauss, *The Place of Agencies in Government: Separation of Powers and the Fourth Branch*, 84 COLUM. L. REV. 573（1984）. 行政機関は、連邦憲法1条8節18項の「必要かつ適切条項」を論拠に連邦議会によって創設されたものだ、とする今日の「通説」的理解については、第Ⅱ章第1節3を参照のこと。

僚の意見にどう対応するかは大統領の自由な判断にかかる反面、ひとりの大統領が政治責任を負う体制である（責任所在の明確化）。

(ｲ)　大統領は、自己の意に反する閣僚を単独で罷免できる。が、すぐ上の(ii)(c)でふれたように、罷免権は、問題の閣僚が executive 領域を職務としているかどうかにかかっていると一般に解されている。もっとも、executive と administrative との区別は明確ではない（executive の概念自体が不明である）。

（3）　合衆国憲法の権力分立構造の特徴をいうとき、"大統領と議会との厳格な分離" によく言及される。"厳格な分立" という表現は、「大統領職は議会の支持・不支持とは無関係だ」とか「議会は大統領を（弾劾裁判は別として）解任できない」ということを指すのであれば、間違いではない。が、選出方法が別個独立であることばかりに意識を集中すべきではなく、「作用の分散・競争」に着眼すべきである。

ワシントン・モデルにおける "厳格な分立" の側面と、"分散・競争" の側面とを、再度ここで確認しておこう。

合衆国憲法は、大統領と連邦議会とをそれぞれ独立した、対等の憲法上の機関として設置しながら、他方、統治の作用・権限の分配においては、先にふれた法律制定過程にみられるごとく、この2機関をライヴァル関係に置いたのである。「機関の分離・孤立（化）／作用の分散・競争」という特徴である[26]。

（4）　この「作用の分散・競争」構造が憲法制定者の構想どおり機能してきたのか、競争構想がはたして実際の統治に活きているのか、また、この大統領制が好ましい健全な統治をもたらしているのか、現実の統治においては誰（いずれの統治機関）が統治しているのか、といった疑問についてアメリカの論者は、これまで絶え間なく論争してきた。そして、研究者の評価は時代とともに微妙に変化してきた。

この評価の対立は、時代ごとの大統領制理解の変容を示している。また、その評価は、大統領制は英国の「議院内閣制」との対比のなかで揺れてきた。ウェストミンスター・モデルの評価のしかた次第で、ワシントン・モデルの評

---

25)　合衆国憲法の該当部分（2条1節1項）は、こう定めている。
　　The executive Power shall be vested in a President of the United States of America.

26)　See, e.g., SARTORI, COMPARATIVE CONSTITUTIONAL ENGINEERING 86. また、第Ⅰ章の注50）もみよ。

定も多様となるのである。

（5） アメリカの大統領制は望ましい統治をもたらさなかったのではないか、と批判的な論調を展開するのが B. Ackerman, *The Ntew Separation of Powers* という論攷である[27]。そこでのアカマンの批判をひとことで言い表せば、大陸における国家の二元構造――君主という代表と議会という代表をいだく統治構造――のもつ統治上の軋轢を合衆国は繰り返してきたあげく、大統領指導型統治に傾斜しすぎている、というのである。

アカマンは、なるほど、合衆国憲法が成文憲法典となっており、そこに基本権保障を定め、憲法秩序を保持するために司法審査制を実践してきている点を賞賛する。ところが、合衆国憲法の権力分立――その構造のなかでも、法律制定にあたって議会と大統領とが独立の権限をもって抑制しあうこと――となると、大統領権限が強力になりすぎている、と彼は疑義を呈してくる。「制限された統治」（Limited Government）からずれている、というのである。

（6） この彼の論調は、アメリカ公法学者の多くが"アメリカの大統領制こそ諸外国で採用されるべきモデルだ"[28]と考えてきたことと対照的であったために、強いインパクトを人びとに与えた。

もっとも、アカマンは、大統領制と対照されてきた英国での Parliamentary Government（「議院内閣制」といわれてきたもの）にも共鳴しない。英国の統治構造は統治権限の制約に十分ではない、と彼はみているのである[29]（この点につい

---

27) B. Ackerman, *The New Separation of Powers*, 113 HARV. L. REV. 633 (2000). 以後これを、"New Separation" と引用する。

28) *See, e.g.*, A. LIJPHART, PATTERNS OF DEMOCRACY 9 (2nd ed. 2012). 彼は、アメリカの政治学者や公法学者がアメリカ大統領制を賞賛してきた傾向に対して、「政治学のなかでも比較政治を専門とする研究者は英国の統治システムを少なくともアメリカの場合と同程度の敬意を払う傾向がある」と述べている。以下、このレイプハルトの著書を" PATTERNS OF DEMOCRACY" と引用する。

後の本文で述べていくように、『英国憲政論』の著者、W. バジョット（W. Bagehot）は、アメリカ大統領制に批判的で、Parliamentary Government に賛同していた。また、アメリカにおいては、政治学者でもあり大統領にもなった W. ウィルスン（W. Wilson）は、合衆国大統領権限の弱さを克服しようと、当時のウェストミンスター・モデルにみられていた首相指導型統治に共鳴していたことはよく知られている。後掲注30) およびその本文をみよ。

29) 立憲国でありながら成文憲法典をもたない英国の統治は不安定である、と指摘するものに、参照、ハロルド・ラスキ、前田英昭訳『イギリスの議会政治』（日本評論社、1990）39～45頁、エリック・バーレント、佐伯宣親訳『英国憲法入門』（成文堂、2004）6～7

ては、本章の「本章を終えるにあたって」でもふれる）。

　合衆国大統領は、彼のいうほどの強力な権限を行使しているのだろうか。大統領の占める憲法上の地位・権限の歴史展開を振り返る必要がありそうだ。

2　大統領の地位・権限の変遷
　（1）　20世紀中葉までのアメリカの政治学者や公法学者は、合衆国憲法の権力分立構造において、大統領の地位を元首イメージで捉えていたようである。

　たとえば、20世紀初頭の行政学者、W. ウィロビィ（W. Willoughby）は、「憲法制定者たちが、執政（executive）という語を、国民の名目上の長の政治的義務のみをカヴァするという、技術的な意味で用いたということには、何らの疑問もありえない」[30]と明言している。すなわち、大統領は、政治的、象徴的、儀礼的な存在として、上院の助言と承認に基づいて、上級公務員を任命したり、対外的に代表機能を果たしたりする地位を占める人物だ、というわけである。大統領は、中性権（調整権）の主体だ、という理解である。少なくとも、憲法制定者は2条1節1項にいう"The executive Power"の実体的な性質について明確な輪郭をもってはいなかったようである（⇒第Ⅱ章第4節1）。

　（2）　アメリカ合衆国憲法の起草者たちは、大統領が国民から直接に選出されるときの危険を予知していた。起草者たちは民主制の過剰を警戒していたのである。あるいは、英国の伝統に従って、民主制といえば議会制民主主義または間接民主主義だ、と理解していたのかもしれない。起草者が選んだのが、先にふれた、大統領の選出を間接選挙制とすることだったのだ（現在では、準直接選挙という習律になっている）。

　先にふれた「二元的代表の統治システム」においては、大統領が国民投票によって直接選出されるとき、大統領の正当性のほうが議会（または議員）のそれよりも前面に出て強くなりがちとなる。そこでの大統領は、その法主体（person）の一身（person＝肉体）に選挙の結果を表出する存在となり、そこに正当性論拠が集中してしまう。合衆国憲法の起草者たちは、こうした「プレビ

　　　頁。ラスキは「イギリス人の『基本的自由権』がそれ自体わが憲法習律の一部ではないことは十分明らかである」ともいう（同訳書42〜43頁）。
30)　See W. Willoughby, An Introduction to the Study of the Government of Modern States 252 (1919). 以下、これを "Government of Modern States" と引用する。

シットの危険」を知っていた[31]ようだ。

　そこで、彼らは、国民の政治的選好が大統領の肉体（一身＝person）にストレートな形で代表されないようにと、大統領権限の実体も曖昧なままにしたのだった。《政治責任（説明責任）はひとりの大統領に「肉体化」されるが、国民の政治的選好を直接に肉体化させない》という方式の選択である。しかも、大統領の権限を連邦議会権限という「他の権力によって解毒する」構造も選択された。

　20世紀初頭まで、大統領権限は元首としてふさわしい権限に止まる、と解釈されたのはこうしたことと関連している（⇒第Ⅱ章第3節6）。

　（3）　20世紀前半までは、連邦政府の役割が限定的であっても全米の統治に障碍はなかったのかもしれない。もともと、連邦制をとる合衆国憲法は、州の統治権が連邦政府によって浸蝕されるおそれに神経質だった。合衆国の連邦制においては、連邦憲法が定める事項以外は「州政府に留保される」（修正10条）のであって、国民（州民）を統治する第一次的権限は州政府にある。ある時期までは、この連邦制で済んでいたのである。そのぶん、連邦政府の任務は限定されており、それに比例するように大統領の地位・権限も、軍の最高司令官を除き、元首的なものでも支障はなかったようである。

　ところが、皮肉なことに、そのときまでに対岸の英国における統治構造は既に首相指導型（Premiership System）または内閣指導型（Cabinet Government system）になっていた。このことに気づいた行政学者・政治学者でもあり、第28代大統領にもなったW. Wilson（W. ウィルスン）は、その初期の著作のなか

31）「プレビシットの危険」を予知していたかのように、フランス憲法についてではあるものの、1852年に、こう指摘した論者がいる。「フランス人の投票権は国民議会では750人の議員に分割されるけれども、これに反して大統領制では、一人の個人に集中する。議会では個々の人民代表はあれこれの政党を、あれこれの都市を、あれこれの橋頭堡〔植民地拠点〕を代表するだけであり、あるいは、750人のうちの任意の人物を選ぶ必要を代表するだけなのだが、大統領の方は事情も人物も正確に評価されていないとしても、彼は国民によって選ばれた人物であり、しかも彼を選挙する行為は、主権をもつ国民全員が4年に一度成し遂げる偉大な切り札なのだ。選出された国民議会は国民に対して抽象的な関係に立つのだが、しかし選出された大統領はひとつの人格的な関係に立つのである。国民議会はその個別の代表において国民精神の様々な側面を表すのだが、しかし大統領においては国民精神が肉体化されているのだ」。カール・マルクス、市橋秀泰訳『ルイ・ボナパルトのブリュメール一八日』（新日本出版社、2014）40頁、傍点および〔　〕は訳書のママ。

で、ウェストミンスター・モデルのほうがアメリカ大統領制よりも望ましいこと、ウェストミンスター・モデルが世界的潮流であることを既に述べていた[32]。

（4） ウィルスンまでの大統領権限は理論的にも実践的にも限られたものだった。

当時の憲法解釈によれば、連邦憲法が大統領に与えた権限は、(ｱ) 法律の誠実執行配慮、(ｲ) 重要な高官を指名し上院の助言と承認によって任命する権限、そして、(ｳ) 最高司令官としての権限であった。そして、これらの総称が executive power であり、大統領が chief executive の職としてこれらの権限をもつ、とされたのである。これらは、行政学者ウィロビィがいう、「国民の名目上の長の政治的義務のみをカヴァする」[33] ための権限、すなわち、象徴的、儀礼的な地位にある元首としての限られた権限だった（⇒第Ⅰ章第4節2）。

これら以外の大統領権限は、議会によって付与されるところの行政機関の長（administrator-in-chief）としての権限だ、と当時は理解され、そう運用されていた。

（5） ウィルスンは、その大統領体験を通して、これまでの統治の実態を"議会統治（Congressional Government）"と呼んだ。彼は、権力分立のねらいであるはずの「議会と大統領との競争関係」が、実態としては、議会中心・議会優位の統治となっており、それが政治責任の拡散と非効率をもたらす要因だ、とみた。広範囲の法律制定権（予算法制定権を含む）をもつアメリカ合衆国議会は、議院内閣制の国であれば行政庁の裁量に委ねられる事項にまで容喙し、大統領権限を拘束したのだった。弱い大統領権限を体験することになったウィルスンにとっては、首相指導型統治となっている英国議院内閣制こそ合衆国の統治における範型のように感じられたのであろう[34]。

政治学者・行政学者としてのウィルスンは、1887年、*The Study of*

---

32) *See* W. WILSON, COMMITTEE OR CABINET GOVERNMENT 33 (1884).
33) 前掲注30）およびその本文をみよ。
34) 英国の議院内閣制の実態は執政府指導型である、と多くの論者の語るところであるが、その執政府を指導している機関は首相であるか、それとも内閣であるか、という疑問点については、論者の間にコンセンサスはないようである。参照、梅川正美・阪野智一・力久昌幸編著『現代イギリス政治［第2版］』（成文堂、2014）23、26頁。

*Administration*³⁵⁾と題する論攷を公表し、権力分立のドグマを批判した。

これに呼応する行政学者・政治学者は、アメリカ合衆国が採用する権力分立構造を批判しはじめた。すなわち、大統領と議会とをライヴァル関係に置く構造よりも大統領指導型統治の望ましさを説きはじめた。また別の政治学者は、権力分立構造を与件として受容しながらも、大統領による一元的統治こそ憲法の目指すところだと説いた。

（6）　論調は一様ではないものの、政治学者・行政学者の主流（当時）は、統治の要である執政権をひとりの自然人が担う体制こそ、強い一元的な統治を実現するコツだ、と説いた。そのためには、2条1節のVesting Clause の **executive power** の新たな解明（解釈の見直し）、そして、**administrative power** の新たな位置づけが必要だった。この見直し作業にあたって参考にされたのが、当時内閣優位の統治どころか、「首相指導型統治」と既になっていた、英国の「議院内閣制」だったのだ³⁶⁾。実際、この時期のウェストミンスター・モデルは、少なくとも、「内閣が基本政策を策定実施し、議会はこれを批判する」という、内閣主導の統治になっていたのである³⁷⁾。法学にみられる権力分立に批判的な行政学は、この【内閣による統治方針の決定⇔議会による批判】というモデルを、「もうひとつの権力分立論」として提言したのである。

（7）　この再定義作業の中心となったのが行政学または行政管理学だった。これらの学問領域は、統治を効率的かつ科学的に管理（節約）^{マネイジ}するモデルを急成長していた会社運営に見出した。時は、営利法人の成長期、「会社」の命運は、その科学的・効率的管理にあるとみられた時代である。彼らは、組織の効

---

35)　W. Wilson, *The Study of Administration*, 2 POL. SCI. Q. 197, 212（1887）〔統治活動はひとりまたは少数のリーダーが決定し、その統轄下にある専門集団がこれを執行する、という【決定→執行】モデルによらねばならない〕。

36)　「英国の首相はアメリカ大統領よりも強力な権限をもっている」とよくいわれる。このことを証明するかのように、LIJPHART, PATTERNS OF DEMOCRACY 120–121は、分析対象とした36か国のうち、英国の執政府優位度をアメリカ合衆国のそれよりも遙かに上位に位置づけている（英国が8位、合衆国が22位、ちなみに日本は24位）。レイプハルトは、執政府優位度を政権存続期間をベースにしてこれを測定している。これに対する批判は根強い。また、L. S. AMERY, THOUGHTS ON THE CONSTITUTION 73（2nd ed. 1953）は、「首相が内閣の要だ」と明言している。以下、このアメリィの著作を"CONSTITUTION"と引用する。

37)　*See, e. g.*, LOEWENSTEIN, POLITICAL PROCESS 99〔下院の優位は一時的で、19世紀末までには Cabinet Government が確立した〕。

率的・科学的な administration のモデルを会社のビジネスに求めたのである。
　国家は、公共目的実現のための組織体である。この組織体の行政活動（administration）を科学的に管理（administrate）するにあたって参考となるのが、企業における科学的な「経営管理」方法であった。行政管理学は、私企業の経営との違いを意識しながら、統治作用の科学的で効率的な管理運営を考察したのである。これが行政学の目指した「行政管理国家」（administrative state）[38]である。
　(8)　「行政管理国家」にいう「行政」（administration）は、モンテスキュー以来の伝統的な権力分立論を基軸とする「立法／行政」という法的な権限別ではなく、政治部門の決定した政策を技術的・効率的に実行すること、をいう。【政治部門による決定⇒行政機関によるその実行】という、「政治／行政」二分論にいう行政観である。ここでいう administration は「行政」という語感よりも、「管理」に近い。
　アメリカ行政学は、行政概念をこう再定義することを通して、行政と政治との違い、行政と執政との違いを浮かびあがらせようとしたのだった。このアプローチは、【統治の基本方針の策定・決定（policy determination）⇒基本方針の執行（policy execution）】の別を説きながら、「新権力分立」論での新しいタームとしての「行政」を提言したのである[39]（⇒第Ⅱ章第4節2）。この「決定⇒執行モデル」は、法治国における「決定⇒執行モデル」（⇒第Ⅰ章第3節3(5)）とはまったく異質である。
　(9)　この論調は F. GOODNOW, POLITICS AND ADMINISTRATION（1900）で体系化

---

38)　「行政国家」および「行政管理学」への動向の背景を描いた業績として、*See* D. WALDO, THE ADMINISTRATIVE STATE (1948). 以後、このワルドーの著作を "ADMINISTRATIVE STATE" と引用する。ここでいう「行政国家」は、官僚団（行政機関）が法令を執行することを超えて、法令の解釈・適用にあたって裁量権のみならず立法権をもつこと、さらには、統治の基本方針（案）を策定し具体化する国家を指している。これに対して、権力分立構造理論を受けた法学にいう「行政国家」は「司法国家」と対照されることもある（行政裁判所を置く国家）。これ以外にも、その対抗軸として何を設定するかによって「行政国家」は実に多義的となる。

39)　本文で述べた「基本政策の決定」（policy determination）、「その政策の実行」（policy execution）に、「その監視」（policy control）を加え、それぞれの担当機関として、「執政府／行政機関／議会」をイメージしたとき、「新しい三分法」の完成となる。この三分法の主張としてよく知られているのが、LOEWENSTEIN, POLITICAL PROCESS 42である。

され、W. Willoughby, An Introduction to the Study of the Government of Modern States（1919）で頂点に達した[40]。

彼らの行政学によれば、「行政」（administration）概念に3種類がある、という。

第1が、伝統的な権力分立構造における「立法／司法／行政」でいうときのそれである。この場合の「行政」とは、議会制定法を執行すること、すなわち「行法」を指す。本書は、これを行政への「法学的接近法」と呼んできた（⇒第Ⅲ章第2節2（5））。

第2が政治学の展開してきた「新権力分立」観における「政治／行政」（politics／administration）という類型別でいうそれである。この場合の「行政」とは、基本方針決定機関（政治部門）が考慮すべき情報を検索・加工・提供することをいう。本書のいう「政治学的接近法」でいう「行政」である（⇒第Ⅲ章第2節2（5））。

そして第3が、行政学のいう「執政／行政／業務」（executive／administration／operation）という類型化でいうそれである[41]。この場合の「行政」とは、執政府が決定した事柄を効率的科学的に管理・運営することをいう。

(10)　アメリカ行政学は、第3の概念を形式的に捉えたうえで、その実体を探り出そうとする傾向をみせてきた。形式的とは、担当者の職名・職層からの類別化である。

担当者の職名・職層の類別は、次のようである。

大統領、知事、市長といった執政府の首長がExecutive または Chief Executive（執政長官）であり、これらの人物の活動が執政である。これに仕える人びとがadministrative staff（行政職員）であり、その活動がadministration（行政管理、行政活動）である。そして、administrative staff の管理下で行われる活動がoperation（業務）である[42]。

アメリカ公法学がexecutiv power の実体解明を放置する、「回避の戦術」[43]によってきたのは、上のような行政学の形式的なexecutive の捉え方と関連して

---

40)　行政概念の再検討の流れについては、See Waldo, Administrative State.
41)　参照、西尾勝「議院内閣制と官僚制」公法研究57号（1995）26頁。
42)　参照、西尾勝『行政学の基礎概念』（東京大学出版会、1990）10頁。

(11) 合衆国大統領は、世界大戦を体験しこの危機を乗り越えるごとに、また、福祉国家政策を進展させるごとに、統治権全体をその一身（肉体）に可視化する存在となったようである。先にふれたアカマンの論攷がワシントン・モデル（アメリカ大統領制）に批判的である理由は、その現実が権力分立理念にはほど遠く、大統領への権力集中が進んでいることに求められている（⇒第2節1）。

アカマンの論攷は、従来みられた大統領制批判論、すなわち、"大統領制に代えて、英国型を"という主張に対して次のように反駁している。

「英語圏研究者は、合衆国の権力分立を批判するにあたって、英国こそ民主制におけるもうひとつの対立モデルだ、と英国を引き合いに出すのが通例だった。英国では法律制定にあたって、下院にその権限を集中させ、首相と内閣とが法律制定の行程を効果的に統制する、という方式がとられている。このことは衆知となった。この『ウェストミンスター・モデル』における実際の動向は、合衆国統治構造への信奉を打ち砕こうとする批判論の素材とされてきた。〔ところが〕もし、英国型こそ、マディスンとモンテスキューの予言した脱出不能な専制への道を避けることに成功した体制だ、と受けとめるのであれば、権力分立という考え方自体を捨て去るべきだということになりはしないだろうか？」[44]（〔　〕内は阪本）。

(12) 上のアカマンのパッセイジは、われわれに次の諸点を教示している[45]。

---

43) 「回避戦術」（avoidance strategy）とは、E. Magill, *Beyond Powers and Branches in Separation of Powers Law*, 150 U. PA. L. REV. 603, 616 (2001) が使用した表現である。第Ⅱ章第5節1をみよ。
44) Ackerman, *supra* note 27, at 640.
45) 本文での引用文にいう「英国では法律制定にあたって、下院がそのための権限を集中的にもち、首相と内閣とが法律制定行程を効果的に統制する」という理解のしかたが適切であるのか、私は疑問視している。ウェストミンスター・モデルにおいては、法律制定の中核部分は内閣が握っている、という見方が今日では一般的だといってよい。

(a) これまで、民主的政治体制を論ずるさいの対称軸として、「ウェストミンスター・モデル／ワシントン・モデル」を設定し、前者の後者に対する優位が主張されてきた。が、ウェストミンスター・モデルが望ましい統治をもたらすという、従来の評定は早計である。

 (b) ウェストミンスター・モデルは、合衆国憲法起草者が考えていた権力分立構造とは異質であり、ある種の権力集中・融合型となっている。

　本節の冒頭で紹介したように、アカマンは、ワシントン・モデルも、ウェストミンスター・モデルも、立憲主義のモデルからはズレている、と慎重な見方にでている。いずれも、特定の機関に権力が集中しすぎている、と彼はみているようである。

　(13)　それにしても、20世紀初頭までは"弱すぎる大統領"といわれたワシントン・モデルが、今では"強すぎる大統領"となっている、とか、さらに、議会政のなかでも「真正の議会政」といわれてきたウェストミンスター・モデルが、今では、"統制されざる議会政"となっているとか、アカマンはいう。この動向は、現代の民主制国家が「行政国家」となってきたことの必然的結果だろうか。それとも、アカマンの診断が誤っているのだろうか。

　(14)　アカマンの念頭にあるウェストミンスター・モデルが、いったいどの時期の、どの国家機関との関係に焦点をあてたものなのか、どうもはっきりしない。が、彼のウェストミンスター・モデルの捉え方は、A. LIJPHART, PATTERNS OF DEMOCRACY のいうところに影響されているようにみえる[46]。

---

46)　アカマンは、Parliamentary Government の評価についてはレイプハルトの影響を受け、他方、大統領制の評価については、リンス＝バレンズエラ・前掲注7)『大統領制民主主義の失敗』に影響されているようにみえる。なお、問題のアカマンの論攷は Parliamentary Government を論ずるにあたって、バジョットの著作にはまったく言及していない。

47)　See LIJPHART, PATTERNS OF DEMOCRACY 105.

48)　レイプハルトが PATTERNS OF DEMOCRACY で示した「多数決モデル／コンセンサス・モデル」という二分法は、わが国の多くの論者にも影響を与えてきた。たとえば、参照、高見勝利『現代日本の議会政と憲法』（岩波書店、2008）16〜31、85〜89頁等各所、笹口裕二「議院内閣制における内閣の在り方」立法と調査348号（2014）165頁。が、レイプハルトのいうコンセンサス・モデルとは「交渉する、寛大で親切な統治」だ、とする結論が透いて見えるように私には感じられる。ウェストミンスター・モデルも、合意形成のためにさまざまな交渉ルートが用意されているのである。この点については、後掲注124)をみよ。

レイプハルトは、この著作のなかで、"ウェストミンスター・モデルこそ多数決型民主主義の典型であって、コンセンサス型民主主義とは対照的だ"[47]と評したのである。

レイプハルトのいう、多数決モデル (majoritarian model) とコンセンサス・モデル (consensus model) という二分法は、政治学研究者のみならず公法研究者にもよく知られている[48]。これを「勝者総取り方式のもとで決断する統治／総利益増大方式のための対話する統治」と言い換えれば、よりわかりやすくなるだろう。

アカマンやレイプハルトが "英国の統治構造は統治権限の制限において不十分だ" という理由は、議会の多数派から選出された内閣が決断する構造には歯止めがない、この構造は議会と内閣との融合だからだ、という点にあろう。

アメリカ大統領の地位・権限分析はここで終え、ウェストミンスター・モデルの分析に入っていこう。

第3節　Parliamentary Government

1　Parliamentary Government の意義

（1）　Parliamentary Government といわれるものにも複数のタイプがあることは、第1節の（1）でふれたとおりである。たとえば、サルトーリは、Parliamentary Government には、執政府が議会を支配している英国型、その対極としての第3、第4共和制でのフランス型、そして、その中間という3種をあげている[49]。本章は、こうした類型論への深入りを避け、英国の統治構造の特徴を捉えようと、「ウェストミンスター・モデル」と独立の名称を与えてきた。

本章がたびたび言及するアカマン論攷の特異さは、ウェストミンスター・モデルと対照するために、「制約された議会中心主義」(constrained parliamentarianism) という特異な類型を置き、このふたつを比較している点にある[50]。この比較の

---

49)　*See* SARTORI, COMPARATIVE CONSTITUTIONAL ENGINEERING 101.
50)　本文でふれたアカマンの指摘は、これまでわが国の教科書が "日本国憲法の統治構造は英国型だ" と説明してきたことに反省を迫っている。

なかで彼は、日本の統治構造が「制約された議会中心主義」であり、ウェストミンスター・モデルを「それ以外」と位置づける[51]。日本の統治構造が「制約された議会中心主義」だとされる理由は、成文憲法、基本権保障規定および違憲審査制によって議会権限が制限されているという点に求められている[52]。

　英国の議会政は制限された統治を実現するものとなっていない、とアカマンはみるのである。

　（２）　本章で私は、アカマンによるこの日本国憲法の統治構造評価が妥当であるかどうかを検討しようとは思わない。私がアカマンのいうところに関心を寄せたのは、彼の論攷が、(ｱ) Parliamentary Government にも多様なタイプがあること、(ｲ)ウェストミンスター・モデルが立憲主義的とはなっていないこと、さらには、(ｳ)日本の統治構造がウェストミンスター・モデルとは異なっていること等を的確に指摘していたからである。

　（３）　では、Parliamentary Government とはいかなる統治構造をいうのだろうか？

　Parliamentary Government は、どう邦訳されるべきか。これを「議院内閣制」というひとつの訳語でいい表すことが、はたして適切なのか？　たとえ、Parliamentary Government を「議院内閣制」と表記するとしても、議院内閣制とはいかなる要素をもった統治構造をいうのだろうか？　ウェストミンスター・モデルは、どんな特徴をもっているのだろうか？　日本国憲法が依って立つといわれている議院内閣制は、ウェストミンスター・モデルとどこが似て、どこが異なっているのだろうか？

　（４）　今日の英国の「通説」によれば、現在の英国の統治の実態は Cabinet Government へ、さらには Prime Minister Government へ、と展開をみせている、という[53]。Cabinet Government とは[54]、「内閣優位型統治」であり、Prime Minister Government とは「首相指導型統治」である[55]。この体制は、「議会政」または「議会優位の統治」というニュアンスをもつ Parliamentary Government

---

　　51)　"英国議会の権限は制限されていない"とみる論者は、アカマンだけではない。たとえば、バーレント・前掲注27)『英国憲法入門』６～７頁は、英国の伝統的な憲法理論（ダイシー・トラディション）は、立憲主義について注意を十分には払ってこなかったこと、議会主権の思想は立憲主義とは相容れないこと等にふれている。

　　52)　See Ackerman, *New Separation, supra* note 27, at 635.

ではない、ということである。

　議会優位の統治とは、議会（厳密には下院）が国政の中心機関として統治のイニシアティヴを握る体制をいう。「決定⇒執行モデル」でいえば（⇒第Ⅰ章第3節3（4））、【議会による決定→内閣による執行】という縦走の体制である（この縦走構造が、本書のいう「法治国における権力分立」と同じであるかどうかは、別途精査を要するところであるが、類似している、といってよいように思われる）。

　もっとも、"英国の政治体制は、もはや Parliamentary Government ではない"といわれても、われわれ日本人にはすんなりと、その背景や理由は理解しがたいところがある。

（5）　この理解困難さを緩和するためには、Parliamentary Government の語義が一様ではないことに気づく必要がある[56]。Parliamentary Government を「議院内閣制」というひとつの訳語を使用してきたところに、問題が発生したのである[57]。

　Parliamentary Government の理解とその訳出にあたっては、次のような留意すべき点がいくつかある。

---

53)　英国憲政が Cabinet Government となっていることについては、I. JENNINGS, CABINET GOVERNMENT (3rd ed, 1969) でも論じられた。以下、このジェニングスの著作を "CABINET GOVERNMENT" と引用する。また、わが国では、鈴木・前掲注6）「議院内閣制」11〜12頁は、英国に台頭してきた「議院内閣制とは内閣優位体制だ」とする当時（1950年代）の新見解を紹介しつつ、議院内閣制をもって、内閣が議会に依存しているとか従属しているとか、と単純に捉えるべきではない、と指摘していた。また、佐間忠雄「イギリスの議院内閣制」法學20巻1号（1956）も参照。

54)　JENNINGS, CABINET GOVERNMENT にみられるごとく、Cabinet Government にいう "Government" は、作用についても、組織についても用いられる要注意語である。

55)　See SARTORI, COMPARATIVE CONSTITUTIONAL ENGINEERING x. 論者によっては、Prime Minister Government は "首相の「（アメリカ的）大統領化だ"という。参照、梅川ほか・前掲注32）『現代イギリス政治』25頁以下。首相は、第1に彼（彼女）の所属する政党の指導者としての、第2に下院の指導者としての、そして第3に内閣の議長であり政策決定者としての、3つの地位をもっており、それぞれの制度的リソースに支えられた強力な地位にある、というわけである。

56)　See LOEWENSTEIN, POLITICAL PROCESS 86〔Parliamentary Government は Cabinet Government と同じではない〕。

57)　Parliamentary Government を邦訳するにあたっては、今後本文でふれていくように、ひとつの訳語だけをあてず、さまざまな工夫が必要である。比較法的には Parliamentary Government は「議会政」と訳されることが多い。たとえば、参照、芦部信喜『憲法と議会政』（東京大学出版会、1971）39、307頁。

第１。Parliamentary Government にいう Government とは、ときに「政府」または「内閣」、ときに「統治」を指す。組織体を指す場合には、「内閣」という言い方が適切であり、作用をいう場合には「統治」というのが適切である。

　第２。Parliamentary Government にいう Government が「内閣」を指す場合であっても、それを《議会から発する内閣》という程度の意味でまずは受けとめ、その後に、議会と内閣との優越関係を分析すべきである。もともと Parliamentary Government とは、議会が内閣を作り上げる、という系譜を表すための用語である[58]。

　第３。議会と内閣との関係を表すためにいわれる Parliamentary Government にも、両者の布置関係を大きく分けると、㋐議会が内閣に優位する統治、㋑両者が対等な関係にある統治、そして、㋒内閣が議会に優位する統治とがある[59]。もともとは、《議会から発する内閣》という系譜をニュートラルに指していた Parliamentary Government が、その正当性を民主政に求められたとき、"議会優位の統治をいう" と、これまで回答されてきたのである。

　第４。Parliamentary Government にいう Government が作用を指し、しかも、すぐ上でふれたように、Parliamentary Government とは議会優位の統治をいうとの一般的理解に従うとしても、Parliamentary Government は「議院内閣制」という正式な機構だとは限らない。議会優位の統治は、"統治のイニシアティヴは議会にあり" という実態を指していることが多く、制度・機構として確立したものを指しているわけではない[60]（⇒次の２（11））。

---

[58]　*See* SARTORI, COMPARATIVE CONSTITUTIONAL ENGINEERING 101. 本文でいう「系譜」の意味あいは、君主制における内閣の地位を考えればよりわかりやすくなる。Parliamentary Government とは、「君主の助言機関としての内閣」が「議会にも連結されている内閣」という新たな体制へ変わってきたことを浮かび上がらせるための用語だったのだ。

[59]　佐間・前掲注53）イギリスの議院内閣制」39頁は、英国における「議院内閣制」の捉え方として、「議会政治／議会と内閣との均衡政治／内閣政治」の３タイプをあげている。それぞれ、Parliamentary Government, Balanced Government, Cabinet Government という英語表記であって、これらの違いを言い表すとすれば、それぞれ「議会優位の統治」、「均衡型統治」、そして「内閣優位の統治」という訳になろう。英国の憲政の実態については、これら以外に、Prime Minister Government, すなわち、「首相統治」というカテゴリーを説く論者もみられる点については、前掲注55）をみよ。

[60]　この実態が憲法習律にまでなったとき、「議会優位の統治制」または「議会主導の統治制」と表現するのが適切だろう。習律とは、事実の反復継続が当該行為者にとっての行為規範となる、と当事者が受容するルールのことである。行為従事者による「遵守−異議−不遵守」の歴史が、また新たな習律を産んでいくのである。

第5。Parliamentary Government にいう Government が組織体としての「内閣」(Cabinet) を指しているときには、それは「議会と連携する政府（内閣）」といった程度の意味あいで用いられることが多い（すぐ後にふれるように、W. バジョットの用法がこれである）。ところが、上でふれたように、デモクラシーの進展の影響を受けて、"議会に指導される内閣" という意味あいが吹き込まれたのである。

（6）　本書は、上の第1ないし第5の留意点を活かすべく、Parliamentary Government という言葉をさまざまに表現していく。Parliamentary Government を「議院内閣制」と単純に表現するだけでは、Parliamentary Government の正確な理解には至らないからである。

2　ウェストミンスター・モデルの特質

（1）　前項において私は、Parliamentary Government とは「議院内閣制」だとは限らない、と注意を促した。また、議院内閣制という用語・概念自体が多様であること、これを大統領制と比較したとしても有意ではないことも、これまで指摘してきた。これらのことに留意して、本書を通して私は、英国の体制を「ウェストミンスター・モデル」と称し、この特徴は何にあって、ワシントン・モデルとどう違っているのか、と問おうとしている。とはいうものの、ウェストミンスター・モデルの理解や評価のしかたも、論者によって、時代によって、多様であり、そこに核となるものがあるのかどうか、心もとない。

（2）　ウェストミンスター・モデルを理解するにあたって論者の念頭にまず浮かぶのは、W. バジョット（W. Bagehot）の THE ENGLISH CONSTITUTION（1867）における次の叙述であろう。

> 「イギリス憲政がうまく機能している秘訣は、executive powers と legislative power との密接な結合（close union）、そのほとんど完全な融合（nearly fusion）にあるといえるかもしれない。あらゆる書物にみられる伝統的理論によれば、イギリス憲法の長所は立法権限（legislative authority）と執政府権限（executive authority）との完全な分離にあるとされているが、しかし、その長所は両者の特異な結合（singular approximation）にあるというほ

うが真相である。この結合のリンクこそが内閣（*Cabinet*）である」[61]（傍点部分は原文ではイタリック）。

バジョットは、これに続けていう。

「この新しい言葉である内閣が何を意味しているかというと、それは、立法機関（legislative body）が選出したひとつの委員会（a committee）である」[62]。

（3）　上の引用部分だけでは、バジョットが内閣の特質をどう捉えているのか、よくわからない。特に"内閣は立法機関によって選出されたひとつの「委員会」だ"というパッセイジだけを読むと、それは、内閣とは議会に取り込まれている組織体だ、とも読める[63]。実際、後世、この引用部分は内閣の議会に対する従属を指摘するものと読まれてきた。

ところが、そう読むのは早計である。上の引用部分は議会と内閣との癒合・連携関係を強調しわかりやすく表現するための誇張、または、比喩ではないか、と一端、立ち止まって読むのが賢明だろう。彼は、内閣が議会によってつくりだされる手続や民主的正当性の優劣を法的に語ろうとしたのではない。彼は、ジャーナリスト特有の目で、両機関の「密接な結合」実態を明らかにしたかったのだ。

上の有名なパッセイジに続けて、彼はこうもいっている。

「立法機関には多数の委員会があるが、この委員会が最も大きな委員会である。立法機関は、この重要な委員会のために、その最も信頼しうる人物

---

61)　W. BAGEHOT, THE ENGLISH CONSTITUTION 10-11（Oxford World's Classics, 2009）。以後、これを"ENGLISH CONSTITUION"と引用する。この引用はこのオックスフォード・ワールド・クラシック版によっている。彼のこの著作の公刊は1867年。
62)　*Ibid*.
63)　本文に引用した「（内閣は）立法機関が選出したひとつの委員会」という言い回しは、フランス革命期の国民公会制（議会統治制）を言い表すときによく使われる。が、バジョットが a committee という言葉に込めた意味あいは、また、彼独特である。どのように独特であるかは、本文で次第しだいに明らかにしていく。

を選出するのである」[64]。

（4）　上の引用部分から先へ読み進めていくと、読者はバジョットが次のように語っている部分に遭遇する。

　「ひとことで言えば、内閣とは、立法機関が熟知し信頼する人物のなかから選出して国民の統治にあたらせるための司令会議（a board of control）なのである。……その特質は、立法機関が同調し信頼できる人物のなかから選出される点にある」[65]。

　上の一文は、議院に置かれる通常の各種委員会と内閣という「委員会」との違いを強調するところである。このことは、内閣をもって、統治にあたる a board of control（中央官制塔のイメージだろうか）との用語選択に表れている[66]。

（5）　では、バジョットは内閣の特質をどう描いたのか。こうである。

　「内閣の定義を考察することこそ、最初にして最大の課題である。この必須課題を理解するまで、非本質的な偶然の事柄に心惑わされてはならない。内閣とは、国家における legislatevie part と国家における executive part とをつなぎ合わせるハイフンであり、両者を堅く連結させるバックルである。内閣は、その起源においては legislatevie part に属するが、その機能（function）においては executive part に属している」[67]（傍点部分の原文表記はイタリック）。

　上の一文は、《内閣の特質を理解するには、内閣の選出の系譜と、内閣のはたしている機能とを区別せよ。機能面においては内閣は executive power の１部門に属している》といっているようである。

64）　BAGEHOT, ENGLISH CONSTITUTION 12.
65）　*Ibid.*, at 12.
66）　ラスキ・前掲注27）訳書『イギリスの議会政治』202頁には、"内閣は下院の重役会とでもいうべきもの" という表現がみられる。内閣はまさに "Board of Executives" である。
67）　BAGEHOT, ENGLISH CONSTITUTION 13.

（6）　内閣が executive power の1部門だ、ということが理解できたとしても、さらに問われるべきは、 executive part としての内閣がはたす機能とは何なのか、という点である。この理解のヒントは、次の一文にある。いわく、

> 「この委員会は、法律制定権限（law-making power）と法律執行権限（law-executing power）とを融合させる機関である。この機関が双方の権限を保持し続けるかぎり、この融合作用のおかげで、国家のなかで最も強力な機関となっている」[68]。

　上の一文は、《内閣は、立法府でもなければ行政機関でもないものの、法律の制定と法律の執行の双方の機能を果たしており、この融合機能のおかげで、内閣は統治機関のなかで最も優位に立つ》というのである。
（7）　次いでバジョットは、アメリカの大統領とイギリスの内閣に焦点を当てながら、後世の統治体制類型論にとって決定的に重要な視点にふれる。こう述べる。

> 「大統領統治（Presidential Government）に特有の性質は立法機関と執政機関との独立性にある。これに対して、内閣の統治（Cabinet Government）の原点は、まさにふたつの機関の結合・融合（fusion and combination）にある」[69]。

> 「1789年のアメリカの人びとは、英国憲法をコピーしたと思っていたが、それとは対照的なものを作り上げてしまった。アメリカのものは、最高の権限を多数の機関と作用とに分割する複層的政府のタイプであり、英国のものは、すべての問題に関する究極権力をひとつの人格に与える単一国制のタイプである」[70]。

---

68)　*Ibid.*
69)　*Ibid.*, at 14.
70)　*Ibid.*, at 160.

第Ⅳ章　議院内閣制・再定義　205

　バジョットが上でいう Cabinet Government とは、現代の憲法学または比較政治学でいう「内閣主導型統治」（Cabinet Government）のことを先取りしたものであるのかどうか、読者に明確には読み取れない。おそらく、文脈から推測するに、大統領政治と比較するために、内閣という機関に焦点を当てて Cabinet Government なる用語を選択したようである。つまり、彼の関心は、大統領という執政機関と内閣という執政機関とを比較対照することに限られ、議会優位の統治か、それとも内閣優位型統治か、という議論に向けられてはいなかったように思われる。

　（8）　この英米の執政権を比較する目的にとっては、Cabinet Government と Parliamentary Government とを相互互換的に用いてもかまわない。Cabinet Government は「内閣という政府」であり、Parliamentary Government とは「議会から発する内閣」を指し、どちらも「内閣」に焦点を当てた用法である。英国の内閣を Parliamentary Executive といい、アメリカ大統領を Non-Parliamentary Executive といって、両者を比較するのと同じである。

　バジョットは、この著書の最終部分において、アメリカ合衆国の大統領統治と英国の体制を比較するにあたって Parliamentary Government なる用語を選択して、こういっている。

　　「われわれは、presidential government にみられる諸権力の分割という致命的な欠陥に新興国が嵌り込む必要のないことを幸いにも知っている。新興国は、他の条件さえ整えば、君主なき Parliamentary Government のもとで、英国憲法にみられるのと同質の、手頃で、地に着いた主権を手に入れることができる」[71]。

　（9）　合衆国憲法での大統領統治は、統治権限の分散・牽制の体制である。バジョットは、これをもって「人為的な権限分割」であり、これに基づく統治は composite government（寄せ集めの政府・統治）だ、という。合衆国の政治体

---

71)　*Ibid.*, at 176-177. 本文で引用した一文は、彼のこの著書の最終部分である。この部分は、「英国憲法の主要原理は、君主制または貴族制の実体を持たない国には通用しない、と信じられている」という劈頭部分に対する回答である。バジョットは、英国国制が権力分立の政体でもなければ、混合政体でもない、といいたいのである。

制には、policy（基本方針）の策定とその実行とを統一する司令塔がない、という。

これに対して、英国憲政には、統一的な単一の決定権力、すなわち、民選議院たる下院があり、「この"国民の議院"に執政府（executive）を選択させるという英国憲法独特の条件」——下院と内閣という機関間の結合・融合——が英国統治を成功させている秘訣だ、と彼はいうのである[72]。

(10)　さて、Parliamentary Governmentという用語が多義的であることを、これまでも私は複数回述べてきた。バジョットがCabinet Governmentという用語によっているとしても、それは、Presidential Governmentとの違い（優劣比較）を鮮明にするためだった、と私はすぐ上で述べた。彼は、この比較にあたって、"誰が実際に統治しているか"（Who governs?）という、「生ける国制」（living constitution）を分析の軸にした。彼のこの視点からすれば、憲法（典）に固定化・機構化された権力分立制を分析対象とすることは不要だった。ましてや、世界に流布していた、三権分立論、言い換えれば「1作用1機関対応型」権力分立論は[73]、彼の「生ける国制」分析にとっては、受容しがたいものだった。いや、彼にとっては、権力分立論という機構論そのものが受容しがたいものだったのだ。

(11)　彼は、こうした留意のもとで、講学上の権力分立論、またはモンテスキュー理論、さらには、当時の英国憲法学を席巻していたW. ブラックストーン的権力分立論を乗り越えようと、議会と内閣との融合論を展開したのだった。再度ここで確認すれば、彼の分析の視点は、統治権限の分配を静態的に捉えようとする機構論ではなく、【統治の基本方針の策定・決定⇒その実行】という動態の実態・一連の流れを論ずるところにあったのである。まさに『憲政論』である。かれのいうCabinet Governmentないし Parliamentary Governmentとは、「内閣統治」ないし「議会統治」といった意味あいである。となると、これらを「議院内閣制」と邦訳することは避けなければならない。彼の視点を日本国憲法の統治制度分析に反映させることも、避けるほうが賢明

---

72) *Ibid.* at 161.
73)　1作用1機関対応型の意味するところ、そして、本書による批判については、第Ⅱ章第1節2を参照。この「三権分立」理解は、バジョットにとっては、明らかに形式的すぎた。

である。
(12) バジョットの議論をまとめれば、こうなるだろう。

(a) 下院は首相を選出したり罷免したりする力をもって[74]、内閣と恒常的・継続的に関係を持っている[75]。
(b) 下院によって作り出される内閣は、下院を解散することができる（ただし、厳密にいえば、解散権限は、理論上は君主に属している[76]）。言い換えれば、下院によって作り出された機関は、作り出した機関をも消滅させることができる。
(c) 内閣は、議会と連結しながら、統治にあたる最も強力な機関である[77]。議会によって選出されたこの機関が全政治生活（統治活動）を指導するのである。この指導のもとで「議会は活性化される」[78]。
(d) 強力でありながらも内閣は、下院に対して常に責任を負っており、恣意的とならないよう歯止めをかけられている。この責任内閣という地位こそが、英国国制における有効な統治を実現するさいの秘訣である。
(e) 君主は、理論上は、組閣権限や下院の解散権をもっているが、実際の

---

74) バジョットは、下院が首相の election および dismisal の power をもっている、と表現しているが、これを罷免権だと理解してはならない。正式の首相罷免権は君主の大権に属するのであるから、バジョットの指摘は、あくまで機能論である。そのことを表すように、彼は、下院の機能として意見表明、情報提供、教育、立法（財政を含む）といった側面をあげながら、首相を選び出すことが下院の最も重要な機能だ、と明言している。See BAGEHOT, ENGLISH CONSTITUTION 100. 教育機能（議員の教育、国民の教育）について彼は、議会よりも首相に期待しているようである。See ibid. at 123.

75) 前掲注74）にあげた下院の諸機能に加えて、「内閣に法案を提出させること」もあげることができる。この法案には予算法が含まれると考えれば、ますます下院と内閣との連携関係が浮かび上がってくるだろう。

76) 首相と閣僚の任免権のみならず、議会解散権も君主の大権事項である。W・アイバー・ジェニングス、榎原猛＝千葉勇夫訳『新訂 イギリス憲法論』（有信堂、1981）14頁は、「女王は……首相の助言に基づいて行為し、いつでも国会を解散することができる」と述べている。

77) BAGEHOT, THE ENGLISH CONSTITUTION 85には、次のような叙述がみられる。「すべての邪悪な一派のなかで最も危険な人びとが執政にあたる内閣（executive Government）である。というのも、内閣（Cabinet）は最も強力な勢力だからである。下院のなかで非常に強力な勢力をもっている内閣は、国民が望まないものの、阻止するには理解不十分となるマイナーな法案を国民に押しつけることが完全にできる。こうしたことは、これまでにもみられ、今後も起こりうるだろう」。

78) Ibid. at 100.

運営上、英国国制の「威厳の部分」(dignified parts) となっており、これらの権限を行使しなくなっている。歴史を振り返れば、君主がこれを行使することがどれほど危険であり賢明でないかを国民（の相当数）は知っている。

3　ウェストミンスター・モデルの変容（？）

（1）　バジョットの分析は、第1次選挙法改正（1832年）後の政治状況（統治実態）を描いたものだった（彼の著作の公刊は1867年）。有権者の同質性を基礎とする政党政治の台頭、議会権限の拡張と君主権限の形式化、さらには、内閣権限の実質化と君主権限の形式化等が次第に顕著になってきた時代である。

この時代背景のなかで彼は、いわゆる総選挙が有権者による政権党の選択と同時に首相選択機能を果たしている、と既に論じていた[79]。これによって、最も強大な権力をもつ内閣が一元的に統治できるようになる反面、もしも貧弱なパフォーマンスしか示さないときには、選挙人によって取り替えられるだろう、これこそ実に実効的な統治構造ではないか、とバジョットはいいたかったのである。

（2）　ところが、後世は、"バジョットの著作は19世紀のある時期までの統治の実態を正確に描いたものであって[80]、その後の実態は彼の時代とは大きく変わった"と断じた。実態を変えた要因としては、1867年の第2次選挙法改正、二大政党制の確立、政党の内部統制権の強化、そして、フランスの人民主権論の影響等があげられた。これらの要因はひとつの概念に収斂させることが可能である。国民主権（および国民代表制）である。国民主権原理を基礎として、バジョットの Parliamentary Government 分析を公式の機構論へと焼き直すべし、というわけである。この作業にあたって鍵となる法的用語が、内閣の議会に対する責任（そして解散権）だった。

---

79)　*Ibid.* at 106.
80)　バジョットは、その著作の「第2版の序文」において、「本書は、1865年から66年までの時期に限定して、その間のイギリス憲法について述べたもの」と述べている。また彼は、1867年の選挙法改正についてもふれ、政治の大きな変化は選挙法改正のせいではなく、"1867年の選挙法改正が1832年の改正を完成させた"ともいう。大衆の政治参加である。これによって下院も金権政治の場となって、上院との違い、相互の分離・独立が顕著となった、ともいっている。

（3）《議院内閣制とは内閣は議会の信任を受けているかぎり存立する体制をいう》とする理解は、国民主権原理またはデモクラシーが強調されればされるほど受容されやすくなる。すなわち、【主権者のイニシアティヴ（すなわち、選挙）⇒主権者の議会への信託⇒議会による内閣の選出（より正確には、首相の選出）⇒議会に対する内閣の責任】という流れの重視である。また、議会と内閣との関係について、"内閣を作り出す力"は"作り出された力"よりも優位する（または、「選出される機関」は、「選出する機関」に優位することはない）、とみることも一見合理的であり理論的である。さらには、英国はもともと議会主権（Parliamentary Sovereignty）の国だともいわれてきたため、議院内閣制とは議会優位（parliamentary supremacy）の統治構造だ、とする主張はますます受容されやすくなる。

（4）こうした知的環境のなかで多くの論者は、バジョットの Parliamentary Government 論が議会優位の統治機構を説いたものだと受けとめた[81]。この議会優位の権力分立構造理解は、ワシントン・モデルとの違いを際立たせるぶん、ますます人びとを説得した。ポスト・バジョット理論は、Parliamentary Government を国民主権原理のもとでの機構論（公式の制度論）へ焼き直したのである。

（5）かくして、わが国の公法学も、Parliamentary Government を、権力分立という公式の制度のなかで、しかも、民主化された権力分立の制度のなかで分析することになる。Parliamentary Government が権力分立制度のひとつである論拠は、議会（国会）と内閣とは別個独立の憲法上の機関だ、という点に求められた。

ふたつの機関を別個独立だと捉える以上、それぞれの選出方法（組織化）、地位・権限等の違いに着眼される。有権者が議会の構成を決め、その議会（厳密にいえば、下院）が首相を選出するという手続・縦走の連鎖が浮かびあがる。この手続には民主的正当性という価値が宿っている。通説は、この価値に訴え

---

[81] 今日のイギリスの議院内閣制は内閣の議会への従属の体制ではない、と論ずる佐間・前掲注53）「イギリスの議院内閣制」24頁も、「バヂョット流（ママ）の見解は……内閣の国民代表機関たる議会への従属性を、その議院内閣制の本質として強調していることは、疑いをいれないところであろう」という。ただし、（ ）内は阪本、当用漢字に直して引用してある。

かけながら、議会によって組織化された内閣は、議会に対して責任を負い、議会が信任する限りにおいて存立する、これが民主制的権力分立構造での Parliamentary Government というものだ、というのである。通説は、ウェストミンスターにおける Parliamentary Government をこう理解してきた。わが国の憲法教科書に「責任本質説」として説明されている理解である。

（6）責任本質説は、Parliamentary Government とは、①有権者団という機関を射程に取り入れた権力分立構造において、②主権者の代表機関である議会が優位する統治であり、③議会が統治の基本方針を決定し、内閣にこれを実行させ、④議会が立法権を独占し、内閣に法律を執行させる体制だ、と説いた。この Parliamentary Government の捉え方は、国民主権原理とも、法学でいう権力分立理論とも、政治学・行政学でいう「新権力分立論」[82]——【議会による決定⇒他の国家機関による執行】モデル——とも、さらには、法治国における権力分立理論——【議会の立法権独占⇒内閣によるその執行】モデル——とも（⇒第Ⅰ章第3節3）、うまく共鳴しあったのである。

（7）ところが、ウェストミンスター・モデルをもって、"内閣の存立が議会の信任に依拠する制度だ"とか"議会優位の統治だ"ということは、次の点を直視した場合、困難だといわざるをえない。

まずは統治の実態である。既に何回かふれたように、英国の統治は Parliamentary Government（議会優位の統治）というより、Cabinet Government（内閣優位型統治）となって久しい[83]。その実態は、内閣が統治の基本方針を決定し、議会はこれを批判する、という機能分担となってきているのである（⇒第2節2（6））。

次に、議会は、首相や閣僚の選出にあたって何ら関与していない、という点である。言い換えれば、内閣の誕生は、議会の信任の有無とは無関係なのである。首相を選出するのは議会ではなく、君主である。君主は、総選挙で勝利を

---

82) たとえば、参照、尾形典男「議院内閣制度の檢討」公法研究7号（1952）24〜25頁。
83) たとえば、佐間忠雄「内閣政治制の特質と課題」清宮四郎博士退職記念『憲法の諸問題』（有斐閣、1963）244〜245頁は、内閣優位の統治体制が確立したのは19世紀に入ってから、厳密にいえば1920年代となるだろう、という。また、神谷昭「内閣」『日本国憲法体系〈第5巻〉統治の機構Ⅱ』（有斐閣、1964）6頁によれば「1900年頃までの間に」内閣優位体制ができたという。なお、前掲注35）の19世紀レーヴェンシュタインの見解も参照せよ。

得た党の党首を、議会の召集を待たず、直ちに首相に大権事項として任命するのである（たしかに、この任命権は憲法習律上形式化されてはいるとはいえ、総選挙でいずれの党も過半数の議席を獲得できなかったときには、君主が実質的任命権を行使することになる）。

さらにまた、閣僚の選出についても、議会は関与せず、首相が議員のなかから選んだ閣僚候補者を、君主が大臣として任命するのである。これも、形式化されているとはいえ、公式には君主の大権である。

こうした点をみれば、首相または閣僚の選出につき、議会はこれを信任するという権限もなければ、手続的な担保もないことがわかる（いくつかの国の憲法は、首相が任命した閣僚について、議会の信任決議を要するとしている[84]）。

ウェストミンスター・モデルは、上にふれた君主単独による首相の任命のほか、君主の議会解散権、首相単独での助言を通しての君主の解散権発動、執政府の二元構造等を要素としている。これは立憲君主制国にみられる特徴である。

（8）こうしてみると、ウェストミンスター・モデルを議会優位の統治だと捉えることは躊躇されてくる。

「議会優位の統治」としての議院内閣制が議会への権力集中、解散権の制限に至れば、フランスの国民公会制に近づき、「議会の内閣に対する専制」になりかねない[85]。さすがに議院内閣制をここまで議会優位とすることには、穏当なデモクラットであれば警戒的となる。この論者が、議院内閣制と国民公会制との決定的な違いとしてあげるのが、内閣による議会の解散である。

英国の議会政とフランスのそれとを分かつ要素が内閣による下院解散である。この解散権に注目して、「不信任決議⇔解散権」という武器の対等こそがParliamentary Government理解のポイントだと捉えるのが、すぐ後にふれるBalanced Government論、わが国の学説でいえば「均衡本質説」である（⇒詳細は本節4）。

（9）Parliamentary Governmentとは議会優位の統治なのか、それとも均衡の統治なのか[86]という論争は解散権を抜きにしては語れない。そして、この

---

84) 後掲注120）でふれるイタリア共和国の例をみよ。
85) *See* AMERY, CONSTITUTION 17-19.
86) 本文でいう「議会優位の統治／均衡の統治」という対立は、わが国憲法学においては「責任本質／均衡本質」の別として定式化されている。この定式を定着させたのは樋口陽

論争の核心を射るためには、どの国家機関が解散権を有し、いかなる条件が満たされたとき、解散権を発動できるのか、といった個別の論点を処理しなければならない。これらの論点こそ、Parliamentary Government における議会と内閣との関係を解きあかす鍵である。
　英国の Parliamentary Government において解散権は、いかなる場合に発動され、それがそんな意義をもってきたのだろうか。
　議院内閣制の源流は英国憲政にあり、とわれわれが考えてきた以上、この国制での執政府の構造、解散権の所在・発動形式・発動回数・発動契機を軽視すべきではない。
　(10)　英国国制における解散権は、いかに形式化されたとはいえ、君主が有している。「君臨すれど統治せず」とされる君主も、現実の統治においては、なお一定の執政権を保持し、実際にこれを行使してきた。この権限が国家機関間の憲法抗争を中和させる君主の中性権（調整権）であり、そのひとつが解散権である。英国憲政における executive power としてのこの君主権限は、統治を語るにあたっては決して無視できない。君主の保持する中性権を考慮すれば、現在でも、英国の執政府は二元的だといわざるをえない。
　(11)　議会（下院）の解散は、首相がその助言権を通して、君主の解散権に単独で訴える、という手続をもって発動される。手続はこうであるが、君主が解散の実体的理由を忖度しないという憲法習律の成立以降、"解散権は首相にあり"といわれるようになったのである（ということは、「内閣の解散権」という表現は正しくない）。以下、首相が君主の解散権に訴える手続簡潔に「首相の解散権」ということにしよう。
　さて、次の課題は、首相がいかなる場合に解散権を発動し、それがどんな意義を有してきたのか、という点の解明である。
　英国の憲政をみると、1832年から1867年までの35年間にあっては、下院の信任を受けていないと首相が判断したときの選択肢としては総辞職が多かったものの[87]、1868年以降の50年間は、総辞職の事例は3つしかなく、残りすべてに

　　　　　―「議院内閣制の概念」小嶋和司編『ジュリスト増刊 憲法の争点』（有斐閣、1978）180頁であろう。
　　87）　See LOEWENSTEIN, POLITICAL PROCESS 99〔19世紀中葉の英国においては、内閣の崩壊は下院の解散権を伴わず、あたかもフランスの古典的な議会主義の末期の現象だった〕。

おいて首相は解散を選択した[88]といわれる。

　この1868年以降の首相による解散権発動の理由と回数は無視できない。首相は、この解散権を背景にして、内閣優位型統治または首相優位型統治を次第しだいに確立していったのである。

　わが国の学説のなかには、内閣の自由な解散権をもって「議会政に本質的なものではない」[89]と片づけるものもみられる。が、この見解は早計である。英国の「議会政」(Parliamentary Government) とフランスのそれの違いを決定づけるものは、首相の解散権にある。

　(12)　英国においては、最近まで、解散権の発動は、首相単独の自由な判断に委ねられる、という習律が成立していた[90]（ここで、過去形で表現するのは、2011年の「固定任期議会法」(Fixed Term Parliament Act) によって首相の自由な解散権は存在しなくなったからである[91]）。

　通常、解散の時期は、自己（より正確にいえば、与党のなかの首相支持勢力）に最も有利だと首相が判断するときとなる。すなわち、首相は、自分の政権維持にとって最も有利となるよう、解散権を自由に発動するのが通例である[92]。この習律の確立によって、統治の重心が議会（より正確にいえば、下院）から内閣

---

88) 川人貞史『議院内閣制』（東京大学出版会、2015）17頁。また、20世紀前半の解散の実態については、参照、ジェニングス・前掲注74）訳書『新訂 イギリス憲法論』14頁。

89) 芦部信喜・高橋和之補訂『憲法〔第6版〕』（岩波書店、2015）311頁は、19世紀以降、行政権が内閣に一元化するにつれて、「議院内閣制は議会優位の政治体制に変わってきた」という。以下、この本を"芦部・『憲法』"と引用する。この芦部の指摘はどこの国を念頭に置いたものか不明であるが、英国に関する限り、妥当しない。また、同書332頁には、議院内閣制に共通する要素は政府の議会に対する責任であって、内閣の自由な解散権は、「議会政に本質的なものではない」という。私は、これらの指摘を偽だ、と判定している。

90) もっとも、上田健介『首相権限と憲法』（成文堂、2013）10頁によれば、首相が単独で自由な解散権をもっているかどうか、論争されている、という。

91) 固定任期議会法制定の背景、その概要等については、参照、小堀眞裕『ウェストミンスター・モデルの変容』（法律文化社、2012）第6章「英国首相改選権の廃止―固定任期議会法の成立」。この小堀の著書は、首相が自由な解散権を行使できる憲法構造をとる国家は比較法的にみて少数であることを明らかにしている（165頁）。さらに、自由で不定期の解散権であって、しかも、解散に伴う下院（衆議院）の選挙時期が上院（参議院）のそれとは別である国は日本しかない、ともいう（215頁）。

92) ラスキ・前掲注27）同訳書『イギリスの議会政治』22頁は、解散権について、「少数党が内閣を組織する場合しか、内閣が衆議院での敗北に基づいて辞職または解散を余儀なくされるという重大な局面がない」という。

（さらには首相）にシフトしてきたのである[93]。

　「イニシアティヴとコントロール」という機関間関係で Parliamentary Government を解明すれば、解散権こそ内閣（その長である首相）によるイニシアティヴだと位置づけることができる。内閣（首相）は、内閣が常に議会のコントロールのもとにあるわけではないこと、議会の一委員会ではないことを、この権限によって表現するのである[94]。そればかりではない。首相の自由な解散権は、閣僚や与党を結束させる力となってきたのである[95]。

　(13)　かような解散権の実態をみれば、われわれは少なくともふたつのことに気づく。

　ひとつは、Parliamentary Government の本質は内閣の議会に対する責任にありという命題の空虚さであり（⇒第4節2（3））、他のひとつは、英国のこれまでのやり方――首相の専権事項としての解散権発動というやり方――がわが国にもみられていること、これである。責任本質説と首相の自由な解散権とは、両立するのだろうか？

4　もうひとつのウェストミンスター・モデル

　(1)　「議会優位の統治／議会・内閣の均衡の統治」または「責任本質説／均衡本質説」という二分法は、立憲君主の時代においては、比較分析の道具として有効だった。というのも、責任本質説は、内閣の議会に対する責任を強調することによって君主の存在理由を相対化できたのに対して、均衡本質説は、大臣の副署権を経由する君主の解散権を軽視すべきではない、としてきたからである。ふたつの説の違いは、立憲君主制下での権力分立を捉えるにあたっ

---

93)　わが国の公法学者も、既に昭和30年代初頭に、英国の統治の変化にふれていた。参照、佐藤・前掲51)「イギリスの議院内閣制」37～38頁、尾形・前掲注82)「議院内閣制度の検討」35～36頁〔均衡とは、内閣と議会との関係ではなく、与党と野党との関係をいう〕。

94)　See Jennings, Cabinet Governmen 474. 尾形・前掲注82)「議院内閣制度の検討」29頁は、ジェニングスのこの著書によりながら「内閣が武器として解散権を与えられている場合には、その効用は、対議会そのものとの関係に於ては、その現実の行使によってよりも行使への脅威によって発揮される。しかもその効用は共に野党に対して発揮されるのみではなく、却って与党自身の凝集力として役立つのである」という（当用漢字に修正して引用）。

95)　首相の解散権が与党を結束させる力であることは、古くは Bagehot, English Constitution 106において、20世紀においては Amery, Constitution 9で指摘されたところである。

て、議会と内閣というふたつの機関の独立・自律性をどこまで重視するか、さらには、君主の権限をどこまで不可欠だとみるか、という違いを反映していた。

　ところが、国民主権や国民代表の原理を権力分立構造理解の軸として取り入れ、これを重視すればするほど、この二分法の解明図式の有効性は大きく削がれてきた。両説の分岐点であった君主の存在・権限が有意ではなくなった以上、両説を分ける意味自体失われた、とする見解が次第に影響力をもってきたのも当然である[96]。たしかに、立憲君主制ではなく民主制のもとにおいては、どちらの見解も、解散とは主権者である国民の新たな意思をきく機会だと、国民主権原理や代表原理に訴えかけている点では同罪だといわざるをえない。

　（2）　本章は、わが国学説のいう責任本質説が議会優位の統治（語義に忠実なParliamentary Government）に、均衡本質説が対等の統治（Balanced Government）に、ほぼ相応するものと捉えてきた（⇒本節 2 （4）が責任本質説、（8）が均衡本質説にふれている）そして、すぐ上で、この 2 説を対照することの意義は薄れた、とも指摘した。われわれは、もうひとつのウェストミンスター・モデルに気づく必要がある。

　今日の英国の政治学者・公法学者の多数は、英国における Parliamentary Government と称されてきた体制を、「議会優位の統治」とも「対等の統治」とも受けとめていない。同国の「通説」は、その体制を内閣優位型統治、すなわち、Cabinet Government となっている、とみているのである[97]。

　内閣優位型統治とは【内閣による議会の指導⇒議会による責任ある批判】または【内閣のイニシアティヴ⇒議会による責任ある批判】となっている体制をいう[98]。もっと厳密にいえば【内閣による統治の基本方針の決定⇒官僚団によるその執行⇒これらに対する議会の批判】という体制である。この捉え方は、先にふれたように、伝統的法学が論じてきた権力分立論とはひと味違って、バ

---

96)　長谷部恭男『憲法〔第 6 版〕』（新生社、2014）371頁、大石眞『憲法講義Ⅰ〔第 3 版〕』（有斐閣、2014）117頁等。

97)　さらに、神谷・前掲83）「内閣」15頁では「バジョットの説くような議会政治は現在のイギリスにおいては存在しないと言ってよいであろう」という。また、参照、今井威『議院内閣制の研究』（大学教育社、1980）170頁以下。

98)　Jennings, Cabinet Government 472は「議会の機能は統治するのではなく、批判することにある」という。このジェニングス見解に共鳴するものとして、参照、尾形・前掲82）29頁、佐間・前掲注83）「内閣政治制の特質と課題」241頁。

ジョット流の「生ける国制」論、または、行政学が示した「新権力分立論」である（⇒第2節2（6））。ということは、内閣優位の統治論は、わが国の学説でいう「責任本質説／均衡本質説」の対立を超え、さらには伝統的な、公式の権力分立論の枠を超えているのである[99]。

それでも、内閣優位型統治論を権力分立構造のなかにあえて位置づけたとき、「議院内閣制」にも「議会優位の統治／議会と内閣の均衡の統治／内閣優位の統治」の別があることにわれわれは気づくはずである。

（3）　今日の英国統治が内閣優位となっている、という論拠は多様であるが、まずは"議会優位の統治ではない"というネガティヴな理由としてあげられているものをいくつか列挙すれば、次のようである。

(ｱ)　英国国制の理解にあたって、フランス的な人民主権論に影響されるべきではない[100]。選挙人の投票は、議員（議会）に能動的に働きかける行為ではなく、政党または内閣によって提示された基本方針を受動的に選択する行為である。

(ｲ)　君主の存在とその権限を無視した理論を展開すべきではない。

(ｳ)　議会と内閣との関係をみるにあたっての決定的要素は、君主の解散権・閣僚の副署権である。解散権は、議会のイニシアティヴ（不信任決議または信任決議の提出）によって発動されるものではなく、憲法習律上、首相が必要に応じて——君主の解散権に訴え出ることを通して——発動してきた。この解散権は議会と内閣の均衡保持のためではない（ことが多い）。

(ｴ)　議会（正確には下院）は国民代表としての地位を失っている。議会について語るべきことのないほど、その地位・権限は低下している。

（4）　次に、内閣優位となっているといわれるポジティヴな理由を考えてみよう。

---

99)　堀内健志「議院内閣制の二つのモデルと実定憲法論」青森法政論叢14号（2013）148頁は、議院内閣制には権力分立モデルと民主主義モデルとがある、と指摘したうえで、英国における内閣統治型を後者のタイプだ、という。

100)　*See, e.g.*, AMERY, CONSTITUTION 17〔議会優位という Parliamentary Government 論は、フランス的な「人民」概念と、曖昧な「代表」原理の産物であり、英国の理論ではない〕。

この理由としては、有権者による国政選挙が首相を選択するという意味をもっていることがよくあげられる。これをもう少々敷衍すれば、二大政党の確立、政党の厳格な党議拘束の遵守という条件のもとでは、国政選挙とは選挙民が首相（または次の内閣）を選択することだ、というのである[101]。

この接近法は、議会優位を論拠づけていたフランス風の人民主権論と一見したところ変わりはない。相変わらず、段階的選出手続とその正当性の強弱を重視しているようにみえるからである。

（5）　ところが、英国の経験的な理論は、人民主権や代表概念に訴えることをしない点にその特異さを示している。ある原理（たとえば、国民主権原理と代表制）または一定の概念（たとえば、民主的正当性）から演繹しないところに、英国での内閣優位論の特徴がある。この論法は国民の意思（選挙民の意思）という概念に訴えかけることが少ない。有権者の意思は個別的であって「国民の意思」ではありえないこと、その意味で国民の意思が実体としては存在しないことに気づかれているためだろう。

彼らは、統治の実態「生ける憲法」として、経験的に分析することを好む。この分析においては、選挙とは有権者がある政治体制を積極的に創造する行為ではなく、二大政党の掲げる首相候補を受動的に受け入れる行為だ、とみられる。選挙民は政権選択のイニシアティヴをもってはいない、と言い換えてもよい。

この実に控えめでプラクティカルな民主的正当化論は、抽象的原理または一定の概念から演繹するやり方とはひと味もふた味も違っており、実際の政治市場における政治の生産者としての政党（公式の憲法からすれば、非公式の組織）と政治の消費者としての選挙民に焦点を当てている。

（6）　内閣優位型統治論は、統治のイニシアティヴが内閣にあって議会にはない（選挙民にもない）、とみている。この「内閣-議会」関係における内閣のイニシアティヴの論拠としては、次の諸点が考えられる[102]。

---

101)　たとえば、参照、下條芳明「イギリス憲法政治史における内閣統治制の成立と変容」憲法研究36号（2004）67頁。また、参照、ラスキ・前掲注29）訳書『イギリスの議会政治』22頁〔下院は統治の主導者ではなく、主として内閣の意思を登録するための機関となった〕。社会主義者ラスキは、同様のことをこの本の別の箇所でも述べている（153頁参照）。
102)　参照、佐間・前掲注53）「イギリスの議院内閣制」37頁、尾形・前掲注82）「議院内閣制

第1。内閣は、議会を招集し、議事の計画を立て、法案を作成・提案し、議会運営を指示し、そして、議会を解散する。他方、議会は、内閣と連携し調和しながらも、ときに内閣を批判し、調査する役割を担う存在となっている。

第2。内閣の成立についても議会にイニシアティヴはない。与党の党首であり、君主によって首相として任命された人物が自己の同僚を選定し組閣する。内閣は議会から独立した手続によってつくられる。

第3。首相が解散権のイニシアティヴを握りこれを行使してきた。かつては議会との均衡保持の意味をもっていた解散権は、内閣が有権者の政治的選好を直接に把握するための手段となってきた。

第4。内閣は、専門的知識を有する官僚団の長たる地位にある行政大臣の組織体でもあって、その情報量が統治におけるイニシアティヴを内閣にもたらしている。

（7）　こうした内閣優位型統治、すなわちCabinat Governmentは、バジョットの時代の議会優位、すなわち、Parliamentary Governmentの変容だ、とよくいわれる。先にもふれたように（⇒本節の3（2））、バジョットの分析は19世紀中葉までの英国国制を対象としたものであって、20世紀前半以降においてはもはや通用力はない、または、大きな修正を要する、とみられている。変容の要因としては、㈠普通選挙制の導入、㈡政党政治システムの定着、㈢福祉国家（行政国家[103]）体制への移行、㈣2度にわたる世界戦争の体験等々の影響があげられる[104]。

ところが、英国でのParliamentary Governmentは、ほぼ一貫して内閣を舵

度の検討」29頁。
[103]　行政国家の正確な定義を発見することは困難である。この困難さは「行政」の意味あいが多義的であり、しかも論者によってその用法が区々であることと関連している。「行政国家」は、権力分立構造のもとでは、立法国家、司法国家との対照で捉えられることもあるが、本書では、官僚団（行政機関）が法令を執行することを超えて、法令の解釈・適用にあたって裁量権のみならず立法権をもつこと、さらには、統治の基本方針（案）を策定している国家を「行政国家」という。
[104]　参照、下條・前掲注101）「イギリス憲法政治史における内閣統治制の成立と変容」67頁。

取り役とする統治だったのであって、議会優位の統治ではなかったのである。
　上にあげられている Parliamentary Government 変容の要因のうち、政党政治（または二大政党制）の確立について、これが真の要因であるかどうか、バジョットの見解を振り返ってみよう。

　「下院は、主として、いや、何よりも、指導者を選択する会議体であることをわれわれが理解すれば、その瞬間に、政党こそがその必須であると判明してくる。もし政党が存在しなければ、この選択肢もないのである。……政党は、下院のなかの本来的な存在であり、その背骨のなかの背骨、生命のなかの生命である」[105]。

　バジョットは、"党こそが指導者選択において必須であって、政党がなければ、選択肢もない"という。政党政治、政党による首相の選択は、既に当時、彼が言い当てていたのである。

第4節　日本国憲法における Parliamentary Government

1　日本国憲法の範型としてのウェストミンスター・モデル（？）
　（1）　英国の Parliamentary Government は、不文・軟性憲法の国らしく、時代ごとに多様な姿を示してきた。議会と内閣との相関関係は、時の政党の力関係、首相のパーソナリティ、解散権発動（または不行使）の政治的背景等々に依存してきた。こうした個別の変化要因を捨象して大きな流れでいえば、同国の政治体制は Parliamentary Government から Cabinet Government へという展開を示してきた、といって間違いない。このことをレーヴェンシュタインの一文で確認しておこう。彼はこういっている。

　「Parliamentary Government は Cabinet Government と決して同じではない。この用語自体は Parliamentary Government のなかの特定ヴァージョンであるから、英国特有の体制を表すものとして取り置くべきものであ

---
　105)　Bagehot, The English Constitution 106.

る」[106]。

「フランスと対照的なのが英国およびその範型に倣った諸国の議会主義である。そこでは、疑問の余地なく、下院に対する政府——首相および内閣——の優越が……顕著となっている。……下院が内閣に優越していた時期は一時的だった。1867年の第二次選挙法改革によって選挙人資格が労働者階級にまで拡大されたことによって事情は劇的に変化した。組織化された大衆政党が出現し、新しい大衆選挙民が政治過程に統合されたのである。ここ80年の間に英国の議会主義は、選挙民、下院、そして内閣をコーナーとする三角形を示すようになった。この構造のなかで選挙民と内閣とが同じ強さの地位を占め、下院は、選挙民の意向を内閣に伝える運搬ベルトの役割へと弱体化してきた」[107]。

　こうしたParliamentary GovernmentからCabinet Governmentへの憲政の変化は、わが国の「議院内閣制」を捉え直すうえで決して無視できない。
　(2)　英国の政治理論または公法理論が、その政治体制をもって内閣優位型統治だ、というのに対して、わが国の通説は、その政治体制が英国型の議院内閣制であるとし、しかも、その本質は内閣の国会に対する責任だ、という[108]。わが国通説の議院内閣制の捉え方には、もはや英国の香りは感じられない。
　通説は、なぜ、責任というを重視したのか？
　Parliamentary Governmentは、デモクラシーの萌芽期においては、君主政治という対抗物を前に姿を現した。この新しい体制でのGovernment（内閣）は、"議会（下院）によって作り出される民主的な機関なのだ、民主的体制に

---

106)　LOEWENSTEIN, POLITICAL PROCESS 86. ただし、（　）内は阪本。
107)　*Ibid.*
108)　もちろん、わが国の通説も、日本国憲法が議院内閣制であることの論拠として、69条以外の憲法関連条文をあげてきた。憲法66条3項の内閣の連帯責任、67条の国会による総理大臣の指名等がこれである。ところが、関連条文を個別的に列挙すればするほど、かえって「議院内閣制」をみえなくしてしまい、議院内閣制の定義の追究を怠らせてしまう。私は、議院内閣制とは、統治の基本方針について議会と内閣とが一致する体制だ、とみている。この体制は、国家の二元構造を回避するために、言い換えれば、議会と執政府との間に抗争がないよう、双方の連携・協調を図る体制である。参照、阪本昌成『憲法1　国制クラシック〔全訂第3版〕』（有信堂、2011）86頁。

あっては、内閣は、君主に対してではなく、議会に対して責任を負え"となる。この議会と内閣との関係を表そうとするとき、"内閣は議会が選出したひとつの委員会だ"というバジョットの言い回しが好んで引用された。

（3）　これに対して本章は、バジョットの時代から英国のParliamentary Governmentが議会優位の統治ではなくCabinet Governmentだったのではないか、と論じてきた（⇒第3節4（7））。

そればかりか、ここまで私は、Parliamentary Governmentを「議院内閣制」という日本語でこれを捉えること、日本国憲法が英国型の「議院内閣制」によっている、とか、同国の議院内閣制の理論はバジョットによって体系的に述べられた、とか理解すること等に異論を唱えてきた。少なくとも、われわれは、"英国憲政における議会と内閣との関係は、実のところ議院内閣制のモデルではなく、同国に特有なプラクティスにすぎなかったのではないか"と立ち止まる必要がある（⇒第1節（5））。

英国の政治体制が特異であるとすれば、議院内閣制の本質は英国以外の憲政のなかに求めるほうが生産的である。が、この課題は本書の問題意識を超えている（ヨーロッパ諸国の憲法理論に通じた研究者の分析にゆだねる）。

（4）　英国におけるParliamentary Government概念、そしてCabinet Government概念は、既に何回かふれたように、下院・内閣の各公式権限を権力分立構造に照射して出てきたものではない。このことに留意すれば、Parliamentary GovernmentやCabinet Governmentを権力分立理論の枠内で論争すること自体が生産的ではない、と気づかれてくる。

それでも、なお、Parliamentary GovernmentやCabinet Governmentと権力分立理論との関係に決着を付けようとするのであれば、"これらは、もはや権力分立制ではない"と割り切ることも必要だろう。本書は、先の第2節2（11）において、アカマンがこう述べていることを紹介した。

> 「英国型こそ、マディスンとモンテスキューの予言した脱出不能な専制への道を避けることに成功した体制だ、と受けとめるのであれば、権力分立という考え方自体を捨て去るべきだということになりはしないか？」[109]。

---

109) Ackerman, *New separation, supra* note 27, at 640.

レーヴェンシュタインの言葉も、ここで引用しておく価値があろう。

「今日、最も一般的となっている議会政を一瞥すれば、立法機関と執政機関とが、人的にも作用的にも、もはや分離されていないことは、憲法を呪文のように唱えている人びと（constitutonal medecine men）にも納得できたはずである」[110]。

（5）　これまでのわが国の通説は、「議院内閣制」における内閣と議会とが憲法上別個独立の機関であることを指摘して、"議院内閣制は権力分立構造のひとつである"と論じてきた[111]。いや、権力分立の亜種であるどころか、民主的な権力分立構造としてふさわしきもの、とみてきたふしがある。先にもふれたように、通説によれば、日本国憲法の議院内閣制は、「決定⇒執行モデル」でいう、国会が基本方針を決定し、内閣にこれを実行させる権力分立構造であり、【議会による決定⇒内閣による執行】モデルでいう、国会が立法権を独占する権力分立である（⇒第3節1（4））。国会を頂点とする権力分立像と、議会優位の「議院内閣制」とは、実のところ同型であってこれまでふれてきた「責任本質説／均衡本質説」の対立も、権力分立構造を与件とする枠内での論争であったように思われる。

こうした通説に対して、比較的古くから、わが国の論者のなかにも、「議院内閣制」を権力分立の観点から接近するとなると、議院内閣制における有機的な協働体制という本質を外すことになる、とか、権力分立には議院内閣制における権限・作用の融合という特質はみられない、と指摘するものもみられた[112]。ところが、こうした批判的な見解の影響は通説の前にかき消されたようだ[113]。

---

110)　LOEWENSTEIN, POLITICAL PROCESS 35.
111)　たとえば、芦部・『憲法』287頁以下は、「権力分立の原理」を扱う項目で、日本国憲法の体制について「内閣が国会に対し連帯して責任を負うことを大原則とする議院内閣制……を採用しながらも、裁判所の違憲審査権を認め、どちらかと言えば、アメリカ型に近い考え方をとっている」という（289頁）。また、高橋和之『立憲主義と日本国憲法〔第3版〕』（有斐閣、2013）26〜27頁は、権力分立原理の歴史展開のなかで、「大統領制／二元型議院内閣制／一元型議院内閣制」の別が出てきたと説明している。
112)　たとえば、参照、佐間・前掲51)「イギリスの議院内閣制」47〜48頁。

（6）　責任本質か、均衡本質か、という論争は、解散権発動の要件と関連している。細かな分岐は捨象していえば、責任本質説は、議会の信任を失ったと内閣が判断したとき、内閣が主権者の意思を問うべく解散権を発動するのだ、として、主権者への最終的責任を強調する。これに対して、均衡本質説は、議会が不信任の意思を表示したとき（または表示しようとしているとき）、この対抗策として内閣は「民意はわれにあり」とばかりに解散権を発動して主権者の意思を問うのだ、と強調する[114]。

　このふたつの学説は、一見したところ、両立しがたい立場のように映る。ところが、両説ともに、主権者意思を軸として、"解散権は民主的再統合のために発動されるのだ" としている点で共通している。この共通性は、内閣の地位・権限の終局的基礎を国民主権に求める法的思考からすれば、当然であろう。【人民⇒議会⇒内閣⇒人民】という民主的政治過程を重視する見解である。この視点からすれば、首相によって自由に行使されうる、潜在的な解散権が閣僚や与党議員を統合している、という現実政治の実態は看過される。

　政治的機能は解散権の法的分析の射程外だ、と通説は反論するだろう。が、解散権が主権者意思を問う経路だ、という主張も、政治的機能論のように私には思われる。

　（7）　それよりも、私は、ふたつの学説が重要論点を見失っているのではないか、といぶかっている。

　第1に欠けている点は、内閣優位型統治（Cabinet Government）という分析視

---

113)　学説のなかで異彩を放ったのが、小嶋和司「憲法の規定する政治機構―はたして議院内閣制か」法時25巻12号（1953）（後に『小嶋和司憲法論集（二）憲法と政治機構』（木鐸社、1988）に所収）である。この小嶋論文は、日本国憲法の体制が英国のそれからはずれており、議会政との妥協、または、少なくとも、議会政に強く浸蝕された議院内閣制だ、という。国会優位の統治体制を強調したいのであれば、その論者は、小嶋のように解明すべきではなかったか、と私は思う。芦部・前掲注87)『憲法』332～333頁が、わが国の議院内閣制は運用実態からすればイギリス型であるものの、フランス型とみることもできる、といったり、権力分立について、英国型であるものの、アメリカ型にも近い、と慎重に述べているのは注目されるところである。

114)　ある政治学者は、この議会優位の議院内閣制構造について、議会をプリンシパル、内閣をそのエイジェンシーとする「プリンシパル-エイジェンシー」関係（「本人-代理人モデル」）として捉えている。参照、川人・前掲注86)『議院内閣制』26～28頁。この論者のいう「プリンシパル-エイジェンシー」モデルは、国民代表機関である議会が誰の何を「代表」するか、という分析視角に欠けており、このままのかたちでは公法学には持ち込めない。

角である。本章は、これを「もうひとつのウェストミンスター・モデル」と呼んできた（⇒第3節4）。

既に何度もふれたように、英国の公法学の通説は、ウェストミンスター・モデルをもって内閣優位の統治だ、という。これに対してわが国の憲法学の通説は、わが国の議院内閣制は英国を範型とする議会優位の統治だという。わが国の通説は、19世紀中葉以降の英国での Parliamentary Government を捉えそこなったようだ。

第2に欠けている点は、ふたつの学説が権力分立をどう捉えたうえで、それぞれの立場を展開しているのか、という点の解明である。言い換えれば、ふたつの学説は、ともに、議院内閣制とは権力分立のひとつのヴァリエイションであるとしたにもかかわらず、各説にいう議院内閣制が権力分立の理念型からどれほどの偏差を示しているかについて語ってはいない。ふたつの説は「議院内閣制」と権力分立制との関係をどう捉えようとしているのだろうか。

（8）　均衡本質説は、リベラリズムを基礎とする古典的な権力分立理論──「抑制・均衡」重視型──を念頭に置いて、国会と内閣との「対等の地位」、「武器の対等」を説いているようである。伝統的な権力分立理論からすれば、正統派の流れに位置している。が、議会と内閣との地位の対等と抑制の関係を強調すればするほど、"議院内閣制の特徴は、議会と内閣との融合にある" というポイントからずれていってしまう。この均衡本質説は、議会と内閣との分離独立、そして「対等性を基礎とする議会政」[115] に近似することになり、Parliamentary Government の本質を捉え損なっているように思われる。

（9）　責任本質説は、国民主権原理という洗礼を受けた権力分立理論──デモクラシー実現を基礎とする権力分立理論──を念頭に置いている。この説が、Parliamentary Government を民主制に引き寄せて捉えればとらえるほど、本書のいう「法治国における権力分立」に相応するものとなって、古典的な権力分立理論からずれてくる。そのうえ、ウェストミンスター・モデルからもますます遠ざかっていく。それでも、責任本質説は、議会優位の体制こそが "現代の権力分立理論だ" と考えているようである。その論拠としてこの説は、国

───
115）　議会政の定義については、前掲注19）でのレーヴェンシュタインのいうところをみよ（議会政とは均衡状態を作り出そうとする試みをいう）。

家統治には、その基本方針について指導する機関、それも、民主的な正当性をもった機関が必須であること、を考えているようである（⇒第3節3（3）～（6））。

責任本質説は、そのデモクラティックな要素を強調するためには、ウェストミンスター・モデル（それも議会優位と理解したもの）をその例としてそのまま提示することはできなかった。英国の Parliamentary Government の理解にあたっては、君主の存在、君主の権限、執政府の二元構造にふれざるをえない（英国は、立憲君主制の国である）。そこで、この説は、比較憲法の話題を持ち出し、㋐ 君主は元首となった、または、存在しなくなった、㋑ 元首がなお解散権をもっているとしても、それは形式的儀式的なものに変質した、㋒ 執政府の二元構造は議院内閣制の必須要素ではなくなった、といった歴史展開を強調したのである[116]。

（10）　権力分立や「議院内閣制」を国民主権原理にまで土俵を広げて、「現代的に捉え直す」となると、焦点がぼけてくる。第1に、権力分立や「議院内閣制」を捉えるにあたって国民主権にまで視野を広げるべきではない。国民主権とは原理にとどまり、統治構造の布置までをも決定する概念ではない。この原理により近い国民代表という概念ですら、議会の地位を決定するものではないのである。

「議院内閣制」の何たるかは、議会と執政府という憲法上の公式機関の公式権限を軸にして解明されるべきである。その公式権限のなかでも、解散権を軸とする2機関関係に焦点を絞れば、有益な分析が可能となろう。執政府の議会や国民に対する責任という要素は、公式権限・債務の枠外にある政治的なるものである。公式権限は、責任または信任という恒常的なところにあるのではなく、憲法上は不信任決議（または信任決議）という局面に凝縮して顕れるのである。

もう少し、信任の意味するところを、項を改めて考察してみよう。

---

[116]　芦部・『憲法』330～332頁は、執政府が一元的となってきたことにふれながら、「権力均衡（具体的には内閣の自由な解散権）の要素は、国民に政治のあり方を決定する機会を提供する重要な意味をもつとしても、議会政に本質的なものではない、と解するのが妥当であろう」という。樋口・前掲86）「議院内閣制の概念」181頁は、執政府が二元的だったのはオルレアン期までだ、とフランスの例を持ち出す。

2 国会の信任に依存する「議院内閣制」(?)

(1) 本章は、ここまで、わが国憲法学の通説が英国における伝統的・古典的な Parliamentary Government をもって、(a) 議会優位の統治体制で、(b) 日本国憲法の統治構造の範型でもあり、(c) 内閣の存立が議会（国会）の信任に依拠する制度だ、と説いてきたことにふれた。

戦後の数年間であれば、ウェストミンスター・モデルをもって"議会優位の統治体制だ"とすることは、当時の時代背景を考慮すれば、致し方ない。何しろ、わが国公法学者が、Parliamentary Government から Cabinet Government への変質を説く著作に接したのは、1950年以降だからである。わが国にもよく知られた書籍、たとえば、AMERY, THOUGHTS ON THE CONSTITUTION の初版は1947年、LOEWENSTEIN, POLITICAL POWER AND THE GOVERNMENTAL PROCESS の初版が1957年である。もっとも、JENNINGS, CABINET GOVERNMENT の初版となるとこれらよりもはやく、1936年だったが。

レーベンシュタインの著作がいうように、英国下院の優位は一時的で、19世紀末までには内閣優位の統治となっていた[117]、とみるほうが適切だろう。

にもかかわらず今日に至るまで、わが国の憲法の教科書や体系書が、英国での一時期の議会優位統治を語り継いでいることはいただけない。

もっとも、通説にとっては、英国憲政の変遷実態がどうかという視点は日本国憲法を解釈するにあたっては重要ではなく、日本国憲法上の文理こそが決め手だったのであろう。国会優位を語るさいの文理上の決め手のひとつが、「国会は、国権の最高機関」だとする41条であり、他のひとつが「行政権は内閣に属する」とする65条だった。これらの文理を重視する論者にとっては、法治国における権力分立構造が支えとなった。

(2) それよりも、私が理解しがたいことは、通説のいう「信任」または「責任」の意味するところである。

「信任」とは、首相の選任を通して議会がみせる「権威づけ」(authorization) にとどまらず、議会の側からみた、内閣に対する恒常的支持・支援をいうのかもしれない[118]。

また、「責任」とは、議会からの支持・支援を恒常的に受けるよう配慮せ

---

117) 前掲注37)をみよ。

よ、という内閣からみた態勢をいうのかもしれない。

　ところが、上の意味での信任および責任には、法制度的・手続的な裏づけが十分に用意されているわけではない。

　まずは、英国についてみたことを（⇒第3節3）ここで再確認し、日本国憲法の場合と比較してみよう。

　第1に、英国においては、首相の選任に議会は関与していない。その任命権限は、あくまで君主にある（⇒第3節4（7））。これに対し日本国憲法においては、67条1項の国会の議決が首相選任の実体権限であって、6条1項の天皇による任命は儀礼的行為にすぎない、と解される。

　第2に、英国において閣僚を選抜するのは首相であって、議会（下院）ではない。日本国憲法においても、閣僚の選抜は首長としての総理大臣の権限（68条）であって、国会がこれに関与することはない。

　第3に、英国首相は、自分単独の判断で、自由に解散権を発動するかどうか決断してきた（固定任期議会法制定以前の習律）。日本国憲法下においても、長年、いわゆる「7条解散」として、首相単独の判断に委ねられてきた。

　（3）　こうしてみると、日本国憲法においても、組閣の段階やその後の恒常的な「信任」のため法制度的・手続的な裏づけがあるとはいいがたいように思われる。その理由は、次のとおりである。

　第1に、国会が選出するのは首相であって、閣僚ではない。議院内閣制の本質が信任にあるというのであれば、内閣を単位として、組閣の時点で信任・不信任する公式の手続[119]を要するはずである（イタリア共和国憲法の「就任時信任投票制」のように[120]）。

　第2に、英国とは異なって、わが国においては、内閣みずからが信任決議案

---

[118]　川人・前掲注88）『議院内閣制』63頁は「信任」について、「信任関係は、議会が行政権をコントロールするための制度」だ、と機能から解明している。この機能論的理解は公法学においても通説といえるだろう。

[119]　川人・前掲注88）『議院内閣制』68頁の脚注4）によれば、就任時信任投票制には「積極的議会主義」（positive parliamentarism）と、「消極的議会主義」（negative parliamentarism）とがある、という。

[120]　イタリア共和国憲法92条は、「共和国大統領は、内閣総理大臣……を任命する」と定めた後、94条1項において「政府は、両議院の信任を有しなければならない」と定め、さらに、3項で「政府は、成立後10日以内に、両議院にその信任を求める」と規定している。

を国会に提出しその信を問う、という回路はないようである（野党が提出した不信任決議案を封じるために、与党が信任決議案を提出したことはある。これも、不信任という手続が可視化された段階での「信任」問題である）。諸外国には、内閣が重要法案の成立を推進するために議会に信任を求める手続があり、「この信任投票手続の制度あるいは慣行は、たいていの議院内閣制の国にある」という[121]。わが国にはこの手続も欠けている。

　第3に、英国と同様に、解散権は首相単独の自由な判断事項に属するとの実務慣行が定着し、国会の不信任の動向とは無関係に発動されてきている。首相は、英国の首相と同様（⇒第3節3）、その有する解散権をちらつかせ、彼の意に沿わない閣僚や与党党員を「威嚇」し、自分の地盤を固めようとすることもある。首相のこの動きは議会の信任とは直接の関係がない。

　かように、通説が議院内閣制の必須要素としてあげる「信任」には、法的な実体・効果が伴っていないようである（私が疑問視しているのは、恒常的な信任の法的性質であって、不信任また信任の決議としてスポットとして浮かびあがってくる事態についてではないことを、念のため、ここで付け加える）。

　（4）　通説は、法的中身・効果の定かでない「信任」の要素を、なぜ最重視してきたのだろうか。

　通説は、上の疑問に対して、次のような回答を準備していたのかも知れない。

> 「いくつかの国にみられるという就任時信任投票制は、議会の信任意思を十全に顕現させるための手続にとどまる。日本国憲法における「信任」の手続は【選挙人（主権者）⇒国会⇒国会による首相の選出】のなかに既に組み込まれている」。

　この回答は、相互独立している統治機関の対等の関係を軸にする権力分立（そのなかの「議院内閣制」）の構造分析よりも、いずれの国家機関が民意に近いか、または、国民主権論のもとで、手続的正統性を主張できるか、という視点を決め手としている。しかしながら、【選挙人（主権者）⇒国会⇒国会による首

---

121)　川人・前掲注86)『議院内閣制』71頁。

相の選出】という手続の連鎖は、あくまで政治的な機能（それも、あるべき機能）であって、公式の制度ではないように私には思われてならない[122]。

　（5）　通説は、信任と不信任との違いを重視しなかったようである。恒常的な責任は、政治的なものであるのに対し、不信任・信任の決議は法的効果をもちうる（実定憲法の定めによって）。換言すれば、恒常的な信任というポジ状態は政治的なものであって、法的な意義をもって顕れることはないのに対してその法的な意味あいが出現するのは、不信任というネガ状態が一定の手続として可視化されたときである。「不可視／可視化」の違いは重要である。

　信任が政治的であることは、Parliamentary Government の歴史展開を振り返れば、すぐに理解できてくる。

　立憲君主制の時代にあっては、大臣助言制のもとで不適切な助言をした大臣の責任を議会が追及する手段は弾劾裁判であった。そこでは議会は大臣の法的責任を追及した。議会の勢力拡張に伴って、大臣の君主への助言についての政治的責任まで議会が問うこととなった。その法的手段が議会による大臣の不信任決議（または信任決議）である。この政治責任が、大臣だけでなく、内閣について、それも、議会に対して負うものとされたとき、このための不信任決議が「議院内閣制」の構造を決定づける一要素だと理解されたのである。

本章を終えるにあたって

　（1）　本章は、ワシントン・モデルにおける大統領制とウェストミンスター・モデルにおける Parliamentary Government とを対照することを通して、後者の特徴を浮かびあがらせようとした。

　この対照を通して得られたものは、19世紀中葉までには英国の憲政が内閣優位型統治となっていた、という知識である。

　20世紀を迎えたアメリカの統治にとっては、この内閣優位の統治となっているウェストミンスター・モデルがまさにモデルと映った。当時の合衆国には、

---

　122)　バジョットが"下院が立派に任務を果たしているのは、国民の健全な世論（opinion）のせいだ"と明言したように、「主権者の意思」とよくいわれるものは、世論の果たす政治的な機能のことだ、と私は考えている。*See* BAGEHOT, THE ENGLISH CONSTITUTION 117.

執政府による一元的統治のモメントが欠けていたのである（⇒第Ⅱ章第4節2）。

合衆国憲法の制定者が権力分立理論を導入するにあたって、連邦議会の権限を最も警戒したことは、本書で何度も指摘した。この警戒心のゆえに憲法制定会議は、ウェストミンスター・モデル（Parliamentary Government）を持ち込めば議会統治となるとおそれ、これを拒否した、とある論者はいう。そして、この論者は、続けて、「当時の英国においてはParliamentary Governmentが内閣主導統治となる体制だと批判されていたときに、合衆国においては、議会の専制を許すとおそれられた」[123]と興味深い分析を示している。

（2）　わが国の憲法学においても、一部の論者が英国のParliamentary GovernmentはCabinet Governmentとなっている、と論じた。にもかかわらず、通説は"ウェストミンスター・モデルでのParliamentary Governmentは議会優位の統治だ"、"日本国憲法はウェストミンスター・モデルを範型としている"、"それは内閣の存立が議会の信任に依存している体制だ"と言い続けた。通説に対する異論は、せいぜい、均衡本質説にとどまった。均衡本質説は、伝統的な権力分立理論、すなわち、個々人の自由に対する侵害のおそれを最小化する統治体制理論に留意するものだけに、学説も無視することができなかったのだ。ところがこの均衡を重視する立場には、民主化された内閣とその基盤である議会（民主勢力）を君主の力で押さえる、という立憲君主制の臭いが残されていた。そこで通説は、君主の地位・権限（または、元首の手許に最後に残される中性権としての解散権）も、執政府の二元構造も、日本国憲法にはみられない、と、いくつかの立憲君主制的要素を消去したのである。さらに通説は、国民主権原理に訴えかけることによって、国民代表機関としての国会の地位・権限をポジのかたちで浮かびあがらせた。Parliamentary Governmentとは議会優位の統治であり、これが民主主義的憲法である日本国憲法型権力分立構造でもある、というのである。

（3）　議会制の成長期には、議会と内閣との関係をもってParliamentary Governmentだいうのが妥当だったかもしれない。が、Parliamentary Governmentとは、もともと政党政治と歩をあわせて登場したのである。この体制は、憲政の常道として、首相および閣僚を多数党から送り出す。内閣が党

---

123)　M. VILE, CONSTITUTIONALISM AND THE SEPARATION OF POWERS 171 (2nd ed. 1998).

のリーダーたちによって組織されるとき、議会は内閣によって指導されること、必定である。そればかりか、内閣は与党をも指導する立場にある。Parliamentary Government として出発した体制が内閣優位型統治となることは、当初より予想できたのである。

（4） Cabinet Government としてのウェストミンスター・モデルは、わが国の通説のみならず、憲法学に根源的な問題を突きつけている。権力分立との関係である。権力分立理論が多種多様であることを所与とするにしても、ウェストミンスター・モデルが同理論の枠内に収まりきるといいうるか、という疑問である。

英国の政治体制の特徴は、バジョットの言にあるように、《立法機関と執政機関との結合・融合にあり、両機関をつなぐバックル部分として内閣が置かれている》という点にある（⇒第3節2（5））。これは、作用の分散ではなく、内閣または首相に権限を集中させる体制だ、ということができる。だからこそ、レイプハルトの見解のごとく、権力の融合が「多数決モデル」（多数の力によって決定する統治）を産んでしまった、と批判的なものもみられるにまで至ったのである[124]。また、本章で何度も言及したアカマンが、《英国の「議院内閣制」での権限の制約は十分ではない》というのも、1回の総選挙が権力の総取り戦（立法権と執政権の融合）となっている、とみているからである。

（5） ところが、こうした批判は一面的である。

ジェニングスは、議会は政権交代可能な野党をもっており、議会内の与党と野党は、対立しながらも、常に同意を得ようと試みている、という[125]。英国の体制は、レイプハルトのいう「コンセンサス・モデル」に属する――「多数決モデル」ではなく――のだ、というところだろう。ジェニングスの指摘がバランスよき思考であるように私には思われる。

もっとも、ウェストミンスター・モデルは、2大政党制のなかで形成されてきた憲法習律であり、その法的統制力は実に心許ない。安定的で平穏な統治は、バジョットのいう「選挙民の健全な世論」に期待されている。が、これ

---

124) 前掲注48）でのレイプハルトの「コンセンサス・モデル／多数決モデル」という類型をみよ。
125) ジェニングス・前掲注76）『イギリス憲法論』17頁。

も、実に心もとない。

　この心もとなさは、成文憲法を当然視し、憲法典における公式の権力分立構造を追い求めようとしてきた者だからこそ、感じることかもしれない。

（6）　ウェストミンスター・モデルを公式の権力分立理論を通して眺めてはならない。Parliamentary Government や Cabinet Government は、機構配置を法的に述べたものではなさそうだ。それは、プラクティカルな視点にたって、流動的な統治のパターンを取り出したものだ（⇒第3節2（11））。

　ワシントン・モデルが立憲主義のなかの異例だといわれるのと同じように、ウェストミンスター・モデルも異例だ、とわれわれは割り切ってこれらを眺めておくほうが賢明である。

　いずれにせよ、ウェストミンスター・モデルを日本国憲法における権力分立構造や議院内閣制の範型だと捉えることは適切ではない。

第Ⅴ章　違憲（司法）審査基準論を質す

はじめに

（1）　平成23年新司法試験、公法系科目第1問の「採点実感等に関する意見」(http://www.moj.go.jp/content/001131108.pdf) のある箇所はこう述べている（以下の（ア）～（ウ）の番号は、筆者の都合によって附したものである）。

（ア）「最初から終わりまで違憲審査基準を中心に書きまくるという傾向はますます強まっているように感じられる。最初にこの状況で適用されるべき違憲審査基準は何かを問い、この場合は厳格な（あるいは緩やかな）基準でいく、と判断すると、後は『当てはめ』と称して、ほとんど機械的に結論を導く答案が非常に目に付く。」

（イ）「表現の自由を述べているのに、違憲審査基準の展開に終始し、問題文のヒントに気付かず、実質的な、本件での表現の自由とプライバシーの権利の相克を書かない薄い答案も目立った。この手の答案は結局『実質的な関連性』などという抽象的なテクニカルタームを示して中身のない結論で終わっている。その原因は、権利をカテゴライズすると自動的に基準とか優劣が決まると思い込んでいることにあるように思われる。本件における表現の自由と本件におけるプライバシーの権利の調整という、事案に即した検討を行って、事案を解決するという意識が足りない。」

（ウ）「立法目的の正当性を肯定するのに『やむにやまれぬ政府利益』や『必要不可欠な公益』を挙げているものがあったが、本件における対立利益は個人のプライバシーであって『政府利益』や『公益』ではない。そのほかにも立法事実の分析が安易で、立法目的の設定に恣意的なものが目

立った。」

　以上の「採点実感」は、ある権利（基本権）の価値を抽象的にランクづけれ ば違憲審査基準が自動的に選定され、次に、これへの「当てはめ」作業に出れ ば結論へといたる、という受験生の定番思考への警鐘である。上の（ア）〜 （ウ）はいずれも「違憲審査基準」への過剰依存（信頼）——司法試験の憲法 答案は違憲審査基準の選択問題であるかのような思い込み——を諫めている点 で共通している。

　（2）　これを読んだ私は、一部には納得しながらも、"この傾向は憲法教科 書の記述の不十分さに起因することのほうが多く、受験生のフォルトではな い"と感じ、受験生に大いに同情している。

　私が密かに受験生に深く同情する理由はいくつかある。その第1点が81条権 限の行使水準についての教科書的説明のしかたおよび表記法についてである。

　「採点実感」全体では、審査基準に言及する8箇所のうち7箇所にわたって 「違憲審査基準」という表記が用いられている。憲法教科書の大半も、この表 記によっている[1]。が、教科書・体系書のなかには「違憲審査基準」という表 記によらず、たとえば、「合憲性判断基準」という表記によるもの[2]、「司法審 査の基準」という表記によるもの[3]もみられる。

　The standard of judicial review という英語表記に忠実であろうとすれば、こ の訳は「司法審査の水準」である。アメリカの論者によっては、 the level of

---

1） 参照、芦部信喜・高橋和之補訂『憲法〔第6版〕』（岩波書店、2015）131頁以下。（これ を"芦部・『憲法』"と引用する）。該当部分は平等違反かどうかの審査手法を述べる箇所 であるものの、表現の自由の章においても、同書は同じ表記によっている（196頁、208頁 等をみよ）。また、渋谷秀樹＝赤坂正浩『憲法1 人権〔第5版〕』（有斐閣、2013）330頁 以下〔渋谷秀樹執筆〕、新正幸『憲法訴訟論〔第2版〕』（信山社、2010）526頁以下も同 じ。

2） 参照、佐藤幸治『日本国憲法論』（成文堂、2011）254頁以下。

3） 参照、戸松秀典『憲法訴訟〔第2版〕』（有斐閣、2008）283頁以下。阪本昌成『憲法1 国制クラシック〔全訂第3版〕』（有信堂、2011）［154］において私は81条権限を「司法審 査権」と表記している。これは、76条権限が「司法権」であり、81条権限は司法権に付随 する憲法適合性判断権である、ということを強調する意図を持っている。また、阪本昌成 『憲法2 基本権クラシック〔第4版〕』（有信堂、2011）［39a］［79a］等は、一貫して 「司法審査基準」と表記している。「司法審査」とは行政統制についてもいわれることを考 えると、憲法学においては「違憲審査基準」と表記し、行政統制のための「司法審査」と 区別する方が適切かもしれない。

judicial scrutiny という言い方を好むものもある⁴⁾。忠実にこれを訳すとなれば、これも「裁判所による審査レベル」である。

（3） ここで私が強調したいことは、「違憲審査／合憲性審査／司法審査」の別ではなく、英語でいう standard of judicial review でいう standard のニュアンスについてである。Standard とは、合憲か違憲かを判定するための「基準」ではなく、標準レヴェルまたは幅、というイメージをもっている。ところが、わが国憲法学はアメリカの the standard of judicial review を「二重の『基準』」をいうものと理解し、そこで選択された standard が合憲・違憲という判定へと誘導する力をもった「準則」（rule）であるかのように扱ってきた⁵⁾。

この背景には、ひとつは、"厳格審査は理論上厳格、実際には致命的、これに対して議会の判断を尊重する従来の平等保護にみられる理論上最小限の審査は実際には歯のない噛み付き方だ"（with scrutiny that was "strict" in theory and fatal in fact; in other contexts, the deferential "old" equal protection reigned, with minimal scrutiny in theory and virtually none in fact.）⁶⁾という、1970年代の誇張されたアメリカのある論者の言い方の影響がある。

わが国の学説はこの見方を鵜呑みにして、これこそが "Double Standard" のいうところであり⁷⁾、この二重の基準を使用すれば結論へと至るのだ、と理解したようである（上に引用した英語表記部分を見ればわかるように、この論者は、あくまで平等原則違反かどうかの判断水準をふたつに分けたのであって、実体的自由について論じたものではない）。

4） *See, e.g.,* G. White, *Historicizing Judicial Scrutiny,* 57 S. C. L. REV. 1 (2005).
5） たとえば、参照、戸松・前掲注3）『憲法訴訟〔第2版〕』284頁。また、このことは、後掲注36）およびその本文でもふれ、その後「standard / rule」の違いや、その他の憲法判断の手法を本文で論じていく。
6） *See, e.g.,* G. Gunther, *The Supreme Court, 1971 Term——Foreword: In Search of Evolving Doctrine on a Changing Court: A Model for a Newer Equal Protection,* 86 HARV. L. REV. 1, 8 (1972). この G. ガンザーのコメントは、あくまで平等保護条項事案における two-tiered-scrutiny についてであったことは、重要な留意点である。平等保護条項における違憲審査が minimum scrutiny であったことは、McGowan v. Maryland, 366 U.S. 420, 425 (1961) が述べたように、「州の目的（法益）実現と、法上の類型化根拠が完全に無関係（wholly irrerlevant）であってはじめて違憲となる」という判示部分に表れていた。これは、わが国最高裁判例のいう「明白性原則」よりも緩やかだ、といえるだろう。
7） 「二重の基準」という見方は、現在では、歴史的遺物としてのみ残されており、今日においては、実に複雑な判例展開がみられる、と指摘するものとして、*See,* H. ABRAHAM & B. PERRY, FREEDOM AND THE COURT 8（8 th ed., 2003).

二重の基準論の背景のもうひとつは、当時のわが国の憲法学が「スタンダード (standard) ／準則 (rule)」の別を知らなかったためである。なお付言すれば、アメリカ法においては、 standard / rule の別は周知の用法である (⇒第2節 (4) (5))[8]。

(4) 私が受験生に最も同情せざるをえない点は、「採点実感」の (ウ) についてである。

いくつかの憲法教科書または体系書を手に取ってみると、法令の保護法益のことを「政府利益」または「公共利益」と記している。これはそれぞれの教科書ライターが governmental interest を訳したものである[9]。が、この邦訳がいただけないのである。平成23年度司法試験公法系第1問の問う、個人のプライバシーという個人的法益の保護は、国家（政府）がその統治権力を用いて保護する関心事 (interest) であるから、これを governmental interest というのである。多くの教科書が Governmental interest を「政府利益」、「公益」または「公共的利益」と表記したために混乱を招いたのである。

不思議なことに、ある教科書は、平等保護領域における違憲審査基準の表記にあたっては、上でいう governmental interest に当たるものを「立法目的」と表している[10]。この「立法目的」に教科書の表記が統一されていれば、受験生も、採点者も「政府利益／公共的利益／個人的利益」について混乱することはなかっただろう。

(5) 教科書における表記のしかたが受験生を混乱させているといえば、「(狭義の) 厳格審査基準」(strict scrutiny test) の説明部分をとりあげるべきだろう。

上でふれた教科書は、厳格審査のことを「必要不可欠な公共的利益の基準」

---

8) ただし、 Standard / Rule の別は、学問領域に応じて、また、論者の関心によって多様であり、堅固としたい定義があるわけではない。この点については後掲注44) をみよ。憲法学におけるこの論じ方については、後掲注45) をみよ。

9) アメリカにおいても、目的審査の対象について governmental interest と表記するか、それとも public interest との表記が適切か、議論されているようである。E. Volokh, *Freedom of Speech, Permissible Tailoring and Transcending Strict Scrutiny*, 144 U. PA. L. REV. 2417, 2418 n. 3 (1996)によれば、governmental interest といい言い方がほぼ確立している、という。問題は、これをどう邦訳するか、である。

10) 参照、芦部・『憲法』134頁。同書は、高価値言論の内容規制に関しては、「必要不可欠な公共的利益 (compelling public [governmental or state] interest) の基準が参考に値する」と述べている (同書195頁)。なお、後掲注12) および14) もみよ。

とも表現し、その説明として「立法目的はやむにやまれぬ必要不可欠な（つまり、最高度に重要性の高い）公共的利益であり、規制手段はその公共的利益のみを具体化するように『厳格に定められていなければならない』こと（つまり、立法目的の達成に是非とも必要な最小限度のものであること）、という二つの要件の充足を求める」と述べている[11]。この2番目の丸括弧内でいう「必要な最小限度のもの」という説明は、立法目的審査における「必要不可欠な」と区別困難な表記のしかたとなっており、読者を混乱させている。しかも、同書の別の箇所は、中間審査基準（この論者の用語に忠実に従えば「厳格な合理性」の基準）での「より制限的でない他の選びうる手段」（Less Restrictive Alternatives = LRA）を説明するにあたっても、「この基準は、立法目的の達成にとって必要最小限度の規制手段を要求する基準と言い換えることもでき」る、とも表記している（ただし、頭点は阪本）[12]。これでは、厳格審査基準と中間審査基準（厳格な合理性基準）との区別がかき消されてしまい、読者は混乱するばかりとなる（LRAについては、後にふれる）[13]。

（6）　最後に私が受験生に同情的になる箇所は、「採点実感」の（ア）である。

二重の基準論花盛りの教科書を読んできた受験生にとっては、憲法答案の最大の決め手が「違憲審査基準」の選択にある、と理解するのは当然である。たとえば、基本権制限の憲法問題が問われれば、受験生の頭にまず浮かぶのは、(ⅰ)二重の基準、すなわち、「経済的自由／精神的自由」の別に相応した「緩やかな審査基準／厳しい基準（厳格な審査基準）」の別への言及、そして、(ⅱ)設題に即した「違憲審査基準」の選択、(ⅲ)その当てはめ、という手順だろう。ところが、「厳しい基準（厳格な審査基準）」が一体何を指しているのか、次の節でみるように、錯綜している教科書の記述が受験生を混乱させたのである。

---

11)　同書195頁、134頁。
12)　同書210頁。LRAは、 less drastic means, less intrusive alternative, or necessity 等とも呼ばれることがある。これからわかるように、LRAは「必要最小限」ではなく、立法目的達成にとって「正確な規制方法」（precision of regulation）となっていること、を指している。なお、後掲注54)、59) もみよ。
13)　こうした批判については、参照、市川正人「『厳格な合理性の基準』についての一考察」立命館法学333・334号（上巻）（2010）91頁、松井茂記「『厳格な合理性』の基準について」阪大法学42巻2・3号（1992）283頁。また、後掲注16) および59) もみよ。

（7） 私は、すぐ上で"standard of judicial review にいう standard とは一般的な水準のことだ"という趣旨のことを述べた。すなわち、「違憲審査基準」とは違憲・合憲の方向だけを示す標準的な大枠にとどまるのであって、具体的な事案においては事案に即した慎重な検討を要する、ということである。

さて、「違憲審査基準」を語るさいには、もっと重要な、次のような注意事項がある。

すなわち、この基準論は裁判所による立法事実への"噛みつき方"の標準パターンを浮かび上がらせるための議論だ、という点である。このことは、教科書が「立法目的審査→立法の採用した手段審査」と表記していることに暗に示されている。言い換えれば、違憲審査基準とは、議会（国会）が法律制定に当たって認定・評価した立法事実に対して、裁判所がどのような目線でこれを review すべきか——議会の判断を尊重して審査するか、それとも、議会の判断に代えて裁判所が審査するか——という議論である。この裁判所による立法事実への"噛みつき方"のレベル問題は、裁判所と議会とは憲法上対等な統治機関だ、という権力分立と関連している（⇒第5節（1））。つまり、司法審査権の権力分立上の限界問題がこの基準論に反映されているのである。

（8） 「違憲審査基準」論を上のように整理してみると、この段階で少なくとも次のことが判明してくる。

> 第1に、行政機関の活動についての司法審査のありかたについては、憲法教科書のいう「違憲審査基準」をそのまま応用してはならない。行政機関の活動は、議会制定法によってもたらされるもので（⇒第Ⅲ章第3節2（5））、この活動への司法審査のあり方は法令のなかに求められるべきところである。
> 第2に、憲法学のいう基準論は、法令の実体審査の水準を語るものであって、形式的な審査ですむ（立法事実の捉え方とは関係しない）、いわゆる「文面審査」の場面に使用すべきではない。

ところが、一般的な憲法教科書は上のような留意に欠けてきたようである。受験生が教科書に読み取ったものは、法令審査であろうと処分審査であろう

と、さらにまた、文面審査であろうと、基本権の性質に応じた二重の基準論だったようだ。

第1節　いくつかの教科書にみる違憲審査基準

（1）　いくつかの教科書を開いて、それぞれ表現の自由領域における「違憲（司法）審査基準」（以下、「違憲審査基準」の表記を原則として用いる）を例にとってどう論じているか確認してみよう。

〔A〕　教科書A＝この教科書は、表現の自由領域の司法審査の種別を説明するにあたって、まずは、「高価値言論に対する内容規制」の事案においては、「明白かつ現在の危険」の基準と、必要不可欠な公共的利益（compelling public〔governmental or state〕interest）の基準が参照に値する[14]という。これらが「厳格審査基準」の妥当領域だというのである。これに続いて、「表現内容中立規制」にふれ、これには「時・場所・方法規制／行動を伴う表現の規制」の別があり、前者には中間審査基準と言われる「より制限的でない他の選びうる手段」の基準（いわゆるLRAの基準）が主として用いられ、後者には「オブライエン・テスト」が用いられる、という[15][16]。

ついでこの本は、段落を変え、「表現の自由の規制立法に対して用いられる厳格な基準を要説しよう」[17]と語りながら、(1)事前抑制の理論[18]、(2)明確性の理論[19]、(3)「明白かつ現在の危険」の基準[20]、(4)「より制限的で

---

[14]　参照、芦部・『憲法』195頁。
[15]　参照、同書196、197頁。私は、この教科書の引用部分でいう"オブイエン・テストが合理的関連性の基準だ"という説明に接したとき、わが目を疑った。このテストは、象徴的言論の限界を求める独自のものではあるとはいえ、いわば中間審査基準の亜種である、と捉えなければならない。断じて「合理的関連性の基準」ではない。
[16]　この教科書のLRAの説明が不正確であることについては、第1節（9）の本文でふれる。また、前掲注12）も参照願う。LRAのいくつかの用法については、後掲注59）を、教科書的記述が判例に与えた影響について、後掲注53）をみよ。
[17]　芦部『憲法』198～204頁。
[18]　参照、同書198～204頁。
[19]　同書205～208頁。
[20]　同書208～210頁。

ない他の選びうる手段」(less restrictive alternatives = LRA) の基準[21]を並列的にあげてくる[22]。

　この前後には法令の「文面審査（または形式審査）／実体審査」の別にふれることなく、上の(2)の「明確性の理論」という文面審査も「厳格な審査基準」として位置づけられている。

　こうした説明では、「厳格審査基準」と「厳格な審査基準」との違いがわからない。

〔B〕　教科書 B ＝教科書 A の基本路線を受け継ぐ教科書 B も、「表現の自由に対する制限の合憲性を判定する基準は、二重の基準論によって厳格なものであることが要請される」[23]と述べた後に、厳格な違憲審査基準の具体例として、①事前抑制禁止の理論[24]、②明確性の理論[25]、③「明白かつ現在の危険」の基準[26]、④「より制限的でない他の選びうる手段」[27]を並列的に列挙している。

　上の「二重の基準論によって厳格なものであることが要請される」という説明は私には意味不明である。

　また引用文の前後には「(狭義の) 厳格審査基準」についてふれるところがない。

〔C〕　教科書 C ＝わが国の通説的教科書における「表現の自由」の審査基準の論じ方を決定づけたと思われる教科書 C は、対立利益を衡量する方向を予め指導する基準として、㋐事前抑制禁止原則[28]を、㋑事後規制法令

---

21)　同書210～213頁。
22)　ただし、芦部信喜『憲法判例を読む』（岩波書店、1987）102～107頁においては、「文面判断／最も厳しい基準／LRA」という3類型（3層の基準）を述べている。この説明を図表化したものについては、芦部信喜『憲法学Ⅱ 人権総論』（有斐閣、1994）227頁をみよ。
23)　野中俊彦＝中村睦男＝高橋和之＝高見勝利『憲法Ⅰ〔第5版〕』（有斐閣、2012）355～356頁〔中村睦男執筆〕。
24)　参照、同書356頁。
25)　参照、同書361頁。
26)　参照、同書362頁。
27)　参照、同書363頁。
28)　参照、伊藤正己『憲法入門〔第4版補訂版〕』（有斐閣、2006）158頁（初版は、1966年）。

第Ⅴ章　違憲（司法）審査基準論を質す　241

については「広汎性のゆえに無効の理論」および「漠然性のゆえに無効の理論」[29]を、㋒政治的言論規制においては「明白かつさし迫った危険」基準[30]および㋓「より制限的でない他の手段」基準[31]をあげ、これらが表現内容規制における判定基準であると説明している。しかる後に、内容中立規制においては「厳格な合理性」基準が用いられる、と説明を展開していく[32]。

　この説明は、【「事前規制／事後規制」→「事後規制における表現内容規制／表現内容中立規制」】という手順を踏み、それぞれに応じた理論を紹介している点で、上のふたつの教科書よりクリアな筋をもっている。が、しかし、「明白かつさし迫った危険」を政治的言論規制に用いられるとしている点（このテストは、今日のアメリカの判例においては、煽動表現、喧嘩言葉といった限られた言論においてでしか用いられないばかりか、ブランデンバーグ・テストに取って代わられている）、「より制限的でない他の手段」基準を独立の基準として位置づけている点で正確さを欠いている（「厳格審査基準／中間審査基準」の別の解明に成功していない）。

（2）　上に引用した教科書レヴェルの解説に共通する点は、(i)「二重の基準」論を所与のものとしながら[33]、(ii)実体審査と形式審査（または文面審査）の区別をすることなく、(iii)「明白かつ現在の危険」テスト等の個別的な審査手法を違憲審査基準のうちの「厳格な基準」に押し込めているだけでなく、(iv)「より制限的でない他の選びうる手段」（LRA）の基準を独立の「厳格な審査基準」としてあげ（ちなみに、教科書Aにおいては、LRAは二度登場している。上に引用し

---

29)　同書159頁。
30)　同書同頁。
31)　同書同頁。
32)　同書160頁。
33)　「二種の基準」を紹介したのが伊藤正己『言論・出版の自由』（岩波書店、1959）だった。ところが伊藤の入門書（本文でいう教科書C）には、不思議なことに「二重の基準」の具体的記述がみられない。が、しかし、教科書Cの160頁に「これら（内容中立規制）については、きびしい基準の適用は妥当ではないが、経済的自由の場合のように合理的制限ならば許容されるとするのも、言論の自由の重要性からみて適切でない。その中間の『厳格な合理性』の基準と呼ばれるものが主張されている」と述べられており、「二重の基準」が与件とされているものと思われる（だたし、丸括弧内は阪本）。

たように、一度は「厳格な基準」のひとつとして、二度目は「中間審査基準」として)、なかでも(v)「明白かつ現在の危険」テストを重視しつつ、これも「基準」(または厳格な審査基準) として位置づけていること、である。

（3） わが国の憲法教科書を埋め尽くしてきた「二重の基準」や「明白かつ現在の危険」テストは、ある時期、アメリカ公法学界を席巻した改革派（リベラル）の主張の影響である。この時期は、連邦最高裁内部において表現の自由をめぐる「絶対的保障論者／利益衡量論者」の対立がみられた時代だった。この対立のなかで生まれ出たのが、ウォレン・コート時代の「二層の違憲審査」の定式化（思考パターン）である。

わが国の憲法研究者がみせたウォレン・コートへの増幅された共鳴は、二重の基準の意義、その応用範囲について明晰な分析を妨げてきたようだ。

どうやら、「二重の基準」の意義、違憲・合憲の「審査基準」の意義について、定義し直す必要がありそうである。そのためには、「基準」の意味するところから、まずは再検討するのが有益である。

第2節 「基準」(Standard)・再定義

（1） 「基準」(standard) は、明確な意義をもっている言葉ではないためか、論者の好むように使用されている。まずは、その多義性を確認するために、各論者がどの意味でこの語を用いているか、明らかにされなければならない。

戸松秀典『憲法訴訟』を開くと、二重の基準論は「審査基準を導く原理・原則というべき段階」であって、「審査基準とは別の性格のものとして区別するほうが適当」だ、と説明されている[34]。戸松によれば、審査基準とは個別的な問題領域で使われるツールであって、たとえば、政教分離原則における「目的効果基準」、表現の自由における「明白かつ現在の危険のテスト」、公務員の政治的行為を規制する場合の「より制限的でない他の選びうる手段のテスト」のごときである。

たしかに戸松は、二重の基準論でいう「基準」が対立する利益調整のための大枠にとどまるのに対して、「審査基準」は大枠内での個別領域（規制）別に

---

34) 戸松・前掲注3）『憲法訴訟〔第2版〕』283頁。

応じて定式化されたものだとみて、両者を区別するほうが議論は明晰となる、と気づいているようだ（この区別は、いずれふれる香城敏麿理論でも、松井茂記理論でも気づかれている）。

（2）　ところが、戸松『憲法訴訟』は、上の説明に続き、「審査基準の類型」というヘッドラインのもとで、審査基準について、こう述べてくる。

> 「審査の厳格度によって、厳格な審査基準、中間の審査基準ないし厳格な合理性の基準、緩やかな審査基準の三つの類型ないし段階に分けることができる」[35]。

これは、二重の基準の修正版である「三重の基準」の紹介であって、個別的な問題領域で使われるツール（戸松のいう「審査基準」）ではなくなっている。しかも、戸松は、こうも述べている。

> 「審査基準は、それを適用する裁判所にとって、比較的定式化され、判断要素が具体的にあげられていて、合憲・違憲の結論との関係がまさに準則というにふさわしい状態となっている」[36]。

この説明には、「基準／準則」（standard / rule）の区別がない。ここには、煽動言論の限界を画するための「明白かつ現在の危険」テストや、公職者に対する名誉毀損の限界を画するための「現実の悪意」ルールも「基準」だとしてきたこれまでの悪弊が残っている。あるいは、違憲審査基準には、「法令の違憲審査における比較衡量（利益衡量）を枠づける一般的枠組」[37]を指す広義のものと、個別領域で定式化された狭義のものとがある、と戸松はいいたいのかもしれない。ところが、この「基準」について広狭を明確にしないまま、審査基準

---

35)　同書284頁。
36)　同書同頁。
37)　野中ほか・前掲注23)『憲法Ⅰ〔第5版〕』264頁。同書の4版、258頁は、「比較衡量を枠づける基準が必要となり、その基準が、『明白かつ現在の危険』の基準、『過度の漠然性』の基準、『より制限的でない他の選び得る手段』の基準などである」と述べていた。5版の該当場所となると、本文引用部分につづけて、「(その) 一つとして二重の基準論がある」と展開されていた。この括弧が第5版において消え去った理由は定かではない。

論を展開している。しかも、講義のものにも個別的なものにも双方について「基準」なるタームを用いている。こうした「基準」の意味の曖昧さが、受験生のみならず憲法研究者の思考を混乱させてきた原因である。

さらにいえば、広義の審査基準に分類されるべき「三重（三種）の基準」は、「裁判所にとって、……合憲・違憲の結論との関係がまさに準則というにふさわしい状態となっている」とは到底いいがたい。それどころか、わが国の憲法判例をみれば、通説的違憲審査基準によって事案を解決してはいない、とみるほうが適切である（このことは、最終節の「本章を終えるにあたって」でも再論する）。

（3）　実務家・香城敏麿は、「基準という言葉は多義的であり、一定の結論を下す際の標準となる分岐線という意味にも、これを導くための判断の方法ないしはアプローチという意味にも用いられる」[38]と的確に指摘している。この論者は、前者の分岐線を「基準」、それを導き出すためのアプローチを「方法」と表現して区別したが、この区別も相対的であるためか、学界に一般化することがなかったようである。それでも、この実務家が簡単に「基準」論に乗らなかったのは慧眼だったといわざるをえない[39]。

（4）　通説（教科書での叙述）は、合憲・違憲判断の大枠を、「違憲審査基準」というスィーピングな概念で説明してきた。これが思考の縺れの原因である。

この縺れをほどくには「二重の基準」論を議論の出発点としないことが必要である。ここで有益なのが、「基準（水準・標準という意味でのstandard）／考慮要素の限定された準則（rule）」の区分[40]、および「保護される言論／保護されない言論」というカテゴリカル・アプローチである。

---

38)　香城敏麿『憲法解釈の法理』（信山社、2004）66頁の注（3）。松井茂記『二重の基準論』（有斐閣、1994）50頁は「合憲性判断基準／審査基準」の別を説いて、いわば、「物差し／物差しの使い方」の違いを明らかにしようとしたが、ともに「基準」という用語に訴えかけたぶん、明晰さに欠け、学界に普及することはなかったように思われる。

39)　本章の立場からすれば、香城による「方法／基準」が「方法／基準／準則」という類型化につながっていくことを期待したいところである。

40)　梶原健佑「衡量枠と準則―表現の自由論における司法審査基準の再検討―」山口経済学雑誌58巻5号（2010）25頁は、この表題にみられるとおり「衡量枠（standard）／準則（rule）」の別を語っている。

たとえば、「明白かつ現在の危険」テストや「現実の悪意」ルールは、結論を誘導する力をもっている。前者は煽動表現の限界を、後者は公職者に対する名誉毀損的表現の限界を一定の要件として事前に画することに成功している。事後審査（review）にあたる裁判所としても、当該事件の争訟事実がこれらのテスト（またはルール）の要件を満たすかどうかを認定し判断することですむ。ここには裁判官の恣意または選好が入り込む余地が少ない。

　これが「準則」（rule）といわれる規範である（準則の意味については、すぐ後にふれる）。また、わいせつ表現も *Miller Test* という準則によって「保護されない言論」と結論される[41]。こうした区別を知れば、われわれは、言論の自由研究でも知られた D. ファーバー（D. Farber）とともに、"いわゆる「違憲審査基準」が用いられるのは、準則を用いない領域においてである"[42] と的確に捉えることができるようになる。

　（5）　もっとも、「基準／準則」（standard / rule）の区別や、それぞれの意味については、アメリカにおいても、各法学専門分野で独自の捉え方・論争が展開されており[43]、コンセンサスがあるわけではない[44]。が、それでも、憲法学

---

41)　*Miller Test* とは、Miller v. California, 413 U.S. 15 (1973) において示されたわいせつ性判断のための要件であって、それは、問題の文書が、(i)コミュニティの通念に従って平均人が作品の全体をみたとき、専ら好色な関心に訴えかけていると受けとめるか、(ii)適用条規に定義されているとおり、羞恥心を起こさせる手法で性交、性器等を詳細に描いているか、(iii)全体として真摯な文学的・芸術的・政治的または科学的価値を欠いているか、という3要件をいう。

42)　*See* D. Farber, *The Categorical Approach to Protecting Speech in American Constitutional Law*, 84 IND. L. J. 917 (2009). なお、後掲注50）の本文も参照のこと。

43)　*See, e.g.*, L. Kaplow, *Rules Versus Standards: An Economic Analysis*, 42 DUKE L.J. 557 (1992). この「法と経済学」からみた rule/standard を、さらに経済学的に捉え直そうとする E. Posner, *Standards, Rules, and Social Norms*, 21 HARV. J. L. & PUB. POL'Y, 101 (1997) も参考になる。

44)　たとえば、J. BALKIN, LIVING ORIGINALISM 349-352 n. 12 (2011) にみられるように、法哲学においては規範的な統制力の濃淡に応じた「rule / standard / principle」の別を論じている。この J. バルキンの関心事は、憲法上のテクストが行為規範として、どれほどに同時代および将来世代の解釈を統制するか、という濃淡づけを論ずることにあるように思われる。R. ドゥオーキン（R. Dworkin）もほぼ同様の区別を TAKING RIGHTS SERIOUSLY (1977) において論じたことはよく知られている。ドゥオーキンの議論は、法秩序が多様な層構造からなっていることの解明を目的としており、私法学や「法と経済学」における「rule / standard」の別とは異なっている。本章のいう「rule / standard」は、①行為規範として、事前にどの程度の予測可能性を行為者に与えうるのか、という視点だけでなく、②行為規範を遵守したかどうかの事後的な裁定規範として、裁定者を結論へと誘導する力をどの程

に関連する次の点だけは確認しておきたい。

第1は、連邦最高裁内部における憲法判断の方向性（保守派か進歩派か、という裁判官の選好）を反映するものとして、standard / rule の別が論じられていること[45]。

第2は、憲法学では、表現の自由の限界を画するにあたって、この区別が格別に重視されていること[46]。

（6）　アメリカにおける司法試験対策向け（またはロー・スクール生向け）に書かれたと思われるある著書は、オーソドックスな理解を示しており、「違憲審査基準」の応用場面と応用法を知るうえでも参考になる。

同書の「言論の自由」の項目は、おおむね、次のような順序で答案を書き進めるよう読者（受験生）に薦めている[47]（以下の項目は、本章の目的にとって関連性のある部分だけを大きく簡素化して採りあげたものである）。この解説は、二重の基準論を回答の出発点に設定しないよう意識的である点で、わが国憲法学の表現権理論の見直しにとって実に有益である。

① スピーチまたはプレスの定義・範囲を考えよ。ここでは、象徴的言論が修正1条にいう「スピーチ」の意義に含まれるかどうか論点となる。

② スピーチに該当するとしても、「保護されない言論」という類型があることに留意せよ。喧嘩言葉、わいせつ、チャイルド・ポルノ、虚偽または誤導的な営利的言論である。"表現の自由問題を考えるに当たっては、まずは、保護領域に入っているかどうか、から考えるのが good idea である"[48]。

度もっているか、という視点を念頭においた区別である。この区別は二者択一の截然としたものではなく、グラデーションとして帯状を形成しているところを「理念型」として描こうとしたものである。

45)　See K., *The Supreme Court, 1991 Term-Foreword: The Justices of Rules and Standards*, 106 HARV. L. REV. 22, 56 ff（1992）〔範疇化か、それとも利益衡量か、という憲法学における論争は、rule/standard のひとつのヴァージョンである〕．また、A. Scalia, *The Rule of Law as a Law of Rules*, 56 U. CHI. L. REV. 1175, 1178-1182（1989）は、 rule が standard に勝る6つのポイントを指摘している。

46)　See F. Schauer, *The Exceptional First Amendment*, in M. IGNATIEFF（ed.）, AMERICAN EXCEPTIONALISM AND HUMAN RIGHTS 29ff（2005）．

47)　See A. IDES & CH. MAY, CONSTITUTIONAL LAW: INDIVIDUAL RIGHTS 335ff.（6 th ed., 2010）．

③　事前規制という問題領域はまた特殊であることに注意せよ。
④　広汎性および漠然性という文面審査もまた独立の論点である。
⑤　次に表現内容規制を検討せよ。この規制に該当すれば、「疑わしい」と推定されるのが通例ではあるが、その疑わしさの程度は、問題の言論の保護の程度が低まるにつれて弱くなる（内容規制の事案であっても、修正1条の中心的な価値にどれだけ近いか、という裁判所の判断に応じて、さまざまな司法審査基準（水準）によって合憲性が判断される）。

　多様なテストのなかで、裁判所が基本的に依拠しているのは、それぞれ異なる次の3種である。

（ⅰ）特別（個別的）テストまたは特定法理テスト（*specialized* or *doctorial* test）。明白かつ現在の危険テストがこれである[49]。

（ⅱ）保護されない言論に該当するか、という範疇化アプローチ（上の②の確認作業）。

（ⅲ）これら(ⅰ)または(ⅱ)に該当しないとき、厳格審査基準という個別的な利益衡量テストとなる[50]。

⑥　内容中立規制——時・場所・方法規制のケースにおける審査の手順は、(ⅰ)表現内容に中立の規制であって、(ⅱ)重要な法益の保護のために、(ⅲ)手段が過剰でなく（LRA）、(ⅳ)他にコミュニケーションのチャネルを十分残しているものかどうか、となってる。

（7）　上の概説書での手順を概観するだけで、次の諸点が判明してくる。
　第1は、アメリカ最高裁判例は、「言論（スピーチ）の定義→その保護領域の確定→保護領域該当性→保障の程度→言論に対する規制（介入）該当性→介入行為の類型化（内容規制か否か）→当該→規制の正当化としての審査」という原則的な思考順序によってきている点である（上の①、②および⑤をみよ）。

---

48)　*Ibid.*, at 341.
49)　*Ibid.*, at 347.
50)　*Ibid.*, at 348.

判例ばかりでなく、学説も、「保護領域（coverage）→保障の程度（protection）→その司法審査（judicial review）」という手順を一般的に採用している[51]。わが国の憲法訴訟論に影響を与えつつあるドイツ的三段階審査論よりも先行する理論だ、といってよいだろう。

第2は、上の②でいわれるように、「保護されない言論」はカテゴリカル・アプローチによって予め類型化されており、違憲審査の対象とはしない、という点である。二重の基準を云々する前に、この類型——違憲・合憲の審査を要しないカテゴリカルな言論規制類型——に焦点が当てられなければならないというわけである[52]（「二重の基準」論は、この範疇の分析をすっ飛ばしている）。

第3は、「保護された言論／保護されない言論」の区別を困難（不能）にしている法令、または「保護された言論」を過剰に制約している法令については、それ特有の違憲審査の手法がある、という点である。わが国の憲法教科書のように、この文面審査という手法を「厳格な審査」の1例に加えてはいない（上の④をみよ）。

第4は、「保護される言論」に該当すると裁判所が判断したとき、まず用いられるのが上の⑤(1)にいう、《特別（個別的）テストまたは特定法理テストによる》という点である。本章のいう「準則」である。表現内容規制について、この「準則」が見当たらないとき、裁判所は、"修正1条の中心的な価値にどれだけ近いか、という評定に応じて、さまざまな違憲審査基準（水準）によって規制の合憲性を判断する"と上の概説書はいうのである（上の⑤をみよ）。

第5は、いわゆるLRAがわが国の教科書とは異なっている点がある。上の⑥(iii)はいわれるように、LRAは表現内容中立規制の合憲性判断における中間審査基準（intermediate scrutiny test）にいう four prong test（4段階審査、すなわち、(i)規制が表現内容中立であって、(ii)重要な法益保護のために、(iii)規制手段が過剰ではなく、(iv)他にコミュニケーション手段が十分残されている、という手順審査）での手段審査の prong を指す。わが国の憲法教科書が説く LRA は、「立法目的審査→

---

51) *See, e.g.*, F. Schauer, *The Boundaries of the First Amendment: A Preliminary Exploration of Constitutional Salience*, 117 HARV. L. REV. 1765（2004）.

52) アメリカにおける「カテゴリカル・アプローチ」は、「二重の基準」論の誕生以前から連邦最高裁判決が考案していた、という。*See, e.g.*, R. Fallon, Jr., *Strict Judicial Scrutiny*, 54 UCLA L. REV. 1267, 1293（2007）.

目的と手段との関連性審査」という手順を無視（または軽視）している。いくつかの教科書が LRA をもって、単独かつ独立の「厳格な基準」として位置づけ、これを「必要最小限」との表記で説明していることは、明らかな誤りである[53]。LRA に替えて、「比例原則を満たしていること」と表記し、ネガティブ・チェックのための同原則に従って分析を進めるほうが日本法の体系においては適切である[54]。

第3節 「二重の基準」論のほころび

（1） 前節で紹介した概説書は、読者に対して"保護領域にあるかどうかを考えた次の段階では言論の規制行為を類型化してみよ、この類型の別を語りながら問題の言論の限界を論じていくべし"と薦めているようにみえる。

規制行為の類型が、「事前規制／事後規制」の別、事後規制のなかの「表現内容規制／表現内容中立規制」の別である。このうちの「表現内容規制」は、表現の自由にとって要警戒の制限であるから、その規制が許容されるかどうかの明確な指標を最高裁判例は示してきたはずだ、"これに言及せよ"と、この概説書はいう。これが同概説書のいう「特定法理」であり、本書のいう「準

---

53) LRA が「必要最小限」を指してはいない点については、前掲注12）をみよ。判例のなかにも、LRA に関する学説の影響を受けて、この「基準」に訴えかけたものがみられた。たとえば、参照、猿払事件に関する旭川地判昭和43・3・25下刑集10巻3号293頁、札幌高判昭和44・6・24判時560号30頁等。最高裁判例には、直截に LRA に訴えかけるものはないものの、よど号新聞記事抹消事件最高裁判決、泉佐野市民会館事件最高裁判決、在外邦人選挙権訴訟最高裁判決、堀越事件最高裁判決等々における調査官解説は、LRA 基準に言及している。実務家も、憲法学説の影響を受け、「厳格な審査」基準として LRA を理解しているようである。

54) 参照、須藤陽子『比例原則の現代的意義と機能』（法律文化社、2010）第10章「LRA と『比例原則』」（254頁以下）。この論攷は、比例原則がネガティブ・チェックとして機能していることを指摘しており、わが国の公法判例を分析するさいにも有益な視点を提供してくれる。これに反論する論攷として君塚正臣「LRA の基準―他に選択し得る基準が存する場合における本基準のより制限的な利用の勧め―」横浜国際経済法学19巻3号（2011）103頁参照。この君塚論文は、その副題が示すとおり、LRA の過剰かつ杜撰な用法を諫めながら、厳格審査基準と結びつけて運用できること（運用すべきこと）を説く。が、LRA にいう "L" が less を指すのか least を指すのかについての言及はない。この prong 審査について連邦最高裁判例は less/least との違いを明言している。この点については、*See, e.g.*, A. Bhagwat, *The Test That Ate Everything : Intermediate Scrutiny in First Amendment Jurisprudence*, 2007 U. ILL. L. REV. 783（2007）.

則」(rule) である。

　表現の自由の限界を求めようとするとき、「精神的自由／経済的自由」という、表現の自由領域よりも上層での枠組みを設定して表現の限界を求めようとしてきた思考が「二重の基準」論である。「二重の基準」論は、ある言論の限界を指し示す理論ではない。ある言論の限界の理論は、表現の自由の内部に求めなければならない。この筋道を語ったのが上の概説書だったのだ。

　(２)　「二重の基準」を正確に説明していくためには、次のような手順が必要である。通説的な二重の基準論には、この手順が抜けていた。

　第１。基本権制約の合憲性が争われているとしても、もともと基本権として保護領域にはない、という事例が存在している。まずは、この範疇を切り出しておかねばならない。この場合には、審査基準を云々する必要すらない。保護領域にはない理由を「内在的制約」というかは別にして、これは、前節の(３)②で既にふれたように、ある基本権条項の coverage に入らないケースである。違憲審査基準は coverage 領域にある場合に、主張されている問題の権益の protection が終わるところを確定しようとする理論である。わが国の二重の基準には、この coverage／protection を区別する視点が欠けていた。ドイツにおける違憲審査基準としての「三段階審査」論が憲法学界を惹きつけたのは、ドイツ理論が第一段審査において coverage を検討する視点をもっていたからだろう (ところが、前節でふれたように、アメリカの表現権理論は、「保護領域 (coverage) →保障の程度 (protection) →その合憲性審査 (judicial review)」という手順を知っていたのである)。

　第２。ある具体的な事案の違憲性が問われたとき、裁判所が選ぶ具体的な審査手法は、当該事案の訴訟形式、規制の内容、目的、方法、規制の程度等や言論の種類によって多様とならざるをえない (はずである)。訴訟形式以下の諸要素を考慮しないで、"精神的自由 (または表現の自由) 規制の合憲性判断にあたっては厳格に……" と語ることは、無謀であり空論となる。二重の基準論がわが国の実務や判例の思考にさほどの影響を与えなかった要因は、この空虚さにある。二重の基準論は、訴訟形式や規制の種類等に配慮しないまま、基準の選択を性急にも迫りすぎたのである。

　第３。わが国の違憲審査基準論も、ある時期以降は、規制方法の別に配慮

し、その別に応じた審査基準に言及するようになった。たとえば、表現の自由規制の限界を求めようとするとき、「事前規制／事後規制」、「検閲／事前抑制」、「表現内容規制／表現内容中立規制」という規制方法の違いに応じた審査基準が紹介されるようになった。それでも、これらをも含んだ包括度の高い（精密度の低いスウィーピングな）議論を「二重の基準」のもとで展開したために、第１節（１）であげた教科書の説明にみられるように、これらすべての領域において「厳格な審査基準」を列挙する羽目になってしまった。こうした羅列的な解明は、個別領域での具体的な表現規制の合憲性を問うさいの視角も手順も不明としてしまいがちである。

　第４。訴訟形式、規制内容、目的、方法等が定かになった段階であっても、当事者の違憲の主張の展開もまた多種多様のはずである。違憲の主張としては、「法令の文面違憲／法令の実体違憲／法令の手続違憲／適用違憲／処分違憲」の別がありうる。二重の基準論は、この別を語らないまま、"精神的自由規制の合憲性判断にあたっては厳格に……" と実体審査においても文面審査においても、「法令審査」のあり方を性急に論じてきた。この性急さは、憲法訴訟論を知らなかった時代の憲法学が81条権限について、「違憲立法審査権」と大時代がかった表記をしてきたこととも関連している。さすがに今日では、違憲審査権の常道は処分審査にある、と一般に理解されているものの、この処分審査における手法と「違憲審査基準」論との関連性が明確にされることは少ない（⇒第５節（１））。二重の基準論は、司法府が法令の実体審査のさい、立法事実についてどの程度「噛み付くか」という水準を決定しようとする考えであって（⇒はじめに（７））、他の違憲主張に通用するものではない。通説の説いてきた違憲審査基準論や二重の基準論は、"法令を支えている立法事実に対する裁判所の目線の置き方問題であって、文面審査、処分審査（行政決定の裁量審査）には通用しない" と、教科書は明言すべきである。これを明示してこなかった二重の基準論は、そのぶん、雑である[55]。

---

55) たとえば、戸松・前掲注３）『憲法訴訟論〔第２版〕』284頁は、「法令や行政処分等の合憲性を判断するとき、裁判所は、種々の審査基準を用いるが、そこにみられる審査の厳格度によって、厳格な審査基準、中間の審査基準ないし厳格な合理性の基準、緩やかな審査基準と三つの類型ないし段階に分けることができる」と解説しており、法令の違憲審査基準と行政決定を統制するためのそれとを区別していない。

第5。アメリカにおける「司法審査基準」は平等保護の領域で定式化されてきたことに異論はないものの、いわゆる厳格審査基準の確立の時期、その内容や審査対象・手順をどう理解するかはアメリカの論者もそれぞれバラバラである[56]。そればかりか、平等保護の領域における連邦最高裁による審査手法も、ある時期以降、「厳格審査基準／中間審査基準／合理性審査基準」と三層へと変わった。これを受けて、表現の自由の一定領域においても三層の審査が用いられるようになってきたのである。

　この中間審査基準の登場・普及は、「二重の基準」論の崩壊を表している。にもかかわらず、わが国の通説は、中間審査基準に相当するものを「厳格な合理性基準」と呼んで、これは合理性基準の一種であるかのように扱い、二重の基準論を維持しようとしている[57]。当面、この強引さに目をつむるとしても、平等審査における「立法目的審査-手段審査」という内容・審査対象・手順と、実体的自由の審査における内容・審査対象・手順は同一ではないことを衝いていない点で、通説には重大な難点がある（平等審査における審査基準は平等問題解決のための特有の手順・内容となっている。ここではこの点を詳論できないが、後の第4節（7）と（8）を比較すればその一端がわかるだろう）。特に、実体的自由の制約にも、「直接規制／間接規制」、「刑罰という制裁手段／非刑事の制裁手段」等多様であり、これらの合憲性審査における「手段審査」も、基本権の実体的性質に応じて、または、制裁の種別に応じて、多様となる。このことに留意しないまま、平等保護以外の領域において、つまり、実体的自由規制手段

---

56) Fallon, Jr., *supra* note 52, at 1282 によれば、今日のような、Narrowly-Tailored-to-Compelling-Interest という定式を作り上げた最初の最高裁判例は、平等条項事案である Shapiro v. Thompson, 394 U.S. 618 (1969) だ、という。つまり、現在のような厳格審査は、1960年代終盤にはじめて定式化されたというのである。また、この Fallon, Jr. 論文は、実体的 due process 領域における厳格審査は、Roe v. Wade, 410 U.S. 113 (1973) で定式化された、と述べる（at 1283）。確立の時期はともかく、この論文は、何をもって compelling interest というか、判例上もまったくコンセンサスがない、と率直にいう。

57) ある論者は、薬事法事件において最高裁判例が示した審査の手法をもって「いわゆる『二重の基準』の考え方の趣旨を明確に打ち出した」と評した。参照、芦部信喜「薬局距離制限の違憲判決と憲法訴訟」ジュリ592号（1975）14頁。この論者は、合理性基準とは、最も緩やかな明白性原則基準から厳格な合理性基準まで含むものと解しているようである。この論者に従えば、「厳格な審査基準」にも多数があるように、「緩やかな審査基準」も一様ではない、ということになろう。こうしたグラデーションをもつ枠組がはたして「基準」という名に値するだろうか。

の合憲性判断にあたって、「（手段の）LRA」、「手段の必要最小限度性」、「目的と手段との実質的関連性」といった用語に訴えかけることは、明らかに杜撰である[58]。通説は、「手段」の正確な意味を明らかにしたうえで、わが国に定着してきた「比例原則」との異同を語るべきだと私は思う[59]。手段審査の意義と内容を曖昧にしている二重の基準論は空論である（アメリカのある論者による「手段」の分析については、次節の（9）でふれる）。

　第6。教科書における表現の自由の扱いが読者を混乱させている場面は、「純粋言論／非純粋言論」、「一般的権力関係における表現行為／特殊な公法関係における表現行為」の別に応じた限界を論ずる箇所である。公共施設を利用する表現行為（集会や集団示威行進のごとき、非純粋言論）や、公務員による表現行為の限界は、それぞれに特有の画しかた（司法審査のやりかた）がある。アメリカのおける表現の自由研究のスペシャリスト、E. ヴォロケ（E. Volokh）が明言するように、「厳格審査基準は、政府が統治権力（sovereign）を行使している事案においてのみ用いられるのであって、政府が雇用者であるとき、財産権主体であるとき、または公立学校運営者のときには、この基準が用いられることはない」[60]。わが国の憲法教科書もこのことを明確に語っておくべきである。

58）　たとえば、本文に述べた趣旨を指摘するものとして、参照、君塚・前掲注54）。わが国の裁判例をとってみれば、たとえば、学校の公式行事における国旗国歌の起立斉唱にかかる再雇用拒否処分取消等請求事件最高裁判決（最2小判平成23・5・30民集65巻4号1780頁）は、問題の職務命令が思想良心の自由に対する間接的な制約となることを認め、この憲法上の限界として、相関関係的利益衡量によった。かような事案に、明白かつ現在の危険の基準やLRA基準を用いるべきではない、とみられたためである。なお、後掲注87）及びその本文をみよ。

59）　参照、前掲注54）およびその本文。わが国ではLRAは、(i)保護法益のウエイトが大きくないにもかかわらず、規制手段がそれに比して過剰であること、(ii)規制することによって得られる利益と、規制によって失われる利益とが釣り合っていないこと、(iii)目的からみて法令の採用する規制範囲（類型）が過剰であること（overinclusiveness＝文面審査としての「過度の広汎性」理論の別称）、(iv)実際の事案における制約が過剰であること（処分審査におけるLRA）の区別なく用いられているように思われる。

60）　Volokh, *supra* note 9, at 2417 n. 1. 私の教科書、前掲注3）『憲法2　基本権クラシック〔第4版〕』155頁は、「言論／行動」「純粋言論／非純粋言論」「純粋言論の事後規制／その事前規制」「純粋言論の事後規制のなかの表現内容規制／その内容中立規制」の別に応じた司法審査の手法を論じている。

第4節　二重の基準論を振り返る

（1）　二重の基準論の原型が *United States v. Carolene Products Co.*, 304 U.S. 144 (1938) における H. ストーン（H. Stone）裁判官の foot note 4（脚注4）にあることは、日米の論者の間で異論をみないところである。ところが、"二重の基準論の原型がストーン裁判官の脚注4にあることには誰もが合意するが、二重とは何と何に関係しているかという問いとなると、その合意は消え失せる"とアメリカにおいてもよくいわれる[61]。論者によっては *double standard* という表現を意図的に避け、*bifurcated review* という用語に訴えかけるものもみられる[62]。この論者がこの用語を選択した理由は明確ではないが、おそらく、国家観または社会科学観の対立が連邦最高裁判所裁判官に影響して、「司法審査のふたつの分岐（流れ）」となったこと、つまり、いかなる意味においても「基準」ほどの誘導力をもたない議論だったことを表したかったものと思われる。

（2）　*Carolene Products* は、実体的 due process 上の自由（明文保障なき基本権領域）を規制する法令の合憲性判断において、連邦最高裁が司法積極主義に出たことへの反省として現れた。時は、ニューディール期。アメリカの国制観の分岐の時代である（⇒第Ⅰ章第2節2（3）でふれたケイジアン政策の実行期）。この国制観の分水嶺ともなったのがこの最高裁判決であり、*Bifurcated Review* への流れを決定づけたのが同法廷意見で示されたストーン裁判官の脚注4である。

Carolene Products は、「通常の営利的な取引に影響を与える法令は、議会の知識と経験の範囲に属する、何らかの合理的な論拠が認められる以上 (it rests upon *some rational basis* within the knowledge and experience of the legislators)、実体的 due process の問題としては違憲ではない」と判示した（ただし、傍点とイタリック部分は阪本）。このフレーズが「合理性審査」（rational scrutiny）の基準の原型

---

[61]　*See* L. Baker & E. Young, *Federalism and the Double Standard of Judicial Review*, 51 DUKE L. J. 75, 80 (2001). 参照、同旨を述べる松井・前掲注38）『二重の基準』1頁。

[62]　*See* White, *supra* note 4, at 308.

を提供した。また、他方、その裁判書の脚注4は、合理的な論拠（*rational basis*）よりも厳格な論拠の求められる、例外的な3つの領域を指し示したのである。

（3）　脚注4の示した例外的領域は、①憲法典に個別的で特定的に明文で保障されている権利（Bill of Rightsと呼ばれる、修正1条から10条まで）を制約している法令、および、同じく特定的制約を州に課す修正14条と関連する法令、②民主過程を規制する法令、③偏見のゆえに隔絶され孤立させられてきたマイノリティ・グループにむけられた法令、である。

このうち①は、明文保障なき基本権領域（実体的自由）制限における違憲（司法）審査と、個別に明文保障のある基本権制限に対する違憲（司法）審査のあり方の違いを浮かびあがらせて、前者における司法消極主義を推奨しようとする主張である。これは、「精神／経済」の別に応じた違憲審査基準を説くものではない[63]。

また、上の②および③は、実体的自由、特に、「精神／経済」の別に応じた違憲（司法）審査基準を説こうとしたものではない。ここでのストーン裁判官のねらいは、実体的due process上の自由（明文規定なき実体的自由）を裁判官の主観的な価値観で創設してきた*Lochner v. New York,* 198 U.S. 45 (1905)に代表される判例を繰り返さないことにあったのである（わが国の通説は、上の③を重視し、"違憲審査制の存在理由は少数者の権利保護にある"と一般化する傾向を示している。が、権利保護はすべての個人または組織が主体となるものであって、主体とはなりえない、その範囲の画定もしようもない「少数者」保護を強調することは適切な違憲審査制理解ではない）。

（4）　このアメリカ特有の歴史的背景に留意すれば、二重の基準論は「経済的自由規制法令に対する司法消極主義的審査／一定領域での積極主義的審査」という司法哲学の違い――当時の国制観の対立――に相応するものだった、と理解すべきところである。言い換えれば、二重の基準論は「精神的自由規制／経済的自由規制」の別に応じた合憲・違憲の「判断基準」を提唱するものでは

---

63)　*See* IDES & MAY, CONSTITUTIONAL LAW, *supra* note 47, at 77. また参照、R. McCloskey, *Economic Due Process and the Supreme Court: An Exhumation and Reburial*, 1962 SUP. CT. REV. 34.

なかったのである[64]。だからこそ、上で私は「一定領域での積極主義的審査」と表記するにとどめ、積極主義にでる審査にも多様な「基準」や「準則」があることを留保しておいた。

　ところが、わが国の通説は、二重の基準を重要視し、精神的自由領域、そのなかでも表現の自由事案における「厳格な審査基準」を、さらにいくつかの「基準」に分けて羅列的に列挙してきた[65]。この種の解明法を説くわが国の憲法教科書が氾濫するなか、受験生が違憲審査基準のいずれかを選択する作業にエネルギーを使い、選択の後は、この基準の「当てはめ」に従事する、という傾向を顕著にすることも無理からぬところである（⇒本章「はじめに」(6)）。重ねて言えば、二重の基準論は、ニューディール期の国制観をめぐる司法哲学の対立のなかで、実体的 due process 上の自由と平等保護条項における司法審査のふたつの分岐という方向性だけを指示する枠組だったのである。

　（5）　たしかに、1960年代のウォレン・コートは、「優越的地位」にある基本権とそうではない基本権との区別に応じて、その制限法令の合憲性を double standard のもとで審査していた。が、しかし、「優越的地位」にある基本権とは精神的自由のことだとか、その制限法令の合憲性判定については「より厳格な審査基準」によるべきだとか、考えられたことはないのである。

　アメリカの論者のなかには、ウォレン・コート（の、いわゆるリベラル派）が実際に選択した違憲審査の手法は、事案別に適用される多様なテストだった、とみるものもある[66]。が、一般的に憲法研究者は、「personal rights / economic rights」、「preferred rights / non-preferred rights」または「fundamental rights / non-fundamental rights」別に応じた dual standard が判例上確立された、と

64）　アメリカにおける二重の基準の原型は、due process における実体的自由に限定していえば、「精神的自由／経済的自由」の別に応じているのではなく、「fundamental rights / non-fundamental rights」（「preferred rights / non-preferred rights」ともいわれることがある）の別に対応する理論である。後掲注67）およびその本文もみよ。

65）　先の第１節であげた教科書Ａにみられるように、「厳格な審査基準」のひとつとして「厳格審査基準」をさらにあげる説明が読者を混乱させている。教科書によっては、狭義の厳格審査基準のことを「厳格な審査」と表現している。参照、渋谷＝赤坂・前掲1）『憲法１　人権〔第５版〕』330頁〔渋谷秀樹執筆〕。

66）　Fallon, Jr., *supra* note 52, at 1291. この論者は、具体例として、公職者に対する名誉毀損における New York Times Co. v. Sullivan, 376 U.S. 254（1964）〔現実の悪意ルール〕、Brandenburg v. Ohio, 395 U.S. 444（1969）(per curiam)〔ブランデンバーグ・ルール〕をあげている。

理解している[67]。

（6）ここで留意されるべきは、次の3点である。

第1は、アメリカにおける憲法研究者は、いわゆる「二重の基準」論の原型がストーン裁判官の脚注4にあることに異論を差し挟むことはないが、なぜか、その①の命題（明文保障された権利の制限）に、次第しだいに言及しなくなってきた点である[68]（この論調は、わが国憲法学においては格別に顕著であり、憲法の教科書は違憲審査基準論の焦点を表現の自由制限に限定してしまったかのごとくである[69]）。アメリカ公法学界の中心を占めたデモクラットの影響だろうか。

第2に、憲法学における preferred rights という概念・用法は、「政治学者やアメリカ史研究者にはさほど注目されてはいない」[70]といわれている事実である。

第3に、連邦最高裁は、表現の自由事案においても次第しだいに preferred rights というフレーズを使用しなくなっており、言論保障の水準を問題の言論の占める位置（修正1条の中核部分からの距離に応じた価値）を勘案しながら解釈技術的に決定しようとしはじめた点である[71]。

（7）わが国の通説的理解は、アメリカ連邦最高裁判例の流れをあまりに単純化しており、しかも誤導的である。この単純さは、アメリカ連邦最高裁判例における実体的 due process 上の「基本的な自由」（fundamental rights）事案における審査の手順と比較すれば、すぐにわかってくる。

---

67) *See* McCloskey, *supra* note 63, at 45. この論攷は、二重の基準の論拠のひとつに実体的価値序列論があることにふれ、「たとえば、表現の自由制限は人格を深く侵害する」という一例を挙げているにとどまり、表現の自由の優越的地位を一般化してはいない（at 45）。さらにこの論者は、「economic right / personal right」または「non-preferred rights / preferred rights」の別の曖昧さをも衝いている。

68) *See* White, *supra* note 4, at 328.

69) 参照、同旨を述べる松井・前掲注38)『二重の基準論』204頁。なお、芦部・前掲注22)『憲法学Ⅱ 人権総論』240頁は、「かつては精神的自由と経済的自由との区別」にもっぱら焦点を当ててきた「オリジナルな『二重の基準』の理論」を、社会権、労働基本権、プライバシー権等の現代憲法の課題まで拡張している。ところが、芦部の捉えた二重の基準論は「オリジナル」ではなかったばかりか、これらの現代的課題は、いずれも制度依存型基本権であって、二重の基準論が通用する領域ではない。この芦部の挑戦も、二重の基準論への過剰な信頼が生み出したものである。

70) *See* White, *supra* note 4, at 327 n. 81.

71) *See ibid.*, at 331. また、前掲注50) およびその本文も参照のこと。

アメリカにおいて基本的自由事案は、次のような５段階審査が展開される[72)]（これらの内容および手順をどう記述するかについては、論者によって一様ではないが、比較的オーソドックスな整理による）。

　① 問題の権益が憲法上保護された自由領域に属するかどうか。
　② この領域が「基本的な自由」であると考えられているかどうか。
　③ この基本的自由に干渉している問題の法令は、厳格審査を喚ぶほどの、当該自由に対する侵害または不相応な負担となっているかどうか。
　④ 当該基本的自由が侵害されているまたは不相応な負担を負わされているとすれば、問題の法令が、やむにやまれざる統治利益（compelling governmental interest＝保護法益）を実質的に促進しているかどうか。
　⑤ 政府は、法益保護を達成する手段（means）として、制約度の最小限のものを選択しているかどうか。

（８）　ちなみに、厳格審査基準の源流である平等保護領域における「疑いのある類型」（suspect classification）事案における審査の手順はこうだ、といわれる[73)]。

　(i) 問題の法令が、人種、出身国または肌の色を法令上の類型に採用しているかどうか、すなわち、「疑いのある類型」が法令の基礎として用いられているかどうか。
　(ii) 「疑いのある類型」が法令の基礎として用いられているとき、この類型化（classification）がやむにやまれざる法益を根拠としているかどうか。
　(iii) 法令の基礎として用いられた「疑いのある類型」が、上の法益を促進するうえで厳格に設えられている（narrowly tailored to further the compelling interest[74)]）かどうか。

---

72)　See IDES & MAY, CONSTITUTIONAL LAW 83. これによれば、この５段階審査が基本的自由事案における範型ではあるものの、連邦最高裁は、常にこれによっているわけではなく、いくつかのヴァリエイションを用いている、という。See ibid., at 85-86.
73)　Ibid., at 227.

この審査の手順は、平等条項に特有となっている。

（9）　上のふたつの例からわかるように、ひと言で「厳格審査基準」（strict scrutiny test）と称される場合であっても、その審査対象・手順は単に「目的（end）-手段（means）」ではないのである。特に、「基本的自由」領域においては、上の⑤にみられるように「手段」（means）が審査の対象とされ、「疑いのある類型」領域においては、上の(i)～(iii)にみられるように「類型」（classification）が審査対象のひとつとなっていることには留意を要する。つまり、「手段審査」と一般にいわれる場合の「手段」にも多様なものがあるのである[75]。

ある論者によれば、厳格審査基準のもとで連邦最高裁が言論の自由規制を違憲だとしたほとんどの理由は、目的（end）審査の段階ではなく、narrowly tailoring prong（厳格な整合性審査段階）を満たさないことにある、という。この論者は、"最高裁は、この審査に当たって、次のような要素をすべて満たしていることを求めている"と指摘している[76]。この論者のあげる要素とは、次のとおりである。

①　（やむにやまれざる）法益を大きく促進することに資しているか（Advancement of the Interest）、

②　規制範囲が過剰包摂になっていないか（No Overinclusiveness）、

---

74) Narrowly Tailored テストは、「いかなるやり方よりも高い確度をもって立法目的に対応していること」を指す。これに対して、立法目的よりも法上の類型がオーバーサイズのとき「過剰包摂」（overinclusive）、アンダーサイズのとき「過少包摂」（underinclusive）といわれる。平等保護における審査においては、この Narrowly Tailored テストは、「より差別的でない方法」（less discriminatory alternative）と言い換えられることがある。

75) わが国の最高裁判例も、平等原則違反かどうかを判断するにあたって、「立法目的→この目的と法上採用されている区別との関連性」を審査している。この典型例がサラリーマン税金訴訟に関する最大判昭和60・3・27民集39巻2号247頁であり、こう判示されている。「租税法の分野における所得の性質の違い等を理由とする取扱いの区別は、その立法目的が正当なものであり、かつ、当該立法において具体的に採用された区別の態様が右目的との関連で著しく不合理であることが明らかでない限り、その合理性を否定することができず、これを憲法14条1項の規定に違反するものということはできないものと解するのが相当である」。ただし、この最高裁判決に関する調査官解説（『昭和60年度最高裁判所判例解説民事篇』93頁）は、「法上の類型（classification）」審査とは理解していないようで、「手段の合理性」と表現している（泉徳治解説）。この点については、後掲注88）をみよ。一般に「手段」と呼ばれているものの厳密な用法については、後掲注76）およびその本文をみよ。

76) *See* E. VOLOKH, THE FIRST AMENDMENT AND RELATED STATUTES 287-289（5 th ed., 2004）.

③　法益を保護するに当たって、規制範囲が過少包摂となっていないか（No Underinclusiveness）、

④　法益を保護するに当たって必要最小限のやり方となっているか（Least Restrictive Alternative）。

(10)　この論者は、means といわれるものにも、規制対象（規制範囲または類型）の過小・過剰や、規制方法の必要最小限度性（それも、less restrictive alternative ではなく least restrictive alternative）があり要注意だ、といいたいものと思われる。

　そういえば、わが国のある実務家も、手段審査というときにも「二つの場合がある」と的確に指摘している[77]。第1は、立法目的と規制対象行為との関連性であり、第2が利益の均衡だ、という。実際、わが国最高裁判例のなかには、猿払事件判決のように、「立法目的審査→目的と規制対象の関連性審査→比例原則審査」に出たものがいくつかみられる。これは、憲法学説にはみられない審査の対象と手順となっている。

(11)　二重の基準論に関する通説的記述を鵜呑みにしないための留意点をここでまとめておこう。次のとおりである。

　第1は、二重の基準論は人権制約に関する切れ味の良くないテストだ、と割り切ることである（この点については、次節で再論する）。

　第2は、わが国における最高裁の憲法判例は二重の基準論には与してはいない、と割り切ることである[78]。わが国の最高裁判例に違憲審査基準らしきものがあるとすれば、それは第一段に「必要かつ合理的か」という大枠を設けておいて、この枠内で対立利益を衡量する、という方法である。この衡量にあたって最高裁は、すぐ上の(10)でふれたように、立法目的審査、目的と規制対象との関連性審査、さらに、利益の均衡審査（比例原則審査）という手順を選択することが多い。

　第3は、教科書においては「憲法判例」として位置づけられている行政法事案判例（処分取消訴訟）や民事事件（たとえばプライバシー侵害の不法行為事案）

---

77)　香城・前掲注38)『憲法解釈の法理』49頁。
78)　本章の最終部分「本章を終えるにあたって」をみよ。

は、教科書的審査基準論に従っていない、と心得ておくことである。この留意点は、上のふたつの点と関連している（この点については、次の節でもふれる）。

　第4は、アメリカの連邦最高裁判決は、1980年代以降、平等保護条項における審査において「中間審査基準」を作りだし、今日においては、"3つの審査基準"を使い分けている、という点である[79]（この点については、第3節（2）でふれた）。これまでわが国の基本書が依拠してきたアメリカ的審査基準の実情は、日本における二重の基準論とは別個となっている、といっていいほど大きく変容しているばかりでなく、基本権の種類と規制の目的・態様によって、実際に用いられる審査の手法は多種多様である。

第5節　違憲（司法）審査基準の応用範囲

　（1）　違憲審査基準をめぐる学説の混乱は、次のように複数の箇所に現れているようである。

　その第1は、違憲審査基準がすべての国家行為の合憲性判断のための理論であるかのように教科書が語る点である。言い換えれば、この基準がいかなる国家行為に応用できるのかという範囲を明言していない点である。教科書的記述は、基本権の性質に応じた、すなわち、「精神的自由／経済的自由」の別に応じた審査基準を展開することに急で、"いかなる国家行為を審査対象としているか"を語らない。そのため、司法試験受験生は行政庁による処分（行政決定）の違法・適法の判断にまで「緩やかな審査／厳格な審査」の別で回答しようとするのである（憲法研究者のなかにも、そう論ずるものがみられる）。今後の憲法教科書は、《行政法学における「審査基準」または「審査密度」は、憲法学におけるそれとは別個だ》と明確に述べるべきである。

　違憲審査基準は、議会や執政府の行為、すなわち、憲法上、司法府と対等な地位にある国家機関行為の合憲・違憲を判断する司法府の「嚙み付き方」を指

---

79)　平等保護条項のもとで連邦最高裁が着想した中間審査基準は、修正1条（表現の自由）領域においても広く用いられている。ある論者は、修正1条の領域において連邦最高裁がこの基準を多くの事案で用いていることはきわめて重大な展開だというべきであるところ、学説は中間審査基準について十分な分析をみせていない、という。*See* Bhagwat, *supra* note 54, at 783.

し、違憲審査基準論は、この権限行使の正当性を司法作用の一環として位置づけようとする議論である（⇒はじめに（7））。法律（議会制定法）に基づいて活動する（また、法律によって創設される）行政機関を裁判所が監視する場合の「司法審査」と「司法審査基準」に関しては、すぐ次の（2）でみるように、行政法学特有の議論がある。要するに、憲法学でいう「違憲（司法）審査基準」は行政法学がいう「司法審査」とは別個である。

（2）　混乱の第2は、違憲審査基準論とは「自然的自由」を制約する国家行為の憲法上の限界をいうのだ、という点が明確にされていないことである。ここで「自然的自由」とは、国法が制度を創設することによって発現する権益ではなく、私的自治のなかで人が有する自由をいうことにしよう。非自然的基本権が「制度依存型基本権」であるのに対して、自然的自由は各人の手持ちのリソースを利用して行使しうる基本権である。いわゆる妨害排除請求権（自由権）がこれにあたる（もっとも、財産権をどちらにカウントするかは論争の的になる）。非自然的権利の例としては、労働法制が整備されて現れる労働基本権、情報公開制度が法定されて現れる「知る権利」、社会保障法制が整備されて現れる「生存権」等をあげることができる[80]。こうした「制度依存型基本権」の保障の合憲・違憲の分岐点を探ろうとするさいには、従来の違憲審査基準論は通用しがたいことに留意されるべきである（もっとも、平等原則との関係で、これに対する制限・負担の合憲・違憲を問うさいには、違憲審査基準論はなお有効かもしれない）。

（3）　平成7年の非嫡出子の相続分違憲訴訟最高裁判決に関する調査官解説は、従来の違憲審査基準がこの種の事案には馴染みにくい、と次のようにコメントしている。これは、「自然的自由／制度依存型基本権」という区別には言及していないとはいえ、違憲審査基準論の限られた射程に気づいている点で、注目されるべきである。

　　「本件規定は、憲法もしくは法律により一定の法的秩序が形成されていることを前提に、右の法的秩序を特定の目的の実現のために一部修正するこ

---

[80]　参照、渡辺康行「立法者による制度形成とその限界―選挙制度、国家賠償・刑事補償制度、裁判制度を例として」法政研究76巻3号（2009）249頁。

とを目的とする規定であろうか。そうではなくて、本件規定は、基本的な法的秩序を形成する規定、民事法の相続の分野における基本的な法的秩序を形成する規定ではなかろうか」[81]。

「従来の審査基準に係る議論は、限定された目的を有する人権規制立法を前提に立論されたようなところがあるため、本件規定に対してはなじみにくいところもあろう」[82]。

（4）アメリカ法においては、憲法学の分野においても行政法学においても「司法審査」(judicial review)、「司法審査基準」(standard of judicial review) という用語が用いられる。が、ふたつの学問分野におけるその用法・意義は同じではない。

行政法学でいう「司法審査」の対象は、①事実認定 (fact finding)、②法適用判断 (application)、③政策形成 (policy formation)、④法的結論 (judgment) に分けられる[83]。また、アメリカの連邦行政手続法 (Administrative Procedure Act) §706 は、Scope of Review という見出しのもとで、(1) 専断的・恣意的 (arbitrary and capricious) 基準、(2) 裁量濫用 (abuse of discretion) 基準、(3) 実質的証拠 (substantial evidence) 基準、(4) 初審的審理 (trial de novo) 基準等に個別的に言及している（これに、「司法審査」が及ばない領域である、審査不適性 unreviewability が加わる）が、それぞれの定義規定を置いていない[84]。

それぞれの審査基準の使い分けをみると、①のうち、準司法的裁決における事実認定の適法性審査にあたっては、(3)にいう実質的証拠基準が多用され、初審的審査基準が用いられることは少ない、という。実質的証拠基準は、行政機関による争訟事実 (adjudicative facts) 認定の合理性を裁判所が審査するさいの手法であり、「合理性基準」とも称されることがある。これは、行政決定をある程度尊重しながら審査する方式・密度であり、そのさいの立証の程度は、「細片証拠 (scintilla of evidence)」と「証拠の優越 (preponderance of evidence)」の

---

81) 『最高裁判例解説 民事篇 平成7年度（下）』633、654頁（野山宏解説）。
82) 同書672頁。
83) See W. FUNK & R. SEAMON, ADMINISTRATIVE LAW 280 (3rd ed., 2009).
84) 5 U.S.C. §706（2）(A)～(F)。

中間にある、といわれる[85]。

（5）　かように、アメリカ行政法学における司法審査基準を瞥見しただけでも、そこでの審査基準は憲法教科書でいう違憲審査基準とはまったく別ものとなっていることがわかる。行政法学における「司法審査基準」（審査密度）は行政裁量に対する司法的統制の視点である。これに対して、憲法学でいう「司法審査基準」（違憲審査基準）は立法裁量に対する裁判所の視線の問題である。両者は、別個独立の理論となる。このことは、日本法においても同様のはずである。

本章を終えるにあたって

（1）　二重の基準とは、連邦裁判所と憲法上対等の地位にある国家機関の行為（大多数は、連邦議会の法律制定行為や州の行為）について合憲か違憲かを判断する必要に迫られたとき、裁判所が、基本権の重要度を評定しながらデフォルトとして設定する分水嶺（大枠）である。この大枠は、個別的な利益衡量を克服しようとする標準的な方向を見通すための試みにとどまり、個別的な事案における憲法上の結論に至るまでには、さまざまな特定的理論が考案されてきた[86]。なかでも、修正１条（表現の自由）の保護に鋭敏であろうとしてきた連邦最高裁判例は、standardには訴えかけない手法や、standardを補完・補強するものとしてのrulesを考案してきた。本書はこれを「準則」と表現してきた。

表現の自由領域においては、二重の基準のうちの「厳格審査基準」は、高価値言論の表現内容規制であって、しかも、特定のrules（準則）が見当たらないときに用いられる（⇒第２節（6））。というのも、「厳格審査基準」といえども、結論を誘導する力をもっていないからである[87]。

（2）　違憲（司法）審査基準とは、法令の実体的合憲・違憲性を問うさいの「標準（スタンダード）」なレヴェルのことだ、と割り切っておくことが賢明である。

85）　参照、常岡孝好「司法審査基準の複合系」原田尚彦先生古稀記念論文集『法治国家と行政訴訟』（有斐閣、2004）362頁は、実質的証拠法則のもとでの司法審査を「合理性基準」と呼びつつも、事実認定・推認を超えた領域への審査方式にもおよぶ、と指摘している。

86）　前掲注７）でふれたように、「二重の基準論は過去の遺物だ」と率直にいうべきかもしれない。

第Ⅴ章　違憲（司法）審査基準論を質す　265

　こう限定的に捉えれば、(ⅰ) 基本権の保護領域にはない行為規制、(ⅱ) 検閲（21条2項）や拷問および残虐な刑罰（36条）のように、絶対的に禁止されている国家行為、(ⅲ) 法制が違憲ではないことを前提とする行政決定等においては、「違憲（司法）審査基準」論は通用しないことになる。これらのうち(ⅰ) は、当該制約が違憲か合憲かの衡量は既にカテゴリカルに済まされており、その合憲・違憲の問を改めて俎上に載せる必要はなく、(ⅱ) も同様である（もっとも、(ⅰ) におけるカテゴリカル・アプローチは基本権主体側の活動・行為の限界を、(ⅱ) におけるそれは国家行為の限界を画している、という違いはある）。

　上の(ⅲ)の具体例としては、日曜参観訴訟（東京地判昭和61・3・20行集37巻3号347）、よど号新聞記抹消事件（最大判昭和58・6・22民集37巻5号793頁）、神戸高専剣道訴訟（最2小判平成8・3・8民集50巻3号469頁）、ピアノ伴奏拒否訴訟（最3小判平成19・2・27民集61巻1号291頁）、再雇用拒否処分取消等請求事件（最2小判平成23・5・30民集65巻4号1780頁）等の行政事件をあげることができる。これらにおいては、"本件における校長の処分（または決定）は○○の自由を侵害しており違憲・違法だ"と主張されたものの、教育関係法令自体を違憲・無効だとして strike out しようとする主張ではない。ということは、これらの事例に、憲法学でいう「違憲審査基準」を用いようとすることは筋違いである。行政法学における裁量統制としての審査密度論に訴えかけるべき領域であり、これに憲法問題が絡んでいるとしても、それは、校長の考慮すべき要素のひとつとして位置づければ足る[88]。

（3）　"わが国の最高裁判例は、憲法学界に浸透してきた違憲審査基準論によってはおらず、最高裁独自の考え方によっている"と憲法研究者も割り切るのが賢明である。

　いわゆる堀越事件（国公法違反被告事件）最高裁判決（最2小判平成24・12・7刑集66巻12号1722頁）における千葉勝美裁判官の補足意見が明言するように、近

---

[87]　前掲注50）の本文でふれたように、アメリカの受験指導書は「厳格審査基準という個別的な利益衡量テスト」（*ad hoc balancing test*）だという。こう述べる理由は、裁判所が実際に目的審査、手段審査などにでながら、多数の考慮要素を評定してはじめて結論に至る、とこの本の著者が考えているためだろう。また、前掲注52）の Fallon, Jr. 論文が指摘しているように、narrowly-tailored-to-compelling-interest という定式も、その中身となると脆弱である。

[88]　前掲注58）をみよ。

年の最高裁大法廷の判例は、基本的人権を規制する規定等の合憲性を審査するにあたっては、事案の性質に応じた利益較量の手法をとってきている。そのさいの判断指標として最高裁は、いわゆる「厳格な審査基準」の精神を活かすにとどめ、「基準を定立して自らこれに縛られることなく、柔軟に対処している」のである。

もっとも、歴代の調査官解説も、憲法学界の流行を無視しがたいようで、たとえば、在外邦人選挙権訴訟での最高裁判決（最大判平成17・9・14民集59巻7号2087頁）の調査官解説も、平等原則での違憲審査基準が合理性基準であるのに対し、選挙権制限に関しては厳格な審査基準によるべきことを説いている[89]。

（4）　以上、本章は、違憲（司法）審査のやり方すべてについて「違憲審査基準」を語るのではなく、「違憲審査基準／（その他の）司法審査の手法」という区別を念頭におくべきだ、と説いてきた。違憲審査基準は、既にみてきたように、司法審査の一定領域に限定して使用されるのである。違憲審査基準なる概念や考え方を濫発しないことが肝要である。

---

89)　参照、『最高裁判所判例解説 民事篇 平成17年度（下）』603頁、629頁（杉原則彦解説）。前掲の注75）でふれた平等原則違反が争われたサラリーマン税金訴訟最高裁判決に関する『最高裁判所判例解説 民事篇 昭和60年度』74頁以下は、通説的な合理性基準（立法目的の正当性審査→手段の合理性審査）を用いて最高裁判決を分析している（92頁以下。泉徳治解説）。調査官解説のほとんどが、学界でいう「合理性テスト」または「合理性の基準」を、なぜか「合理的関連性基準」と称している。厳密にいえば「合理的関連性」とは、合理性テストの means prong を指す。

あ　と　が　き

　（1）　本書で私は、立憲国の条件をいくつかに分解してその構成要素（essences）を呈示した。本書の第Ⅰ章が呈示したその要素は、(i) 権力分立、(ii)「法の支配」、(iii) 司法的救済手続の整備、そして、(iv) 私法と公法との区別である。そして、これらの要素を法治国における国制原理と比較対照していった。この対照は、「立憲国の原理／法治国の原理」の違いを浮かび上がらせるための作業であった。

　この比較が有意であるためには、各構成要素の概念とその捉え方を明らかにしておかねばならない。「立憲国」（または立憲主義）や「法治国」（または法治主義）それ自体の概念が高度に論争喚起的であることを考えたとき、比較対照の前提として、権力分立とか「法の支配」とかといった広大無辺な用語を軽量化し、その中核部分を捉えておく作業が不可欠となる。

　（2）　私は、本書の分析の軸を、主に、権力分立に置いた。それも、一般国法学的な権力分立の分析ではなく、アメリカ合衆国における権力分立の実定的な構造について、Vesting Clauses を軸として探求してみた。この部分が第Ⅱ章である。それに続けて第Ⅲ章では、日本国憲法における権力分立の構造を、日本版 Vesting Clauses に着眼しながら解明してみた。

　（3）　日本国憲法における権力分立を語るには、「議院内閣制」の分析に分け入らねばならない。「議院内閣制」の何たるかを論ずるためには、英国の Parliamentary Government の何たるかを知らねばならない。英国の体制を知るための中心素材として私が選択したのが W. バジョットの著作だった。"バジョットは Parliamentary Government を議会優位の体制だ、とみてはいなかったのではないか"と、私は彼の著書を読んだ。バジョットの個人的見解はともかく、英国の多数の公法学者は、英国の体制が Cabinet Government となっている──議会優位でもなく、均衡の体制でもなく──と説いている。"日本国

憲法は、議会優位の英国型議院内閣制によっている"と説いてきたわが国の憲法教科書とは対照的である。この日英の差を扱ったのが第Ⅳ章である。

（4）　第Ⅴ章は、以上の章からは相対的に独立した部分である。が、アメリカ合衆国連邦最高裁判所の構築してきたさまざまな「司法（違憲）審査基準」が、深く、権力分立構造とかかわっていることを私はこの章で強調した。アメリカ公法学においては、行政機関の地位・権限は憲法上の権力分立構造によって規定されるものではなく、"憲法上の権力分立構造を歪めない限り、議会制定法の定めるところによる"と考えられている。ということは、行政機関による行政決定の「司法審査基準」は、憲法学でいうそれとは同じではなく、独自の展開を示すのも当然である。私は、この第Ⅴ章で、わが国の憲法教科書で説かれてきた「違憲審査基準」論の過剰に異論を唱えた。

（5）　さて、再度、本書の最大のねらいである「立憲国の条件」の話に戻ろう。

この条件を浮かび上がらせるために私は、「立憲国／法治国」という二項対立図式を意図的に選択し、両者の違いを意図的に強調した。このふたつの分岐点には「市民社会」の理解とその評価のしかたがある、これが本書の出発点である（もっとも、私は、第Ⅰ章において、「立憲国／法治国」の違いが「市民社会」の捉え方に起因している、という所見を控えめに示した）。

この「あとがき」の冒頭に、立憲国の構成要素のひとつとして、私法と公法との区別を私はあげた（上の(iv)）。「立憲国／法治国」の対照のなかで、多くの人が奇異だと思うか、または、疑問に感ずるのが、この立憲国の要素であろう。

私たちは、法学概論、憲法概説や行政法入門において、現代法は公法私法二元論を修正してきたこと、近代市民法は現代社会法によって修正されてきたことを、繰り返し教えられてきた。市民法から社会法へという展開は、戦後憲法学がときに口にしてきた、"自由権から社会権へ"というキャッチフレーズにも反映されてきた。戦後の憲法学にとっては、ドイツ基本法の標榜する「社会的法治国」が国制のモデルだったようだ。社会的法治国は公法私法二元論を修正するところに成立している国家である。マルクス主義法学者ならずとも、わが国の法学者の相当数は、この国家像を好んできたようだ。

これに対して本書は、立憲国とは私法公法の二元論を重く受けとめている（受けとめるべき）国家だ、と論じている。この本書の論じ方には、学界の強い批判があろうと私は予想している。この批判を予想して私は、第Ⅰ章において、自由やリベラリズムという概念整理に立ち戻る必要にふれた。これらの概念も、「市民社会」の捉え方・評価のしかたと関連している、と私はみている。この第Ⅰ章は、「市民社会」での自由（自然的自由）の意味、この自由を支える私法体系、その思想を本来指したはずの"リベラリズム"、そして、これらの体系・思想の底流にある「法の支配」原理を俯瞰している。これは、自由を保全するための統治構造の全体像を論ずる第Ⅱ章への序章でもある。

（6）「市民社会」は Civil Society の訳である。

Civil Society なる言葉は多義的であって、これを漫然と「市民社会」というひとつの訳語を当てることは適切ではない。Civil Society にいう Civil とは、「（野蛮状態から抜け出て）文明化された」、「（自然状態から抜け出て）統治の状態にある」、「（身分から解放されて）法主体となった」、「（政府に取り込まれていない）民間の」といったニュアンスをもっている。Civil Society は「市民社会」という用語だけでは捉えきれないのである。

こうした訳はともかく、「市民社会」についての論者のイメージが、また多様であることが議論を混乱させてきた。ある学派は、これを「ブルジョア社会」イメージで理解し、別の学派は「公民からなる社会」イメージで理解した。この違いも、Civil Society にいう Civil の理解のしかたにかかっている。Civil Society を邦訳するにあたっては、細心の注意を要する。ひとつの外国の専門用語にひとつの邦訳で臨んではならない、と私は考えている。

（7）ひとつの単語にひとつの邦訳で臨んではならない、という例が Separation of Powers, Parliamentary Government である。

「権力分立」と訳出される Separation of Powers のいくつかの意義について、私は、第Ⅱ章で、アメリカ合衆国憲法を例にして論じた。Separation of Powers にいう Separation は、「区分すること」といった、ニュートラルな意味でまず理解することが賢明である。また、Separation of Powers にいう Powers がいくつかの意味を持っていることも、第Ⅱ章でふれた。そして私は、《分離・孤立化されるのは機関という意味の Power であり、作用・権限を意味す

る Power は、複数機関に分散して抑制関係に置く、これが「モンテスキューとマディスン」の構想だ》と論じた。Separation of Powers を理解するにあたっては、「1作用1機関対応型」イメージから解放されなければならない。このことを第Ⅱ章は何度も繰り返している。それだけでなく、第Ⅱ章では、統治作用の発動形式は「権力分立」原理に訴えるだけでは解明できず、補完原理に目配りする必要があることにもふれた。補完原理のひとつが「法の支配」である。

（8） Parliamentary Government を理解するにあたっても、「1単語1邦訳対応型」の思考から解放されなければならない。

Parliamentary Government の最も汎用性のあるニュートラルな訳は、「議会から発する内閣」だろう。Parliamentary Government にいう Government を作用のことだと理解するときには、「議会政」となろうが、この訳では「議会優位の統治」というニュアンスがつきまとう。おそらく、Government という英単語は、「政府・内閣・統治」をブレンドした意味をもっているだろう。となると、Parliamentary Government とは、議会に発する内閣が議会と協働して統治することをいう、と理解しておくほうがよさそうである。

ところが、Parliamentary Government は、ときに「議会政」、また、ときに「議院内閣制」と一般的に邦訳されてきた。そのため、わが国では、これは議会優位の統治体制のことだ、と一般的にいわれてきた。もっとも、こうした語感とそれに応じた理解は、英語圏の法学者や政治学者にもみられるようで、だからこそ、"英国の統治体制は、Parliamentary Government ではなく、Cabinet Government だ" と、わざわざいわれるのであろう。この場合の Cabinet Government は、Cabinet と Parliament とを比較対照する用法である。Cabinet Government が Parliamentary Government と対比されるとき、Cabinet Government にいう Government は、統治という作用の意味で捉えるべきである。となると、Cabinet Government は「内閣優位型統治」と表現されるのが適切となる。

Parliamentary Government／Cabinet Government の対照軸には、さらに、Presidential Government が加わる。本書が英国の統治体制を「ウェストミンスター・モデル」と表記して、「ワシントン・モデル」と対照したのは、それぞれの統治体制をニュートラルに論じてみるためである。

（9）　本書の第Ⅰ、Ⅲ、Ⅳ章は書きおろし。第Ⅱ章は「権力分立・再定義」と題して近畿大学法科大学院論集11号（2015）に発表したものを、第Ⅴ章は「違憲（司法）審査基準論を質す」近畿大学法科大学院論集9号（2013）として発表したものを、修正・加筆して本書に収録した。

＊＊＊＊＊＊

①　本書が私の最後の著作である。私の視力では、外国語の辞書も判読困難であり、モニターに入力する文字も見えづらい。私は、この本を書き進めている段階で、何度か同じことを書いていることを発見し、"私の頭脳もそろそろ限界か"と感じ始めた。私は、同じことを何度も繰り返す高齢研究者にはなりたくない。このあたりが研究者としての引退の時期である。

②　これまで私は、立憲主義（constitutionalism）とは何をいうのか、国家の本質を何に求めるのか、国家（政府＝government）の役割は何であるのか等々に関心をもち、いくつか著書も公刊した。これらの著書を通して私は、立憲主義とは、政治思想のレヴェルにおけるリベラリズム、法原理のレヴェルにおける「法の支配」、実定憲法のレヴェルにおける権力分立、このトリアーデを実現せんとする思考だ、と考えてきた。が、この私の見解は学界には受容されなかった。それだけ、論争を喚ぶ論点だから、受容されがたいのも当然である。

③　政治哲学または国法学の基本的な概念についてコンセンサスがないことこそ、健全な知識の表れである。この知的環境が健全であるとはいえ、研究者の使命は、論争喚起的な基本概念を常に問い続け、不正確な知識や捉え方を排除していくことにある、と私は思う。基本概念を洗練させたと手応えを感じる若き研究者は、それを教科書レヴェルに反映させることが、その責務である。若き研究者が憲法学における基本概念と理論とを洗練し、それを教科書レヴェルで次世代に語ってくれることを期待している。

＊＊＊＊＊＊

本書の完成までには、多数の人びとの支えがあった。

　まずは、校正にあたってくれた3名の同僚、熊本大学法学部・大日方信春教授、広島大学大学院社会科学研究科・井上嘉仁准教授、そして、九州大学基幹教育院・梶原健佑准教授に感謝。3名からは、私の初校の誤字脱字はもちろんのこと、引用部分の確認から表現のしかたにまで、実にきめ細かい指示が寄せられてきた。卓越したプルーフ・リーダーである、この3名のおかげで、本書は2割がた洗練されたように私は感じている。

　また、近畿大学法科大学院の同僚やスタッフにも感謝申し上げる。教育施設としての法科大学院でありながら、こうして私が定年の直前に本書を完成させることができたのも、周囲の関係者が快適な研究環境を私に与えてくださったおかげである。近大での同僚の上田健介教授とは英国憲法について、また、片桐直人准教授（大阪大学法科大学院へ異動）とはドイツ憲法について対話し、多くのヒントをいただいた。この2名の真摯な研究態度は、私の心に響いた。

　さらに、有信堂の髙橋明義社長と、編集部の川野祐司氏にお礼申し上げる。"売れない本でもかまわない、論文集を出すべきです"（この引用は不正確）との提言は、川野氏から。川野氏は、編集にかけては異能の人というべきか、通常は気づかないことをゲラに記入する人である。

　最後に、私の家族の支えにふれておかねばならない。

　私は、家族には学問の話をしたことがない。私の家庭での会話にはアカデミズムの香りがない。私のつまらない話を家族は笑顔で聴いている。この環境こそ、リベラリズムというべきか、と今になって私は感じている。研究者のプロトタイプからはほど遠い私が定年まで何とか勤めあげてきたことは、こうした家庭環境のおかげである。

　　　2016年3月

　　　　　　　　　　　　　　　　　　　　　　　　　　　　阪本　昌成

索 引

ア 行

アカマン, B.　　　　　　188, 195, 197, 221
違憲審査基準　　　　　　　　233, 238, 265
違憲審査権　　　　　　　　　　　　　127
一元的執政府　　　　　　　　　　　　 75
一般的自由　　　　　　　　　　　　7, 20
ウィルスン, W.　　　　　　　　97, 190, 191
ウィロビィ, W.　　　　　　　　96, 189, 191
ウェストミンスター・モデル　　　　115, 120,
　　130, 131, 132, 153, 175, 179, 187, 195
運用違憲　　　　　　　　　　　　　　249

カ 行

改革的理想主義　　　　　　　　　　　　5
解散権　　206, 211, 212, 213, 216, 218, 223, 225,
　　227
間接選挙制　　　　　　　　　　　184, 189
カント, I.　　　　　　　　　　　　　　27
議院内閣制　　108, 114, 115, 120, 128, 129, 132,
　　179, 198, 222
議会解散権　　　　　　　　　　　　　185
議会主権　　　　　　　　　　　　　　209
議会政　　　　　　　　　　　　　182, 196
議会統治　　　　　　　　　　　　　　 75
議会優位の統治　　121, 170, 200, 210, 211, 224,
　　230
機関の分離　　　　　　　　　　102, 131, 174
行政　　　　　　　　　　　　　　　　193
―― 機関　　　　　　　　　　　　　186
―― 権　　　　　　　　　　　　　　 67
―― 控除説　　　　　　　　　　118, 120
―― 国家　　　　　　　　　54, 76, 92, 196
―― 作用　　　　　　　　　　　　98, 118
―― 組織編成権　　　　　　　　　92, 100

強制の不存在　　　　　　　　　　　9, 20
　→ negative freedom もみよ
行政の法律適合性　　　　　　　15, 28, 138
協働統治　　　　114, 120, 131, 152, 153, 179
共和主義的リベラリズム　　　　　　　　5
均衡本質説　　　　　211, 214, 215, 222, 230
　→ 責任本質説もみよ
近代啓蒙思想　　　　　　　　　　　　 3
近代法の3原則　　　　　　　　　　　 13
グッドナウ, F.　　　　　　　　　　　 96
形式的意味の法律　　　　　　　150, 151, 172
形式的法治国　　　　　　　　　　　　25
　→ 実質的法治国もみよ
形式的法治主義　　　　　　　　　　　169
ケインズ, J. M.　　　　　　　　　　　 20
決定⇒執行モデル　　　　33, 97, 133, 193, 222
　→ 新権力分立論もみよ
厳格審査基準　　　　　　236, 239, 240, 252, 258
厳格な権力分立　　　　　　　　　　　134
厳格な合理性基準　　　　　　　　　　252
厳格な分立　　　　　　　51, 59, 60, 69, 102, 187
権力分立　　　　　　　　　　　8, 14, 29, 41
公的領域／私的領域　　　　　　　　　 11
　→ 国家／市民社会もみよ
　→ 私法と公法の区別もみよ
合理主義的啓蒙思想　　　　　　　　　　5
合理性審査基準　　　　　　　　　　　252
国民公会制　　　　　　　　　　　　　211
国民主権　　　　　　　209, 214, 217, 224, 225
国家／市民社会　　　　14, 23, 25, 34, 35, 36
　→ 公的領域／私的領域もみよ
国会優位の統治　　　　　　　　　　　132
　→ 議会優位の統治もみよ
混合政体論　　　　　　　　　　　　　178

サ 行

最高機関	128, 140, 226
作用の分散	49, 55, 61, 124, 131, 187, 231
→ 機関の分離もみよ	
→ 作用の分立もみよ	
作用の分立	49
→ 作用の分散もみよ	
作用法	159, 161, 165
サルトーリ, G.	180, 197
三権分立	47, 48, 59, 85, 105, 140, 206
自然的自由	20, 262
執行	166
→ 立法もみよ	
実質的意味の法律	146, 150, 151, 154
実質的法治国	26
→ 形式的法治国もみよ	
執政権	59, 67, 144
執政控除説	95, 119, 120, 145
執政作用	98, 118, 144
執政府	70, 91, 129, 134, 145, 184, 212, 225
実体違憲	251
実体権限	124, 125, 126, 127, 128, 132, 140, 156, 172
司法権の独立	15, 29, 48
司法消極主義	255
司法審査権	48, 53, 64, 67, 81, 95, 119
司法積極主義	254
私法と公法の区別	8, 13, 29, 35
→ 国家／市民社会もみよ	
→ 公的領域／私的領域もみよ	
市民	37
市民社会	11, 14, 16, 20, 24
→ civil society もみよ	
社会的法治国	22, 23, 24
首相指導型統治	190, 191, 192, 198
手段審査	261
シュミット, C.	24, 27, 28
準則	235, 244, 245, 248, 249
助言と承認	189, 191
──（上院の）	93
所得再分配	22
処分審査	238
侵害留保	9
新権力分立論	97
→ 決定⇒執行モデルもみよ	
信任決議	216, 225, 227
スコットランド啓蒙思想	12
スミス, A.	6, 21, 36, 37
政治	2, 8
→ 統治もみよ	
政治問題	96
→ 統治行為もみよ	
制度	10, 37, 38
責任本質説	210, 214, 215, 222
→ 均衡本質説もみよ	
組織法	161

タ 行

大統領	182
──指導型統治	75, 188, 192
──制（アメリカ合衆国の）	119, 129, 177, 178, 181, 182, 188, 191, 195, 201
中間審査基準	239, 252, 261
適用違憲	251
手続違憲	251
手続権限	133, 140, 156, 172
→ 実体権限もみよ	
手続的意味の法律	171, 172
統轄	98, 142, 186
統治	1, 8
→ 政治もみよ	
統治行為	144
→ 政治問題もみよ	
独立規制機関	82, 91
独立行政委員会	82

ナ 行

内閣優位型統治	121, 132, 215, 220, 231
→ Cabinet Government もみよ	
二院制	56, 86, 116
二元的代表	131, 185, 189
二重の基準	235, 240, 250, 264
二重法律概念	150, 152, 155

索引

ハ行

ハイエク, F.	6, 8, 28, 29
バジョット, W.	115, 201, 206, 218, 231
ヒューム, D.	6
不信任決議	181, 211, 216, 225, 229
→ 信任決議もみよ	
普遍化可能性原理	10, 165
フランス人権宣言	6
文面違憲	251
文面審査	238, 248
ヘーゲル, G.	12, 34
ベッケンフェルデ, E.-W.	26, 28, 32, 34, 35
妨害排除	20, 262
→ negative freedom もみよ	
法規	118, 149, 154, 156, 159, 160, 172
── 概念	9
法実証主義	169
法治国	23, 26
── における権力分立	130, 140, 144, 145, 162, 168, 169, 170, 224
→ 立憲国における権力分立もみよ	
法の支配	8, 14, 15, 29, 33, 38, 48, 57, 116, 125, 163, 164, 165, 167, 176
→ 法律の支配もみよ	
法律国家	26
法律の支配	28, 29, 33, 164, 165, 169, 170
→ 法の支配もみよ	
法令審査	238, 251
本来的法則	3
→ natural law もみよ	

マ行

マディスン, J.	41, 49, 50, 64, 195
マルクス, K.	12
みえざる手	21, 37
最も危険な部門	84, 87, 111, 120, 125, 128, 135, 137, 145, 146
モンテスキュー, Ch.	30, 41, 51, 63, 112, 116, 123, 177, 195, 206
→ 権力分立もみよ	

ヤ行

抑制原理	48, 61
抑制と均衡	49, 51

ラ行

立憲君主制	31, 33, 157, 159, 161, 211, 214, 229, 230
立憲国における権力分立	169
→ 法治国における権力分立もみよ	
立憲主義	14, 15
→ Limited Government もみよ	
立法	11, 149, 151, 166
→ 執行もみよ	
→ legislation もみよ	
立法事実	238
リベラリズム	5, 19, 22, 116
ルソー, J.	163
レイプハルト, A.	196, 231
レーヴェンシュタイン, K.	182, 219, 221, 226
ロック, J	4, 63, 166

ワ行

ワシントン・モデル	120, 131, 132, 153, 179, 187

1,2,3...

1条1節 Vesting Clause	118, 127, 146
2条1節 Vesting Clause	75, 90, 92, 106, 118, 192

a,b,c...

administration	45, 53, 138, 166, 193
→ 行政もみよ	
administrative power	53, 76, 96
→ executive power もみよ	
bourgeois society	13
→ 市民社会もみよ	
Cabinet Government	132, 183, 190, 198, 204, 215
→ 内閣優位型統治もみよ	

civil 12
　→　bourgeois society もみよ
　→　civil society もみよ
civil society 11, 12, 35
　→　civil もみよ
Congressional Government 191
executive power 45, 53, 76, 96
　→　administrative power もみよ
legislation 11, 158, 166
　→　立法もみよ
Limited Government 8, 14, 15, 188
　→　立憲主義もみよ

natural law 2
　→　本来的法則もみよ
natural right 7
negative freedom 9
　→　強制の不存在もみよ
Parliamentary Government 113, 115, 116, 124, 128, 152, 183, 188, 197, 198, 199
　→　議院内閣制もみよ
　→　議会政もみよ
Presidential Government 204
Vesting Clauses 59, 63, 68, 72, 74, 79, 81, 82, 84, 124

著者紹介

阪本　昌成（さかもと・まさなり）

略歴
1945年　広島市に生まれる。
1968年　広島大学政経学部卒業。
1970年　神戸大学大学院法学研究科修士課程修了後、京都大学大学院法学研究科博士課程編入後、神戸大学法学部助手、
　　　　その後、広島大学政経学部助手、同講師、助教授、教授、九州大学大学院法学研究院教授、立教大学法学部教授、近畿大学法科大学院教授を経て、
現　在　弁護士、法学博士（京都大学）。

主要著書
プライヴァシーの権利（成文堂、1981）
表現の自由と情報公開（成文堂、1983）
プライヴァシー権論（日本評論社、1986）
ベーシック憲法（弘文堂、1989）
コミュニケイション行為の法（成文堂、1992）
憲法理論Ⅱ（成文堂、1993）
憲法理論Ⅲ（成文堂、1995）
憲法理論Ⅰ［補訂 第三版］（成文堂、2000）
「近代」立憲主義を読み直す（成文堂、2000）
これでわかる!?　憲法［第二版］（編著、有信堂、2001）
リベラリズム／デモクラシー［第二版］（有信堂、2004）
法の支配（勁草書房、2006）
新・近代立憲主義を読み直す（成文堂、2008）
謎解き　日本国憲法（編著、有信堂、2010）
表現権理論（信山社、2011）
憲法1　国制クラシック［全訂第三版］（有信堂、2011）
憲法2　基本権クラシック［第四版］（有信堂、2011）

権力分立——立憲国の条件

2016年4月21日　　初　版　第1刷発行　　　　　　　　　　　　〔検印省略〕

著者©阪本昌成／発行者　髙橋明義　　　　印刷　亜細亜印刷／製本　ブロケード

東京都文京区本郷1-8-1　振替00160-8-141750　　　　　　発　行　所
〒113-0033　TEL (03) 3813-4511
　　　　　　FAX (03) 3813-4514　　　　　　　　　株式会社　有信堂高文社
http://www.yushindo.co.jp/
ISBN 978-4-8420-1078-6　　　　　　　　　　　　　　　Printed in Japan

憲法1──国制クラシック〔全訂第三版〕	阪本昌成著	二八〇〇円
憲法2──基本権クラシック〔第四版〕	阪本昌成著	三〇〇〇円
リベラリズム/デモクラシー〔第二版〕	阪本昌成著	二〇〇〇円
謎解き 日本国憲法〔第二版〕	阪本昌成編	二二〇〇円
立憲主義──過去と未来の間	阪本昌成編	七〇〇〇円
人権の司法的救済	村上武則編	四五〇〇円
憲法II《基本的人権》《現代法学》	畑 博行著	二八〇〇円
憲法 I ──総論・統治機構論	大日方信春著	三七〇〇円
憲法 II ──基本権論	大日方信春著	三二〇〇円
憲法と人権条約	建石真公子著	近刊
分権国家の憲法理論	大津 浩著	七〇〇〇円
亡命と家族──戦後フランスにおける外国人法の展開	水鳥能伸著	一〇〇〇〇円
フランス憲法と現代立憲主義の挑戦	辻村みよ子著	七〇〇〇円
ロールズの憲法哲学	大日方信春著	五〇〇〇円
世界の憲法集〔第四版〕	阿部照哉・畑 博行編	三五〇〇円

★表示価格は本体価格（税別）

有信堂刊

ヒューマン・ライツ教育——人権問題を「可視化」する大学の授業	ヒューマン・ライツ教育研究会 編	二八〇〇円
リーガル・マインド入門	西村裕三 編	二〇〇〇円
新・人権はだれのものか	佐瀬一男 編	二〇〇〇円
法　学	尹龍澤 編	二六〇〇円
わかりやすい法学入門	松尾浩也 編	二〇〇〇円
異文化の法律家	高橋和之 編	二〇〇〇円
近代法の常識〔第三版〕	山田晟 著	二〇〇〇円
日本国憲法から考える現代社会・15講	大木雅夫 著	二〇〇〇円
新　憲　法　四　重　奏	伊藤正己 著	三〇〇〇円
判例で学ぶ日本国憲法〔第二版〕	新井信之 著	三〇〇〇円
外国人の退去強制と合衆国憲法	大津・大藤・髙佐・長谷川 著	近刊
アメリカ連邦議会と裁判官規律制度の展開	西村裕三 編	七〇〇〇円
基　本　行　政　法〔第三版〕	新井信之 著	四六〇〇円
応　用　行　政　法〔第二版〕	土屋孝次 著	三二〇〇円
新版　国際関係法入門	村上武則 編	三三〇〇円
	櫻井雅夫 編	
	岩瀬真央美 著	二五〇〇円

有信堂刊

★表示価格は本体価格（税別）